ヨーロッパ所どころ

～見たり聞いたり感じたり～

宮澤 泰

MIYAZAWA Yasushi

文芸社

まえがき

海外旅行は兼ねてから自分の望むところでありながらも、勤務中はまとまった時間がなく、つい行きそびれていたが、定年を過ぎて人生も残り少なくなった近年、どうにか時間と気持ちにゆとりが出てきたので、旅行会社企画のツアーに妻同伴で参加するようになった。これも、自分独りでは決め兼ねて、行く先も妻の意向に従った。

もとよりヨーロッパには関心があり、古来からの伝統的な文化、特に音楽、絵画など、本場の雰囲気にいちどは浸りたいという希望は持ち続けていた。百聞は一見に如かず、接することによりヨーロッパ精神的文化の真髄を識ることが出来るのではないか。常日頃思っていたことが、曲がりなりにも実現の運びとなった。何《いず》れにしても最後のチャンスと思って参加したが、回を重ねるうちに四回にも及んでしまった。年月の去るのは速く、記憶も日ごとに薄れてゆくので、自分の足跡だけでも何かの形で留めておきたい。そう思って記憶を辿りながら書き進めているうちに予想以上に長くなってしまった。一部は、ガイドブックなどを参照したところもある。また、それぞれのツアーでのガイドさんの解説から得ることも多く、感謝の至りです。

二〇二二年一〇月吉日　　宮澤　泰

この書を今は故き妻・浩子に捧ぐ

ヨーロッパ所どころ　目次

スイス
オーストリア
ハンガリー
アルプス山脈
フランス
スロベニア
ミラノ
ヴィツェンツァ
ヴェネツィア
トリノ
ヴェローナ
クロアチア
フェラーラ
ジェノヴァ
ボローニャ
ボスニア・
ヘルツェゴビナ
サン・マリノ
フィレンツェ
ピサ
(リグリア海)
シエナ
アドリア海
アペニン山脈
ローマ
地中海
ナポリ
ヴェスヴィオ火山
ポンペイ
(ティレニア海)
シチリア島

イタリア紀行

第一編　イタリア紀行

イタリア紀行　コース概略（2002・11・17〜25）

11／17　午後：成田空港発（13：30）〜アムステルダム空港着（17：35現地時間）
　　　　　　アムステルダム空港発（20：25）〜ミラノ・マルペンサ空港着（22：00）
　　　　　　ミラノ：ホテル・ブライス・エ・フランシス泊
11／18　午前：ミラノ観光：ドゥオモ、スカラ広場
　　　　午後：高速道路でヴェネツィアへ（ヴィツェンツァ経由）
　　　　　　ヴェネツィア：ホテル・バウアー泊
11／19　午前：サン・マルコ広場、アカデミア美術館、ゴンドラクルーズ
　　　　午後：ムラノ島ガラス工場・博物館
　　　　　　ヴェネツィア：ホテル・バウアー泊
11／20　午前：朝サン・マルコ広場、サンタルチア駅よりオリエント急行
　　　　　　フェラーラ、ボローニャ経由で午後フィレンツェへ
　　　　午後：フィレンツェ観光：ドゥオモ、ウフィツイ美術館
　　　　　　フィレンツェ：ホテル・シェラトン泊
11／21　午前：ピサ観光：斜塔、ドゥオモ、洗礼堂
　　　　午後：シエナ観光：街中、ドゥオモ、カンポ広場
　　　　　　フィレンツェに戻りミケランジェロ広場

11／22　午前：早朝出発でローマへ（アレッツオ、ヴィテルボ経由）
フィレンツェ：ホテル・シェラトン泊
ローマ観光：ヴァチカン博物館、システィナ礼拝堂
午後：コロッセオ、パラティーノの丘、三越、トレビの泉
スペイン広場、地下鉄でテルミニ駅
ローマ：ホテル・ヒルトン・エアポート泊

11／23　午前：早朝出発でポンペイ、ナポリへ
カメオ工場・みやげ店、ポンペイ遺跡
午後：ナポリ海岸、往路をローマに戻る（車中より田園風景）
ローマにて夜カンツォーネディナー
ローマ：ホテル・ヒルトン・エアポート泊

11／24　午前、午後：ローマ観光：マルチェロ劇場、真実の口、カンピドリオ広場、V・エマヌエーレ2世記念堂
午後：パンテオン、サン・ピエトロ寺院
ヒルトン・エアポートに戻り、ローマ空港へ
ローマ空港発（20：45現地時間）

11／25　午後：成田空港着（16：55日本時間）

初めての妻・浩子同伴の海外旅行、今回は阪急交通社のツアー参加で、イタリアのみに限られた。生涯一度はヨーロッパへという願望を長年抱いてきたが、長時間の航空にはなかなか踏ん切りがつかなかったところに、阪急の案内を見て浩子が大変乗り気になり、夢のヨーロッパ行が実現した次第。しかし、いよいよ出発当日までの1か月というものは、初めての海外に対する不安の念は解消されず、とりこし苦労が付きまとうばかり。何と損な性分だろうか。出発直前になってそれを払拭させてくれたのはまさしく浩子のおかげと言ってもよい。

成田出発前日、千葉の娘の伊藤宅でご厄介になる。当日は、孫の佑樹同伴で伊藤夫婦に成田まで見送ってもらい、12時間の機上の人となる。JALのジャンボ、アムステルダム行きの12時間を如何に耐えるか。まずはエコノミー症候群にならぬよう、狭い座席で絶えず足を動かして体調を整える。気分を紛らわすには機内の左右にある小窓からも離れているので、せいぜい前の座席裏面にあるスクリーンのナビゲーションに注意を集中するしかない。飛行機は日本海を北に進み、宗谷岬西方から左折してシベリア大陸に入り、中国東北部国境近くを通過して、ハバロフスク、スタノボイ山脈からバイカル湖の北を通ってシベリア大陸横断というヨーロッパの最短距離を結んで行く。山脈付近は多少の揺れを感じたが、あとは坦々《たんたん》たるもの。太陽は西に傾き、日暮れの状態がいつまでも続いている。下界は雲もなく、遠方には薄雲が煙のように棚引いている。ごく安定した大気の状態に違いない。シベリア鉄道上空をジェット機で行くとでも言えようか。ただ目の前のナビゲーションを見詰めるのみ。

機内は省エネか、暗くなる。ウラル山脈を越えると、いよいよヨーロッパ。モスクワとサンクト・ペテルブルクの中間辺りからワルシャワ、ベルリンと西進し、バルト海沿岸では、すっかり暗くなる。下界の灯がチラホラ見える。そして前方の灯の塊が次第に大きくなり、オレンジ色の宝石を鏤《ちりば》めた受け皿のようにアムステルダム・スキポール空港は我々の最初のヨーロッパ入りを歓迎してくれているのである。

無事に着陸した時は、現地時間17時35分、夜の空港ロビーしか目に入らない。途方もなく長い空港デッキを回廊を巡るように19番入口に向かう。

イタリアへ行くのに、最初のヨーロッパの足場がオランダの首都とは予想だにしなかった。せめてここで一泊して北海の古都を一瞥しておきたいところだったが。ロビーにはハイネッケンのビール立ち飲みのコーナーがあって、ドイツ人らしきグループがビールで気焔を上げている。売店など少なく、ミネラルウォーターや菓子パン、チョコレートをやっと手に入れる。19番入口で、阪急交通社の添乗員はじめ、一行と一緒になる。空港にはスリが横行しているので、荷物を紐で結び合わせて添乗員が見張っている。「イタリア旅行者へ」という印刷物に、特に悪質なスリの手口について注意を促している。こんなものを見てしまうと、第一印象からしてあまり良いものではない。

ミラノ行きのアリタリア航空に乗り込んだのは3時間後、やや小柄なジェット機ながら座席はゆったりしていて、ミラノまでの1時間半はさして苦痛ではなかった。恐らくアルプス上空だろうか、機内食が配られた頃グラグラと揺れた。昼間ならば、マッターホルンやモンブランも見えたはず。誠に残念である。思いを残して、程なくミラノ・マルペンサ空港に到着。夜も更けているが、時間にお構いなく人の出入りの激しい空港では、つい時間を忘れてしまう。イタリアの第一印象はあまり好いものではない。トレーラーバスで空港ロビーに着くや、スーツケースの出てくるのを待っていたが、いくら待っても出てこない。その内添乗員からうちのスーツケースが破損しているとのアナウンスがあり、既にホテル行きのバスが来ているのに、破損修理の証明書を取るのに時間がかかった。雑な運搬でケースの車輪が一つ外れている。幸い添乗員が全てを交渉してくれたので助かったのだが、最初からの苦い経験、これからの旅先何が起こるか些《いささ》か不安になる。中年女性の添乗員はイタリア語にも長けており、かなり旅慣れして、いろいろと教えてくれる。我々初めての者にとってこれからの道中、彼女を頼りにするしかない。

バスの窓越しに眺められる夜のミラノ市街、初めて見る外国のビル街にとりわけ珍しさを煽り立てられる思いで、雨に濡れたオレンジ色の街灯が遙かなる異国情緒となって映ってくる。時間のせいもあろうが、イタリア屈指の大都市ながら車も通行人の数も少ない。均整のとれた石造りの中層ビル群が、街の灯に映えて如何にもオーソドックスな風情を醸し出している。やはりヨーロッパに来たなという第一印象である。

ホテルは街中にあるが、表通りから狭い道に入ったところ。ブライス・エ・フランシスは配布資料の中にはランクされていないごく一般的なホテル。第一夜は、夜も更けており泊まるだけが目的なので、ランクを最低に見積もったのであろう。こちらも飛行機の長旅からやっと解放された身なので文句は言えまい。バスは部屋付き。海外のホテルの心得は一応予習してきたのであまり迷うこともなかったが、添乗員さんの指示に全て従った。寝るまでは、スーツケースの中身の点検やら、明日への準備などで手間が掛かり、入浴はそこそこに済ます。就寝は2時近く、翌日の行程が気になる。

ブライス・エ・フランシスの一夜は明けて、5階の部屋から見える静まり返ったミラノの朝。どれも旧《ふる》い煉瓦造りの建物だ。雨上がりの灰色の曇り空ながら全体がくすんでいて、期待していたイタリアの明るさなどは微塵もない。季節からして晩秋である。しかも緯度は東京よりも遙かに高い。なるほどと思った。向かいのビルの窓々には洗濯物などが無造作に掛けられている。もう一方のビルでは人の気が感じられない。日本のマンション感覚からは程遠い。

最初の朝食で口にするイタリアのパン。固くて最初歯が立たなかったが、そのうち馴れてやや塩味がかった味わいにも口当たりの微妙さが感じ取れた。

さて、外の模様は芳しくない。暗い空から降りだした雨は、やや激しさを増している。

ミラノ・ドゥオモ広場

年間雨量の少ないイタリアでも11、12月は雨季に当たり、旅行には不向きとある。夏は暑さに悩まされ、晴天に恵まれる3～5月にはイタリア特有のシロッコに見舞われる。そうなるとやはり今頃ということになるのか。出発前にホテルのロビーで記念撮影する。

雨の中のミラノ見物。前夜通った辺りの市の中心部を再度訪れる。ミラノ中央駅（嘗《かつ》てムッソリーニが権力誇示を意図して造らせたという豪奢な駅舎）を傍らに望みながら市民公園、スフォルツェスコ城へと進む。城のある広場で一休止、記念撮影などというところだが、生憎《あいにく》雨が激しくなり、傘を片手に撮影もままならぬ。城を背景に噴水を取り入れて、辛うじての一枚。初めての海外旅行の予想もしなかった一コマである。

スフォルツェスコ城を後に、程なく中心部

のドゥオモ広場で下車、昼食を兼ねてミラノでの主な見物と買物の時間を費やす。幸い雨は小降りとなり、しっとりと潤った煉瓦造りの街並を堪能することが出来た。イタリア統治の功績を讃えたガレリア・ヴィットリオ・エマヌエーレ2世の銅像のある広場からドゥオモ（大聖堂）まではほんの僅か、現在修復中でミラノを代表する豪華絢爛たるゴシック建築の全容を望観することが出来なかった。突き抜けるような青天をバックにしたドゥオモの写真はよく観光の売物にされているが、天気は気紛れである。とにかく無事にここに来たのだという実感が湧けば、あとは想像の如何に任せればよい。ドゥオモ内部を見学。突然真っ暗闇に入った感。暗闇の中からステンドグラスが実に美しい。日本人観光グループが幾組も入っており、案内されているうちに他のグループに紛れてしまいハラハラしたが、どうやら無事に脱出することが出来た。

日本では見られない珍しいガラス天井アーチのある商店街の中を通ってスカラ広場で一服する。ミラノスカラ座が目の前にあり、広場中央にはレオナルド・ダ・ヴィンチ像が記念撮影のよきバックとなっている。雨が降ったり止んだりでまともに写真も撮れない。ガレリア通り一帯はご婦人方の買物の中心街となっているが、店舗を覗く時間も少なく、ちょっとガラス製品店を覗いたくらい。

午後はヴェネツィアに向けてのバスの客となる。ミラノから約288㎞、高速を走ること3時間半、かなりのスピードでもあまり揺れない。途中予想外の篠突く雨。黒雲が北東方向より足早に動いていく。晴れていれば左手方向にアルプスの峰々も望まれたはず。一面に見えるものは葡萄畑。フランスのものとは一味違う素朴な味わいだそうだ。暗雲に閉ざされている北側の眺めに反して、右手には灰色に煙ったなだらかな山脈が見える。イタリアの背骨アペニン山脈に違いない。とにかくイタリアの最北の平原ロンバルジアの真っ只中を東へ東へと進んでゆく。ヴェローナを過ぎ、チロル方面の分岐点であるヴィツェンツァ辺りで、ちょっとしたショッピング、雨は止んでいるが風が冷たい。山の輪郭もはっきりしてくる。店でチョコレートなど買い、記念に装飾の施されたボールペン2本を買う。しかしそれは、その後車の振動等によって芯が抜けてしまい、使い物にならなくなってしまった。

さて、いよいよ目指すヴェネツィアも間近い。暗雲が空を覆い尽くしているせいか、既に夕方の暗さ。晩秋の日の短さを余計に感じてしまう。海辺に下るように、下降していくと、港の灯がチラホラ見えてくる。左手に鉄道の駅が見える。暗くてよく分からないが、右手の長い防波堤に沿って行ったある地点でバスから降りて、公園風の坂道を下ったところがゴンドラ乗場。ヴェネツィアに来たという雰囲気が急に昂《たか》まる。ゴンドラとは言っても水上バスといったもの。10人一組で、ホテル・バウアーの傍に横付けとなる。ホテル・バウアーは、この旅行を通じて最高の5ツ星ホテル。入るや否や、どっしりしたクラシカルな雰囲気と格調の高さとを感じさせられる。ロビーには映画のロケーションとして使用された当座の名優達の古い写真が展示されており、歴史の旧さが偲ばれる。荷物が届くまでしばらくロビーで待つ間に、阪急グループ（25名程）の自己紹介。改めて氏名と顔とを一致させた。程なく各室に分散するが、部屋の鍵やドアチェーンの大きいのにはびっくりさせられる。何もかも大柄な造り、しかしエレベーターは旧式で狭い。当地第一夜は、幅広なゆったりしたベッドで十分休息が得られた。夜中に煌々とした月明かりがカーテンの隙間から射し込み、翌日の好天が保証される。最初から悪天に見舞われた初めての海外ツアーで心待ちにしていた朗報となる。

翌朝目を覚ますや否や、目の前の煉瓦造りとの間の路地運河にシャッターを向ける。昨夜はまだ混沌としており、ヴェネツィアに着いてもそれらしさを感じることが出来なかったが、一夜過ごしてみて、初めてイタリアの青い空を見、当地の雰囲気や特有の匂いにも気付いた。バウアーからヴェネツィア中心部のサン・マルコ広場までは10分足らずの近さ。朝食前のひと時をそこの撮影に充てる。サン・マルコ寺院は、中世のバロック建築の様式だが、天井はどれも円みを帯びた中東風の造りでミラノのドゥオモとは全く異なる。広場を取り囲む回廊、数知れない石柱が立ち並ぶ風情は、日本では馴染み浅いもの。強いて挙げれば、神宮球場のスタンド下の回廊の柱ぐらいのものか。広場はほぼ矩形に仕切られており、寺院に向かって右側の回廊に沿って店舗や喫茶店が軒を連ねている。時代を2世紀ばかり遡らせた世界にいるような不思議な幻想にとらわれた。

朝食はホテルの豪華絢爛たる宴会場で。嘗ての王侯貴族の出入りを思い浮かばせる。ツアーの一行には何か勿体ないようだが、こうした味わいも残すところ何度出来るだろうか。今でこそ、と自ら納得するようにしたいものだ。

ヴェネツィア観光はまる一日を費やす。9時出発で再びサン・マルコ広場を見るが、潮位の関係でだいぶ出水しているらしい。水の都ヴェネツィアのことだから当たり前と思っていたらかなりひどい。バウアーも入口近くまで水が来ており、道には板を敷いた歩行台が設けており、人々は狭い台の通路を辛うじて渡っていく。長靴を履いている人も見かける。広場は完全に水浸しだ。水の中を鳩が群がっている。左側の回廊は到底歩けない。右側でも、店内にも水が入りこんでいる。サイレンがけたたましく鳴る。昔の空襲警報を思い起こさせられた。

こんな出水はヴェネツィアでさえも滅多にないそうだ。前日大雨が降ったせいかも知れないが、近年地球温暖化現象で、アルプスの雪が多量に溶けて水位が上昇することも考えられ、このままだとヴェネツィアは何れ水没の危機に晒されるだろう、とのこと。おかげで滅多に見られない光景までカメラに収めることが出来た。大運河にかかるアカデミア橋、ここからはヴェネツィアの典型的な眺めが得られ、思わずシャッターを切る。浩子との記念撮影もする。運河の向こうに見える円屋根の寺院は、サンタ・マリア・デラ・サルーテ教会。朝の光を受けたその情景は、如何にも一幅の絵になる。ゴンドラや水上バスが行き

ヴェネツィア・アカデミア橋より

来している。絵に見られる風景だ。アカデミア美術館は、橋を渡ってすぐ近く。出水は入口近くまで迫っている。保育園の下駄箱のような貴重品保管箱にカメラなどもロックして中に入る。ヴェネツィア派の14世紀から18世紀に至る絵画の流れが分かるように配列されている。それにしても、美術館専任のガイドさんの説明がなければ作者の名前すら分からなかったであろう。旧いものでは、ベッリーニの描いた聖画、代表作として「サン・ジョッベ祭壇画」清楚な筆致で描かれている。装飾に、金や銀がかなり使われている。主だったものは、ジョルジョーネ「嵐」、「老婆」、ティツィアーノ「授洗者」、「聖母の神殿への奉献」ヴェロネーゼ「レヴィ家の晩餐」、ティントレット「聖マルコの奇跡」「アダムとイヴ」等。17～18世紀の作になると、初期の宗教的な暗さはなくなり、ルネッサンス風の人間的な明るさが目立ってくる。聖書の物語をテーマにしたものでも、人間の肉体的なふくよかさが見事に表現されている。ロンバルジア地方の風景がどれにもよく描かれている。一点一点丹念に観たらまる一日は要するところのものを、ざっと僅か1時間で観たに過ぎない。

さてこの後は、一旦聖マルコ寺院の内部を見学した後、ヴェネツィア最大の観光ゴンドラクルーズへと進む。乗場はパラッツォ・ドゥカーレ（総督官邸）のあるサン・マルコ小広場から僅かに行ったところ。天気は頗《すこぶ》る好いが、波がかなりある。昨日の増水のせいか、船の往き来も激しく、乗ったゴンドラはぐらぐら大揺れに揺れて些か緊張させられる。大運河のあちらこちらから行き交い、手を振ったり、写真を撮ったり、イタリア民謡「サンタルチア」を歌ったり。対岸のサンタ・マリア・デラ・サルーテ教会からは正午を告げる鐘の音が響き渡る。空は抜けるように青いが、日射しは柔らかく煉瓦造りの建物の影が如何にも晩秋の彩りを投げかけている。新婚さんのカップルとも行き合い、写真を撮ってあげる。僅か1時間であったが、如何にもヴェネツィアらしい楽しいひと時を満喫した。ゴンドラから降りて、昼食はいかすみパスタ。ちょっと慣れない食物に最初は違和感を抱いたが、それほど不味いものではない。イタリア主食のパスタでもカルボナーラならば自分の口にも合うようだ。午後は船でムラーノ島に渡り、ガラス工場とガラス博物館を見学。ムラーノ島に着いた時の印象、小ざっぱりとした職人の街とでも言えそうな好感が感じら

サン・マルコ広場

れる。ガラス工場見学には人数の制限があるので、前のグループが終わるまでしばらく内庭で待機する。そこの飼犬（ボーダー・コリーの種類）が人馴れよく、愛嬌を振りまく。工場内は殺伐とした雰囲気だが、そこでその道の巨匠の腕前が披露される。ワイングラスが見事に出来上がった時、思わず拍手が湧き起こる。博物館は静かな庭園に囲まれていて、惚れ惚れするようなガラス製品が陳列されている。売場でワイングラスなどいろいろと物色したが、値段と相談し、今回は見限った。

ムラーノ島を後に再びヴェネツィアに戻る船上から素晴らしい夕映えの景色を堪能した。滅多に見られぬアドリア湾の夕日、キラキラ輝く海面の細波、船が大運河に差しかかる頃、真紅の夕空をバックに、先端のサン・ジョルジュ・マジョーレ教会と、サンタ・マリア・

デラ・サルーテ教会のドームが黒々と版画のように浮き上がる。実に劇的な風景だ。何とかカメラに収めようと冷たい海風を凌ぎながらシャッターを押す。ヴェネツィア埠頭に着いた時、上空のうろこ雲が鮮やかに彩られ、絶世の絵画を見るような強烈な印象にとらわれた。何よりもこの旅のクライマックスで天候に恵まれたことは祝福すべきである。

夕食は、名立たるレストランで、オリエント急行復活20周年を記念してのロマンチックディナーでヴェネツィアの夕べのひと時を楽しむ。その夜は、ホテルに戻る途中、革製品の店で娘から頼まれていたヴィトンのバッグを求めたところ、全て売り切れ、長男夫婦への財布、名刺入れはどうにか得ることが出来た。日本にあるものが本場にはない。実におかしなことだが、あまりに多くの日本人がヴィトンを買っていくので、本場での生産が追いつけない状況だとのこと。また大量に買っていく輸入業者もいるそうだ。ヴィトンを買うなら多少高くても日本の方が確かである。通じ得ぬ言葉を交わしながら、こうしたことがどうにか分かった。夜のサン・マルコ広場回廊のクラシカルな喫茶店で数人の人達とで旧き良き時代の馨りが漂ってくる雰囲気にしばし酔いしれながら、またと来られぬヴェネツィアの夜の感触をじっくりと味わった。

翌日、いよいよヴェネツィアを発ち憧れのオリエント急行でフィレンツェに向かう。気もそぞろに荷物をまとめて出発の準備をする。オリエント急行には正装で乗車するのがエチケットなのだそうで、一応準備してきた背広姿に着替えて出発を待つ。出発時間までもう一度サン・マルコ広場に行き、まだ水の出ていないところで記念撮影する。石造りの住居の間の路地運河など、水の都の好被写体である。ホテルに一旦戻った時またサイレンが鳴り出す。出発時には、ホテルの閾すれすれまで水が来ていた。ヴェネツィアの将来に何かと憂いを抱きながらも、いつまでもこの景観を持ち続けてほしいと願いながら、この水の都にアデューを告げる。

しばらくのゴンドラの旅を終えて、サンタ・ルチア駅（ヴェネツィア中央駅）の前で下船。いわばヴェネツィアの表玄関で、アーチ状のスカルツォ橋が架かり、近くにはサン・シメオーネ・ピッコロ教会がある。広々とした明るい雰囲気が漂う。

ホームには既にオリエント急行の客車が待機している。20周年を記念しての特別のイベントとしてヴェネツィア〜フィレンツェ間を走るツアーの客のみ対象にしたお誂え列車。オリエント急行はロンドンを始点に、パリ、ジュネーヴ、シンプロン峠を越えてミラノ、ヴェローナを経てヴェネツィア、ベオグラード、イスタンブールに至るヨーロッパと中東を結ぶ長大な鉄道だが、今回は、それのおこぼれをちょっと味わうくらいなもの。それでも4時間半の行程だ。

クラシカルな車両は段差が大きく、手摺にしがみついての乗車は日本では例がない。車両を前にして、車掌さんと記念撮影する。ガイドの指示に従いながら車両から車両に移動し、ようやく豪奢な個室に落ち着く。日本の一等寝台車と同様、片側通路でドアには鍵も掛かり、蛇口、湯飲みセット、ソファー、などが設置されている。隣室の音など殆《ほとん》ど聞こえない。けたたましいベルやアナウンスにも気付かぬうちに列車はいつの間にか発車している。

北から南へとイタリアを斜めに横断する線は、のどかなバダナ平野を南下し、パドヴァにてミラノ方面と別れる。後は坦々たる平地、草木もあまりなく、乾燥した黄色い大地が続いている。アルプスに源を発し、北イタリアのロンバルジア平原を潤し、蕩々《とうとう》と流れるポー川の鉄橋を過ぎると、樹木も増えて、所々雨の降った形跡も見かける。フェラーラという簡素な駅舎。ポプラや鈴懸など北海道で見られるような樹木が多く、落ち着いてしっとりとした田園風景が広がっている。列車はかなりのスピードを上げて、いよいよ平野の南端にあるボローニャへ。旧くから大学の街として知られている文化都市、駅から見た光景は、飾り気のないごく平凡な郊外の街だが、どこか落ち着きがあり、出来れば下車して雰囲気を味わってみたくなるようなところ。黄葉した樹木もしっとりとしていて、ここに来て晩秋の装いを改めて感じさせられた。

食堂車に移ったのはこの辺りからか、４人一組の割りで座席に着き、フランス料理が配られる。筋向かいのカップルは自分よりも高齢の老夫婦、あまり話もせず黙々と料理を楽しんでいる風に見えた。後で記念に写真を撮らせてもらう。

ボローニャからは、イタリアの背骨とも言うべきアペニン山脈を横断する。山地に入り、カーブも多く、結構揺れる。個室に戻ってからは、トンネルまたトンネル。そしてフィレンツェも近付いたあたりで、かなり長いトンネルに入る。出口はまだかまだかと思うほどだ（あとで調べたら、旧来ではスイスのシンプロンに次ぐ世界第二のアペニン・トンネルとある）。これを境に天候が一変する。日本の梅雨時のように、山にはガスがかかり、雨さえも降っている。イタリアの雨季は11月と案内書に書いてある。明るさを期待してフィレンツェまでやってきたのだが、季節を誤ったのではないか。灰色の雲はなかなかとれないが、やや下り気味にフィレンツェに近付くと、空は多少明るみを取り戻してきた。そして遂に、イタリアルネッサンスを象徴する花の都フィレンツェに到着する。

降り立ったホームは、サンタ・マリア・ノヴェラ駅と称し、如何にも石造りの歴史的文化を思わせる重量感に満ちている。フィレンツェの第一印象、自分が長らく想像していた明るさとは裏腹に、そこは暗く何か重苦しさが感じられた。天候のせいもあろうが、駅舎も建物もくすんでいて駅のロビーや広場にはスリが多く、何かと我々を付け狙っているようにも見えた。なにしろ危ないところは足早に通り越して、バスの乗客となる。オリエント急行を境に、フィレンツェからは別のバスとなる。車中からは駅舎に続いて旧いサンタ・マリア・ノヴェラ教会が眺められる。尖った尖端を持つ教会の鐘楼は、世界史の書物などでよく見かけられる。フィレンツェでは最も旧いとされている。

11月の午後3時となれば、北海道と同じ緯度のフィレンツェでは、夕方の薄暗さ。今に

フィレンツェ・ドゥオモ（サンタ・マリア・デル・フィオーレ）

も降りだしそうな天蓋の下、ドゥオモ広場からは目の前に、建築家・ブルネレスキ（注1）の傑作が峙《そばだ》っている。イタリア・ルネッサンスを象徴するバロック建築。大聖堂なるドゥオモ、光に満ちた青空の下ならば、さぞかし素晴らしいであろうが、今日は灰色にくすんで見える。この大聖堂は、正式にはサンタ・マリア・デル・フィオーレ（花の聖母）と称されている。内蔵フラッシュを使って写真を撮る。人が多く、写真も撮りにくい。ドゥオモの中に入る。ミラノの大聖堂のような厳めしさはない。宗教的な感覚よりも人間的なふくよかささえも感じられる。それにメディチ家の紋章が至る所に見受けられる。14世紀以降巨万の富を擁してヨーロッパ全土で優位を保持していたメディチ家の本拠がフィレンツェであり、フィレンツェは後年メディチ家後継者のコジモ・イル・ヴェッキオによって幅広い文化都市に築き上げられた。ヨーロッパ中の学者、美術家、音楽家等の知識人達の交流の場となった。ドゥオモと並んで、ヴェッキオ宮殿がそれの名残を放っている。宮殿の一部は現在市役所の事務室として使われているそうだが、中に入ることは出来なかった。ドゥオモ広場から徒歩20分くらいのシニョーリア広場にあり、市街の中心となっている。さて、これからは、メディチ家が巨万の富において蒐集したというルネッサンス最大の彫刻や絵画が展示されているウフィッツィ美術館に入るのだが、時間的に閉館ギリギリのところで何とか入館させてもらう。既に外は暗く、幾部屋にも分かれた展示室を取り囲むように出来ている2階のコの字型の回廊は明かりも灯されておらず、互いに顔を見合わせるだけでも容易ではない。展示室のみ明るさが保たれている。そこでガイド嬢の解説に耳を傾ける。主だった作品、フラ・アンジェリコ「聖母の戴冠」、フィリッポ・リッピ「聖母子」、ボッティチェリ「ヴィーナスの誕生」、レオナルド・ダ・ヴィンチ「受胎告知」、ミケランジェロ「聖家族」、ラファエロ「ヒワの聖母」など。とりわけ「ヴィーナスの誕生」はよく知られている名画で、人間が実に生き生きと描かれている。600年前の作品とは到底思えない。短時間でサッと観ただけでは到底覚え切れない。後日名画集でも捲《めく》りながら記憶を蘇らせる外にはないであろう。

美術館から狭い階段を下ったところの売店で記念の絵葉書などを買う。浩子は、デコパージュになるシートを何枚か買い込む。ガイド嬢の指摘したところに戻り、夜の街中をかなり歩いて、川縁《かわべり》（恐らくアルノー川）に出てしばらく行き、またビルの間の狭い路地に入ったところがレストラン。看板など全くなく、外見ではオフィスの事務室としか受けとれないような狭い入口を入っていくと、ビル内のコーナーはテーブルも用意されている紛うことなきレストランだ。店主はどこかブッキラボウな感じで、こんな遅い時間にやってきた我々を迷惑がっているようだ。トスカーナ料理を食わせてくれる店で、ボリュームだけはずいぶんあった。ワインもイタリア産のもので、素朴な渋味が感じられた。最初の日から夜も連日外食である。その都度結構歩かさせられたが、こうしたことは旅館で上げ膳下げ膳の習慣に溺れている日本人にはあまり馴染めない。しかし海外では当たり前のことだそうだ。郷に入れば郷に従えか。

シェラトン・フィレンツェには10時過ぎに着いた。ホテル・バウアーほどの豪勢さはないが、ファーストクラスに相応する設備の良さはある。

フィレンツェの一夜。至って静かな雰囲気。シェラトンのある位置は、市街地の地図の範囲外にある。明くる日（5日目）朝食はバイキング方式。玄関前ですぐにバスに乗って午前中はピサの斜塔や礼拝堂、午後は世界的文化遺産となっているシエナを見学。シエナはオプションコースなので全員ではないが、参加者は約3分の1程度。天候は思わしくなく、周囲の山々も雨雲で霞んでいる。日本の秋雨前線を思わせる。とかくすっきりしない気分を紛らわせてくれたのは、やや口の悪いガイドさんのジョークだった。ホテルからピサまでは約80㎞、1時間40分の距離である。フィレンツェはアペニン山脈の南西側にあって、周囲をなだらかな低山に囲まれた盆地にあり、市街を離れると、ふくよかな農村地帯となってくる。牧場や果樹園も見られ、稲作も行われている。日本のどこかの風景にも似ている。落葉松《からまつ》や鈴懸のごとき落葉樹を見たり、ゴッホの絵の糸杉を見掛けたり。疎《まば》らに散在する民家は、オレンジ系統の色彩を主調とし、時おり教会の尖塔が樹木の間に見え隠れする。ちょっとした絵になる風景が繰り広げられる。霧が薄れて山々の稜線が見えてきた。アペニンのなだらかなライン、イタリアを分ける気候の分水嶺か。近くの山がまたガスって、雨が降りだしてきた。天気は気紛れである。イタリアの天気予報は当てにならない。イタリア人のいい加減さ、また数字にも弱い。金の計算は特に苦手。ユーロになってから、換算に手間取る。何人も一遍に客が来るとパニックになってしまう。物事を一つ一つ片付けなくては、混乱してしまう。いい加減で気転が利かない。これでは悪いとこだらけだ。長年イタリアに住んでいるガイドは冗談めかして話したが、イタリア人の悪口ながら、それがまたユーモアに満ちていて滑稽さを感じた。器用なことは、アクロバット飛行や職人的技能で抜群なこと。攻撃よりも防禦、第二次世界大戦では、イタリア兵はまず逃げること第一、それ故、同盟国のドイツではイタリアを全く当てにしなかったと言う。終戦で最も喜んだのはイタリアの軍隊だったそうだ。その他、イタリア語の覚え方など、しばし耳を傾けているうちにピサも近くなる。進行方向左手に巨大な岩山があり、格好の採掘場となっている。古代から現代まで、イタリアの石の文化の源泉はこのトスカーナ地方、アペニン山脈の南側に多く見出される。ピサ市内に入り、斜塔のあるドゥオモ広場入口へは、別のバスに乗り換える。雨もかなり強くなり、待つ時間が長く感じられた。乗り換えてからは10分足らず。城壁を想わせる煉瓦造りの囲いの外側でバスから降り、広場に入る頃、雨はひときわ激しく、写真を撮るのにひと苦労、店舗の軒下伝いに斜塔の真ん前に辿り着く。城壁入口からは斜塔らしく傾いて見えるが、真ん前に来ると真っ直ぐに見える。何も不思議ではない。真横からと縦からとでは見え方が異なるだけの話だ。ガリレオが嘗て斜塔から重さの異なる球体を同時に落下させる実験をして、物体が同時に落ちるのを確かめたことと同様である。

　ドゥオモは円屋根を中心に均整のとれた白のモザイクの美しい建物である。雨を避けるようにして中に入る。アーチ型の柱が美しい。天井のシャンデリアはガリレオが振子の法則を発見するモチーフとなったもの。全体的に明るく華やかなロマネスク様式。

　広場で最後に訪れたのは、入口に最も近い洗礼堂。ドゥオモに似た造りで、中央が洗礼の浴槽。天井は高く、声を発すると残響が音楽的な響きで谺《こだま》する。余韻はいつまでも堂内に響き、まさしく音楽堂といってもよいくらいだ。中世・ルネッサンスの大作曲家がここで曲想を練ったのではなかったか、あるいは当代の名歌手に発声させて、聖なる美を競ったのではなかろうか。堂の周りに取り付けられた石段を上っていくと、天井までの高さの

シエナの街中

半分にもならないところにバルコニーがあって、内側から堂内を見下ろすことが出来る。授洗の有様が数少ないドームの天窓から差し込む微かな光によって神秘的な情景として出現したことだろう。バルコニーには、程よい高さに天窓があり、そこからはドゥオモの幾何学的なモザイクの美を堪能することが出来る。出発時間も迫り、あまりここで時間をとることは出来なかった。

外界では、既に雨は止んでおり、すがすがしい空気に雲間からの日差しで辺りの色彩を取り戻す。広場入口で入る時雨でうまく撮れなかったところを再度写真にすることが出来た。場外に出ると、オレンジ色の煉瓦囲いのある家の周りで、雨に打たれた落葉を拾い集めている老人を見かけた。如何にものんびりと拾っているところなどは、イタリア的と言えるのかどうか。この束の間の情景は、イタリア絵画そのものであったように思われる。

さて、一行はピサを後にして一旦フィレンツェに戻り、自由行動の人達と分かれ、町中で昼食を摂ってからいよいよ待望のシエナへと向かう。そこは世界文化遺産として貴重に残された街であり、フィレンツェの奥座敷として是が非でも観ておきたいところなのだ。シエナという地名は、嘗て饗庭孝男の『シエナ幻想』という書物で知り得た。私の拙著『わが思索の旅』にもこのことを取り上げた。饗庭氏の一文でまだ行ったこともないイタリアの地方の小都市を、おとぎ話の不思議な世界のように夢の中でどれほど憧れを抱いたことか。それがいよいよ現実のものとなって、目の前に現れることになったのである。夢か幻か、自分のこの目でシエナというところをじっくりと観てみたい。

フィレンツェからは丘陵地帯をバスは直走《ひた》りに走っていく。ピサとは逆方向へ2時間の行程。坦々たる丘陵地を多少上下しながら目的地に近くなる。城や宮殿が見えるような特に変わった風景ではない。着いたところは、外壁に巡らされた街のごく入口。午後はだいぶ回っており、雲は切れてはいるが時折黒雲が去来してにわか雨をパラつかせる。公園風のところを外壁に沿ってしばらく歩いて行くと、行く手に広場（サン・ドメニコ広場）が見えはじめる。そこがシエナの表玄関となる。そこの右手のはずれから、窪地を隔てて赤煉瓦を主調とした建物の集合体をあたかも古城のパノラマを見渡すがごとく、まるごと俯瞰することが出来る。これぞ夢に描いていたシエナの幻影に他ならない。思わず浩子を呼んで、ここで記念写真を撮る。まず何よりも無事にこの場所に来られたことを祝福しながら。一行に遅れないように、広場からいよいよシエナの核心に入っていく。石畳の坂道は狭く、時々車の通行がある。煉瓦造りの建物は道の両側にビッシリと建っているが何れも古めかしく、潤いと落ち着きをもたらせている。小さな起伏が多く、一旦下った道はまた上りとなる。早くも夕景が漂い、オレンジ色や黄色がかった明かりが灯され、夕映えの赤紫色の空と建物の黒々とした影などが、異様な美しさを駆り立てて、初めて見るシエナの印象を殊更深くさせている。夕方の町には時折馬車が通り雰囲気を盛り立てる。ところが、急に大きな音を立てて散水車がそこのけとばかりにやってくる。これだけはちょっと戴けない。細長い坂道はシエナの中心街になっていて、ドラッグストア、土産物店、日用品店などこぢんまりとまとまっている。店内で如何にも職人風のお年寄りが彫りものを刻んでいる姿も見受けられる。如何にも19世紀そのままの雰囲気が街中に漂っている。

坂道を上り詰めた小高いところに白亜のゴシック式のドゥオモ・ファサードとドゥオモ美術館がある。ドゥオモは白昼ならば目を見張るばかりに美しいだろうが、夕闇も迫り、残念ながら灰色に燻《くすぶ》ってしまっている。堂内に入る時間はない。内蔵フラッシュで記念撮影したのみ。そこから10分くらいでシエナの中心カンポ広場に来る。まず目に付くのはプブリコ宮殿のマンジャの塔、最初、サン・ドメニコ広場の脇から窪地を隔てて眺めた建物群の中でひときわ高い塔がそれに当たる。これでシエナという街の構造をほぼ掴むことが出来た。プブリコ宮殿を中心にほぼ4～5階くらいの煉瓦建てが広場をグルリと取り囲み、ガイアの噴水を添えてバランスの良い美しさを醸し出している。夕闇が迫り、ポツポツ雨も降りだしてきた。時間があればゆっくりしたいところだが、なんせあと15分もない。最寄りの土産物店で、カレンダーや絵葉書などを買う。

またと来ることのないこの美しい広場を後にして、バスのあるところまで来た道を引き返す。サン・ドメニコ教会の鐘楼がバラ色に照明されて暗い夜空にひときわ映えている。レストランのアーチ状の窓だけが黄やオレンジ色の光を放っているのみだ。

再びバスの客となり、さすが旅の疲れが出て車内の約2時間程適度な眠りに誘われた。フィレンツェ近くなって、革製品の店で一休止。眠りから覚め、そこでショッピング。ヴィトンはそこでも売り切れ。婿さんや息子に、また自分のネクタイを数本買ったのみ。

さて今日のオプショナルツアーも無事に終わったが、ディナーには些か遅くなる。予定表には「ミケランジェロ広場にて中華料理を楽しむ」とあるが、食事の方はフィレンツェ市街に1、2軒しかない中華料理店で、そのあとミケランジェロ広場の夜景をということなのだ。料理の方はまああだったが、フィレンツェ全体が見渡せる広場からの眺めを期待していたが、この時間では全く当て外れ、暗闇の中でライトアップされたミケランジェロの青銅の像が、広場の中心に立っている以外写真に撮れるものはなく、アルノー川を見下ろした全域ではサンタ・マリア・デル・フィオーレのドームのみライトアップされていて、それと分かるくらいに過ぎなかった。写真にするには真っ昼間でもズームレンズは必要であろう。

かくしてフィレンツェ最後の見所を終えて、ホテル・シェラトンに帰着する。何時であったかは覚えていないが、夜も更ける頃、いよいよ明日のローマ行きに備えるため荷物の準備に忙しい。ベッドに就いたのはいつごろだったか？

睡眠はいくらも取れず、出発が早いので、暗いうちに起きて準備する。

日の出は遅いが、外は雨の様子。ローマまでは３００㎞、バスで4時間半、今回のツアーでは最長距離を走ることになる。一昨日憧れのフィレンツェにやってきてからピサやシエナといった周辺の文化遺産も含めて時間ぎりぎりの行動に振り回された。欲を言えばあと一日フィレンツェのみをゆっくり見ておきたい。アルノー川沿いは夜の食事の折歩いたくらいで、珍しいポンテ・ベッキオもどこにあるのか分からずに通り過ぎてしまった。最もフィレンツェらしいミケランジェロ広場が明るければまだましだったに違いない。いろいろと不足分もあるが、この日数では致し方ない。さあ、とにかく先に進もう。

まだ夜が明けないうちに、大型バスはホテル・シェラトンを後にする。今までと替わって、運転手さんは若い女性。イタリアでは男の職場への女性進出が多いそうだ。職歴は5年程だが、安心して任せられる腕利きだそうである。ローマまではアペニン山脈に沿って南東に延びるハイウェイを通っていく。生憎雨で見通しは悪く、期待していたローカルな眺めは台無し。雨は小降りになったり、激しくなったり、一時は一寸先も見えなかったほど。日本ではままあることにせよ、雨の少ないイタリアでは珍しいはずだが、それは春や夏の乾季でのこと、11月、12月は湿った冷たい風がアペニン山脈に当たる。ゲーテの『イタリア紀行』にも書かれていることなのだ。しかし今日の風は南東からである。

イタリアのほぼ中央、道路標識でアレッツオ、とかヴィテルボとか、何れも街からだいぶ隔たったところをハイスピードで走っていく。どうやらさしもの雨も収まってきた。道路の全く濡れていないところも見掛ける。遠目も次第に効くようになる。鉄道も道路とほぼ平行していて、所々路線に出会うが、列車と出会うことは割と少ない。どことなくのんびりした光景である。ルネッサンスの頃は、名だたる文化人達が花のフィレンツェからローマを目指して馬車を駆り立てた王道であったろう。現在そうした名残がどこに残されているのか。小高い丘の上に古城らしきものも見掛けるが、きわだったものは目に付くところがない。

さて、道はやや下り気味になり、ローマに近付いたことが感じられる。殆ど止まらずに来たので、ショッピングやトイレなどでの小休止。トイレチップを初めて払う。晴れ間が広がり、日差しは強い。やはり南に来たという実感。雄大積雲がそそり立ち、風も強い。ここからは高速道路の交通量も多くなり、首都近きの感。近郊に入ると、旧い石垣や集合住宅が見られるようになる。

ローマは一日にして成らずと言われるが、さすがその外郭から規模の大きさを感じさせられる。かくして最初に入ったところはヴァチカン博物館。長い坂道のところに巨大な石垣が張り巡らされ、ちょっと見上げただけで圧倒的な威圧感を受ける。その石垣に内部に通じる石造りのゲートがあって、「MVSEI VATICANI」と彫られている。ローマでの最初にして最大の参観場は、世界一の小さな独立国でカトリック総本山であるヴァチカン市国(巨大な石垣内)の一部をなしており、まさにローマの美術遺産の宝庫となっている。我々は石垣を潜って、巨大な石造りの建物の中庭に恐る恐る入っていく。すっかりと晴れ上がった空からは初夏のような日差しがさんさんと差し込んで、心地よい風が気分を煽り立てる。ここからの専任のガイドさんはローマ在住の中年の婦人、まずはここに展示されているキリスト教美術史の解説をしていたが、こちらは写真を撮るのに夢中で話の方はあまり耳に入れていなかった。後で解説書でも買って帰国してからゆっくり読もうなどと横着な構えでいたが、やはり絵を目の当たりにして、少しでも聞いておかないとその筋道が分からない。もとは聖書をテーマとしたオラトリオ（宗教音楽でいう）なのである。まず彫刻の展示されている回廊に入る。天井の彫刻の鮮やかさに圧倒される。一部補修中とのことだが、どれもこれも目を見張るばかり。解説に耳を傾けたり、カメラを向けたり、人列に遅れまいとしたり、結構忙しい。更に最大の美術遺産であるシスティナ礼拝堂へと足を運ぶ。やはり世界中の参観人が最も集中するので時間が限られ手際よく見ていかねばならない。まず壮大な大壁画・ミケランジェロの「最後の審判」——色彩は年輪を重ねて黒ずんで見えるが、空の青はまさしくコバルトでステンドグラスの青の色彩を思い起こす。反射鏡を使って上を見上げる苦痛を緩和させる。ここでの撮影は禁止。監視の目も行き渡っている。「最後の晩餐」を中心としたキリストの生涯が描かれているが、一点一点を見極めていくには相当な根気がいる。これら天井の大壁画を見るにつけ、当時の職人達が如何にして困難な作業を成し遂げたのかと思わずにはいられない。そのもとには多くの奴隷が扱《こ》き使われていたに違いない。ミケランジェロ個人の偉業だけではこれだけのものが出来るはずはない。建造物全てについても言えることである。歴史的な大彫刻や世の天才の芸術に接する時、それらの製作者個人にのみ人々の関心は注がれるが、それの支えとなった多大の労働の価値は忘れがちである。それは大切なことであるが、次々と見るものの応援にいとまない観光客にとっては、そこまで考える余裕はないのである。ただ感嘆の声を洩らしながらその場を去るのみだ。

一行は一旦ヴァチカンを出てティベレ川を渡りローマ市街に入り、昼食を摂った後コロッセオに向かう。バスの中から市内を概観するが、地図を手にしても見当がつかない。坂道が多く、思わぬ所に崩壊間際の壮大な遺物や教会があったりする。ヴァチカン市からの続きにはジャニコロの丘があって、遺跡を取り囲む石垣があり、緑地帯になっている。市街にはマロニエの街路樹が高々と立ち並び街に美観を添えている。人の行き来が見られ、

ローマ・コロッセオ

渋滞する車の周りに人が群がっている。何か事故でもあったのだろうか。

次にバスを降りた所は、横浜の外国人墓地を思わすような小高いところ。

付近は廃虚と化したような古代遺跡が多く、行く手には名立たるコロッセオが城壁のように構えている。坂道を下り、今や巨大な廃墟と化したこの遺物の前に立つと、嘗て栄華を極めた古代ローマ人の夢が幻のように一瞬脳裏に浮かび上がってきてはすぐさま消え去ってしまう。それほどに歴史の偉大さというよりも人間の果敢無《はかな》さが感じられる。白茶けた外壁が抜けるような空の碧さと鮮やかなコントラストを造り、写真としては絶好の情景となった。イタリアの本当の青い空をここで初めて見ることが出来た。

出発までの1時間余り付近を散策する。す

ぐ近くにはコンスタンチヌスの凱旋門があり、小高いパラチーノの丘には廃墟となった円柱のみが立ち並んでいる。丘の上はちょっとした憩いの広場、快晴の空に風も爽やか、浩子とここでしばし寛ぐ。展望はよく、遺跡の集中しているフィロ・ロマーノがよく見渡せる。時間がもう少し欲しいところだが、丘に上るだけが精一杯。

広場を後にして夕方の街中に入り、三越ローマ支店に寄る。ヴィトンのバッグなどショッピングで浩子が最も期待していた店だが、日本では伝統あるデパートの王様もここではほんの出店に過ぎず、看板照明を出してはいるものの、当該ビルの1、2階を間借りしているに過ぎない。勿論ヴィトンなど置いていない。

辺りは既に薄暗く、トレビの泉ではすっかり日が暮れる。群衆が群がって泉の噴水に向かって賽銭を投げる。そのやり方は泉を背にして後ろに投げるもので、最初はそれが分からず恥をかいたが、後ろに投げるという仕来《しきた》りがどこから来たのか、それも分からず人真似では意味がない。そんな人真似が長い間慣習となったのだろう。ご利益があるかどうかは分からない。夜の帳《とばり》も下りてしまい、僅かな照明のみでは記念撮影もままならない。ローマの名所でもここがとり分け有名になったのも、映画「ローマの休日」によるものか。

この後、スペイン広場まで行き、夕食はその辺りで摂ったかどうかど忘れしてしまったが、そこは市の中心にあって137段の広々とした階段の正面にトリニタ・ディ・モンティ教会がオレンジ色の照明を浴びて美しく建っている。また、周囲には幾つもの路地を挟んでビルがびっしりと建っていて、ブランド品店や食堂、喫茶店などがひしめいている。添乗員さんに教えてもらったヴィトンの店、行きつ戻りつやっと突き止めて入ったはよいが、ここでも目的の品物は全て売り切れ、この店になければ他でもないだろう。ヴィトンのバッグは日本人が大量に買っていくので生産が追いつかないそうだ。一人若い女性で同じくヴィトンを求めていたが売り切れと言われて物凄い剣幕で、「欧米の人には売っても我々東洋人には売り切れだという。酷い人種差別だ。外務省を通して問題にしてやるから」と捨て台詞を残して立ち去っていった。最初から店員の説明に耳をかさず、プリプリとした勝手気儘な振る舞いには驚き呆れるばかり。イタリアでヴィトンを買うチャンスはここが最後かも知れない、多少高くても日本ならば求められる。娘にはこの事情を分かってもらい、国内で買うことに腹を決める。

集合場所に程遠からぬ喫茶店で一息入れた後広場前に戻り、添乗員の案内で地下鉄駅まで行き、イタリアの地下鉄なるものに初めて乗り合わす。スリが頻出するという悪名高き名所、ローマ中央・テルミニ駅までの30分ばかり（中間2駅を挟んで）は全く地獄の有様。もぐらの穴蔵に入っていくようなところで、しかも通勤帰りのラッシュアワーときている。やっと来た電車の中で身体と身体とをスリ合わせながら、所持金などを内ポケットにしっかりと抱え込む。もしやられそうになったら、大声で「スリだ！」と叫べばよい。と添乗員は教えてくれる。テルミニ駅に着いてほっとする。しかし、ここでも気は許せない。可愛い少女が三人居たらスリだと思ってもよい、とは添乗員の経験談。ちょっと考えられぬことだが、こんな思いもイタリア旅行の得難い経験になるであろう。早くもクリスマス・ツリーで飾られたテルミニ駅の広いロビーでホテル行きのバスを待つ。やれやれといった思いでバスに乗り込む。今日一日は何と長く、多彩に満ちていたことか。ホテルは市街から30分程離れたヒルトン・エアポート、名前の通り空港の近くだ。ファーストクラスに載っている近代的なホテルだが、バウアーのようなクラシックの趣はない。ローマ市内にはオーソドックスなホテルはあるが、施設は劣る。40年前、父がヨーロッパ旅行でローマ宿泊は、テルミニ駅に近いキリナーレという老舗だったが、今日とは事情も異なっていたからであろう。それはともかくも、翌日の早朝出発に備えねばならない。

連日の旅から旅への気忙しさから少しは解放されて、ローマの2日目はローマでショッピングを兼ねてのんびり過ごそうかと思い、最初はポンペイ、ナポリ行きのオプショナル・ツアーを申し込まなかったが、ヒルトン・エアポートが市内から大変離れているため却って煩わしく、さりとてこれといって見るものもないホテル近辺で暇を潰すことも馬鹿らしく、いっそのことまたとないツアーに参加した方がよいと思い立ち、参加を申し込んだ。結果はプラスとなった。フィレンツェほどの距離はないが、高速道路を南東方向へと進んで行く。昨日までの女性の運転手さんは、フィレンツェに戻り、今日は愛想の良い男性運転手。出発後素晴らしい東雲の光景に接する。山々には多少の雲も残っていたが概ね好天に恵まれ、変化に富んだ沿道の風景に魅せられた。ローマ近郊でよく見る変わった糸杉の密生地は大抵は墓場となっており、これもイタリア特有の景観である。右手に大きなボリュームのある山、どこか甲州の櫛形山を思わせる。案外日本のどこかを走っている感じだ。ローマからナポリへは、もとは海岸線に沿って行ったらしいが、現在では、二つの山脈に挟まれた地溝帯の高速がメインとなっている。鉄道もほぼ平行しており、途中にはフロジノネとかカセルダなどの街がある。高速からは○○入口の標示でそれとなく判断するのみ。半島の中央には山々が重なり合い、奥行きの深さを示している。前面には崩落したような禿山が多い。その禿山の山頂近くに古城らしきものが建っている。ちょっと異様な眺めである。山間を過ぎて辺りが開けてくると、道路標識もナポリ市に変わる。近くにあるカメオ博物館（工場あり）で見学、ショッピングを兼ね一休止。ショッピングといっても、極めて高価なものだから皆財布の口は固い。工場では年期の入ったベテラン職人の腕前を見せてもらった。この道40年になるという、そこの巨匠（通称・タコ先生）を囲んで何人かで記念撮影する。穏和な老紳士だが、手の指はタコだらけ。それがタコ先生の由来。カメオを彫る際の指先の力は想像を絶する。イタリアを旅して、それぞれの場所で伝来の工芸をコツコツと続けながら、頑なにそれを守り通してきた老いた職人をよく見掛ける。殊更見学の場でなくても在《あ》り来《きた》りの店先でもそのような人を見掛けるものだ。古きを大切にする国民性ではなかろうか。最後にショッピングで浩子に初めての海外旅行記念に店員の勧

ポンペイ遺跡とヴェスヴィオ山

めたものを買ってやる。タコ先生にも敬意を表したつもりである。

さて、ここを出ると、既にヴェスヴィオ山が見えている。ポンペイを一挙に廃墟にしてしまった悪名高き山があのヴェスヴィオか。見たところは、日本の浅間に似ているが標高は問題にはならぬ。山容は極めて柔和、どこにでもあるような里山だ。遺跡は小高い丘にあり、ナポリから程遠からぬところにあって、嘗て繁栄を極めたポンペイがそこに眠っている。バスを降りて少し歩くと汗ばむほど。夏雲が去来して大粒の雨が落ちてくるかと思うと、再び照りはじめる。ここは、やはり南国だ。遺跡の入口は狭い坂道や石段があり、アーチ状のゲートを潜り抜けると、石畳の道が丘の上まで続いている。煉瓦建ての廃墟の一部が城壁のように行く手を制するが、ローマ

ポンペイ遺跡群

のコロッセオのような居丈高ではない。丘の上の広場まで行くと、古代ギリシャのドーリア式円柱やアーチ型ゲートが立ち並び、バシリカ大聖堂、アポロの神殿、ジュピターの神殿、集会場、といった大遺物が嘗ての街の中心を形造っている。前日の雨か、石畳の道には大きな水溜まりがあり、数頭の野良犬が右往左往している。野犬はますます増えつつあるそうで、その対策には頭を痛めているとのこと。同じ廃墟でも長い歴史的年代を経てなったものと、ポンペイのように大自然の威力で一夜にしてなったものとでは、その与える印象にずいぶん分開きがある。生あるものが一瞬にして断ち切られたような無惨な生々しさがポンペイにある。整然と並んだ住居の柱や外壁には、住所表示の残されたものもあり、石造りのバスルーム、キッチンでは、そこの暗がりからは当時の住人がヒョッコリ現れるのではないかとさえ思われる。小さな窓枠には飾り付けが残され、天井や内壁には模様が描かれている。石臼や水瓶、また掘り起こせば今でも増え続けるであろう。土器のほか、ミイラ化した人間や動物の遺体もあり、それらは生々しく、噴火当時の状況や生活様式までを物語っている。遺跡の全てを見渡すと、つい先頃まで平和な暮らしを営んできた人達の息吹が、遺物の隅々にまで感じ取られ、それだけに運命の一瞬において切断された時間の苛酷さを見せつけられる思いである。火山噴火による災害が如何に凄まじいものであったか、どんなに想像しても想像しきれないものがあったに違いない。そう思いながら、遺跡を後にする。

出口は入口とは別に広々としていて、スロープからは、改めて遺跡の外郭を俯瞰することが出来た。まさしく廃墟の古城かシルクロードのトルファンの石窟とでも言えようか。最後に印象に残る風景であった。坂道を下ると近くに緑に囲まれたレストランがあり、そこでの昼食となる。藤棚のような庭園のレストランはなかなか気持ちがよい。流しの楽士がいて、「サンタ・ルチア」や「フニクリ・フニクラ」などよく知られたイタリア民謡を奏していた。また、一人の男性が客席のあちらこちらをしきりに気にしながら歩き回っている。スリには注意せよと聞いていたので、もしかするとと思っていたが、あとでこの店のマネージャーと知りホッとした。テーブル状態を気にしていたところをスリと勘違いしたのだが、どうもイタリアに来てからスリのことばかり考え過ぎである。これでは折角の

ナポリ海岸

海外旅行も面白くなくなる。事実、ローマの地下鉄のような物騒なところもあるが、スリは聞きしに勝るほどのものではない。そんなことは忘れて残り少ない旅を存分に楽しもう。

さてポンペイを後にして、最後の観光地ナポリに向かう。「ナポリを見て死ね」とのことわざがあるが、「日光を見ずして結構と言うな」の日本の言に共通する。もうここまで来れば底抜けの明るい南国イタリア。バスの窓より地中海を右手に見れば、遙かシシリア島が浮き上がったように望まれる。海の色は濃いブルーを呈し、浜には大きな白石がビッシリ敷き詰められている。ナポリ湾に入ると行く手の海に突き出た所にほぼ立方体の石垣の城が見えてくる。カステル・デローヴォというもので、ナポリの象徴でもある。バスから下車、まずはその城塞をバックに記念撮影。

2か月ばかり季節が戻ってきたような強い日差しに風は心地良い。空は飽くまでも碧く、絹雲と積雲とが適度に入り混じって見事なアクセントを添えている。カステル・デローヴォを右手に望みながら、左手に曲がっていくと、ナポリの目抜き通りが見渡せる。サン・カルロ劇場をはじめ、ファーストクラスのホテルなどが並んでいる。港にも近く、行く手にはヴェスヴィオ山がなだらかなドームを描いている。

ナポリは、ローマ、ミラノに次ぐイタリア第3の都市。陸続きのヨーロッパにありながら、地中海の中程に突き出た長靴の尖端部分という地理的環境から、既にヨーロッパ的なものから隔たっている。南のエジプトや東のギリシャとも異なり、独特の景観を保っている。人々は明るく、大っぴらで、声も大きい。しかし、ひとたび街から裏に入ると狭い路地を挟んで、修復の及ばない古びた住居が密集していて、路地を挟んで洗濯物が窓から窓へと掛け渡されている。人目も構わず互いに気さくにやっているのだろう。土地は狭く、生活は豊かではない。スリもいることだし、治安は良くない。街中までは入らず、表面のみをそっと垣間見たに過ぎない。美しいだけがナポリではないことに気付いた。最後に港に別れを惜しみながら再びバスの客となる。

ポンペイからの道を戻るようにヴェスヴィオ山がいつまでも我々を見送ってくれる。去年はナポリ日本版・鹿児島で桜島を見たが、桜島の方が荒々しく遙かに大きく感じられた。さてローマへは往路をそのまま戻ることになる。幸い天気も良く、窓からの眺めを十分堪能することが出来た。長旅も終わり近くなると、疲れも出てくるものか、浩子はじめ車中のお歴々は、鼾《いびき》高らかに気持ち良く寝入っている。ヴァチカン美術館から同乗した中年のガイドさんは乗客の扱いも慣れたもの。帰路の時間帯はもっぱら自由時間で説明なし。こんな時こそ目は冴えるばかり。知られざる景勝に見入りながら、時々シャッターを切るがガラス戸越しに、高速のガードレールまで入ってしまい、思うような写真は撮れなかった。西に傾いた射光で左手櫛形に似た山が黒々としたシルエットを投げかけている。ローマ近くなると、行く手前方に塔のようにそそり立つ雲の柱を5、6本目にすることが出来た。それらは一連となって立ち並び、ポンペイのパルテノンかローマのコロッセオの幻影を想起させた。この不思議な雲柱は夕闇の間際に忽ち消え去ってしまった。

バスはローマ市内で自由行動の数人を便乗させて一旦ヒルトン・エアポートへと直通、ホテルで今回のオプショナル・ツアーの疲れを癒やして夜のカンツォーネディナーに備える。このままホテルでひと風呂浴びて食事でも摂りたいところだが、ツアー最後のイベントに期待を寄せながら身軽な出で立ちで再びバスに乗る。ローマ市内のどこで降りたか覚えがない。映画「終着駅」で知られたテルミニ駅から程遠くないローマの下町といった感じで、無闇に人と車が多い。道を横断するのも容易ではない。しかもスリには気をつけねばならない。むさくるしいような路地の坂道を少し行き、左手ビルの狭い階段を上るとレストランを兼ねた小劇場があり、既にかなりの観客が座席を占めていた。他のツアーとの合流で会場は満員。イタリアの最後の夜を、本場の民謡やアトラクションで存分に楽しもうという企画。ワインや料理、そのうちシンガー達が登場し、次々に名演を披露すると俄《にわか》に熱気が湧いてくる。シンガーは時々観客席に入ってきて、観客もステージに上らされ、コミカルな珍問にレスポンスする。このように、主客一体となって楽しむというのがイタリア式というものであろう。歌手には、いつかテレビで見た名歌手も登場する。静かにカンツォーネを聴きながらの食事という予想と異なり、いわばショー的色彩が強かった。最後に日本人向けに「知床旅情」を歌ってくれる。我々への何よりのサービスなのかも知れない。観客も交えての大合唱になる。

想い出に残るショーも終わり、人と車のひしめく夜の街角を後にヒルトン・エアポートに落ち着く。

初日はやけに長かったイタリアの旅も日の経つごとに速くなり、ホテル宿泊もこれで最後になる。しかし、明日はまたまたうんざりする飛行機の旅が待っている。

3日目のローマ、最後のイタリア、ここに一旦戻るまでの時間、自由行動だが、誰しも飛行場以外に何も見るもののない場所でうろうろする訳はない。添乗員さんがひとまとめにしてバスで再びローマ市街に。残されたところを見学する。昨日のように強烈な抜けるような空は見られず、柔らかい乳白色の曇り空だ。時折太陽が薄いヴェールから顔を出すくらい、ローマにも晩秋の侘しさが漂い始めている。ローマ市内はヴァチカンも含めてその構造は分かりにくい。バスではどこをどういうふうに通ったか覚えられぬ。今日の出発点は、一見コロッセオと見紛うような円形マルチェロ劇場の前。中心部を流れるティベレ川辺りにあるのも地図でそれとなく知った。マルチェロ劇場は茶褐色の建物で、見る方向により形が全く変わってしまう。宮殿、教会、官庁も多く、行政の中心地である。「真実の口」とは何か。サンタ・マリア・イン・コスメディン教会の柱廊にあって「嘘つきが口に手を入れると食べられてしまう」という謂《いわ》れがあり、昔はいわば嘘発見機の役割もした。映画「ローマの休日」で有名になったそうな。行列作ってやっと手を翳《かざ》す。ご利益があるのかどうか。

マルチェロ劇場の坂道を上れば、カンピドリオ広場、公園や美術館もあって、市の文化の中心でもある。広場でひときわ抜きんでた大理石の白亜の殿堂・ヴィットリオ・エマヌエーレ2世記念堂は古代遺跡的な建築物の多いローマでは、颯爽とした様相を呈していて、正面の石段の上には、鉄柵の囲いが張り巡らされており、衛兵や馬車が行き来している。添乗員さんいわく。写真にすれば大変貴重なものになるそうだ。記念堂を背後にコルソ通りを少し行った辺りの落ち着いたレストランで食事を摂る。イタリアでの最後の食事（昼食）はパスタだったが、高級サラリーマンが書物を片手に密かに入るような品位のある店であった。この辺りにはまだまだ見るべきものが多いが、パンテオンもその一つ、どっしりした巨大な石柱は圧倒的、完全な形で遺されたローマ時代の建造物である。堂内には入

ヴィットリオ・エマヌエーレ２世記念堂

サン・ピエトロ寺院回廊

らず、外側から覗いたに過ぎない。

　最後にして最大の見所はヴァチカン市国のサン・ピエトロ大聖堂。言うまでもなくローマ・カソリックの総本山であり、教皇の御座である。参観時間は定められており、ローマ入り第一日にしては間に合わなかった。その分、今日はかなりゆとりある行動が出来た。大聖堂を正面に、大広場が広がり、広場をとり囲むように巨大な柱廊が張り巡らされており、壮観である。どんな教会巡りのお上りさんであっても、ここを知らずに通り過ごすことは出来ない。ロンドンのバッキンガム宮殿のように衛兵が居て、人目を引いている。衛兵はスイスの傭兵で年に何回か交代があるそうだ。折を見て一緒に写真をと思ったがついその機を逸した。

　寺院の中を見学。これまで幾つかの堂内に入ったが、内部においても壮大で、威圧感に満ちている。しかし、なかば観光化されたように、出入は自由で、堅苦しい雰囲気はない。祈祷の声が聞こえる。平和への祈りである。中央には大きな燭台があって幾つもの精霊の火が灯されていて、闇の中でほのめくその光景は、この世のものとは思われない。その傍らに法王の祭壇があり、聖ピエトロをはじめ歴代教皇等の墓が安置されているグロッタ（地下室）はここから入れるようになっている。ルネッサンス大作曲家パレストリーナの墓も堂内にある。入口近くにミケランジェロの初期の傑作・ピエタ像が置かれている。高いドーム、豪壮な柱、壁面、どこを向いても絢爛たる彫刻が施されていて、ルネッサンスからバロックへの芸術文化の粋を目の前にして唯々感嘆させられるばかり、堂内を事細かに見ていたら一日でも足りないくらいであろう。闇から広場に出て見て、規模の大きさを改めて見直し、当時のローマ・カソリックの権力に加えて、美の巨匠達を交えた当事者の構想の壮大さに思いを至らせる。広場を取り巻く柱廊の大天井や屋根の彫刻も文化の粋を物語っている。警官が始終警戒しているようで、ローマでもここばかりは治安が行き届いているように見える。

長旅の最後のクライマックスを終えて定期バスで出発点のマルチェロ劇場の前に戻り、ヒルトン・エアポートへのバスを待つ。辺りは夕方近く、恐らくここが最後のフィルムになると思いながらシャッターを切る。

ホテルで空港へ送り出すスーツケースの再点検をしたのち、ローマ・ウチミノ空港に赴き、その後免税手続きなどでかなり手間取る。いよいよ帰国かと思うと、何となく気が緩むものだ。イタリアに着いて以来、最初の海外旅行ゆえ、見るもの聞くもの全てが珍しく、唯々夢中になるばかりで過ごしてきたが、ここに来て改めて苛酷な現実を意識した。帰りの便は成田までの直通便（日本航空）だが、またエコノミークラスで12時間余りに耐えねばならない。海外旅行の宿命と思う以外にはない。そう思いながら再び機上の人となる。ツアー中に写真を撮り交わしたりして親しくなった人達とも隣り合わせで、往きとは雰囲気も違ったが、時間には変わりなし。ローマ20時45分の離陸だが、時差の関係で成田には

17時頃となる。成田上空は生憎雨雲が密集していて大気は不安定。少なからず揺れる。折角ここまで来て……と一瞬ドキリとしたが、無事に着陸した。辺りは既に暗く、雨が降っている。ロビーに出たら、まず孫の佑樹を連れた伊藤夫婦の姿がチラリと見える。成田で電話するつもりだったが、もう迎えに出向いていたのだ。往きに破損したスーツケースの損害証明書を貰ったり、荷物の宅配手続きなどで手間取るうちに、伊藤夫婦にも会い、無事ツアーから戻ってきたことを祝福し合う。スーツケースのことも事情を話しておく。そんなことで、到着後2時間近くも手間取り、婿さんには迷惑を掛けてしまった。今夜一晩伊藤宅でご厄介になり、孫の顔をまざまざと見ながら、ホッとした気持ちと共に、過ぎ去りし時間が夢のように浮かび上がっては消えていった。娘・真美にはヴィトンが買えなかった事情をよく話しておく。何れ東京で同じものを、ということに快諾してくれた。

〈後記〉

イタリア紀行も、最初はもっと簡潔にと思っていたものがつい長くなってしまった。締め括りもあまりすっきりといかない。見聞したことも全て記憶にはない。案内書を参照した箇所もある。多くの遺跡や建造物、美術、彫刻に触れて予備知識も持たず、後で思い返して記憶にあるものは調べてみようなどという意欲も帰宅してから1か月くらいなもの。それが旅というものではなかろうか。今回も最初からイタリアのみ求めていたわけではなく、たまたま思いがけぬツアーによってイタリアとの出会いを経験したに過ぎない。
とは言っても、何ら心の準備もなく、初めて生身でヨーロッパに接した第一印象――良きにつけ悪しきにつけ、イタリア特有の文化・風俗・環境などの空気に触れた強烈な印象――は今でも脳裡に深く残っている。

（2002・11・17〜25　記）

（注1）ブルネレスキ（1377〜1446）イタリア建築家、彫刻家。イタリア・ルネッサンス建築の創始者。

第一編　イタリア紀行

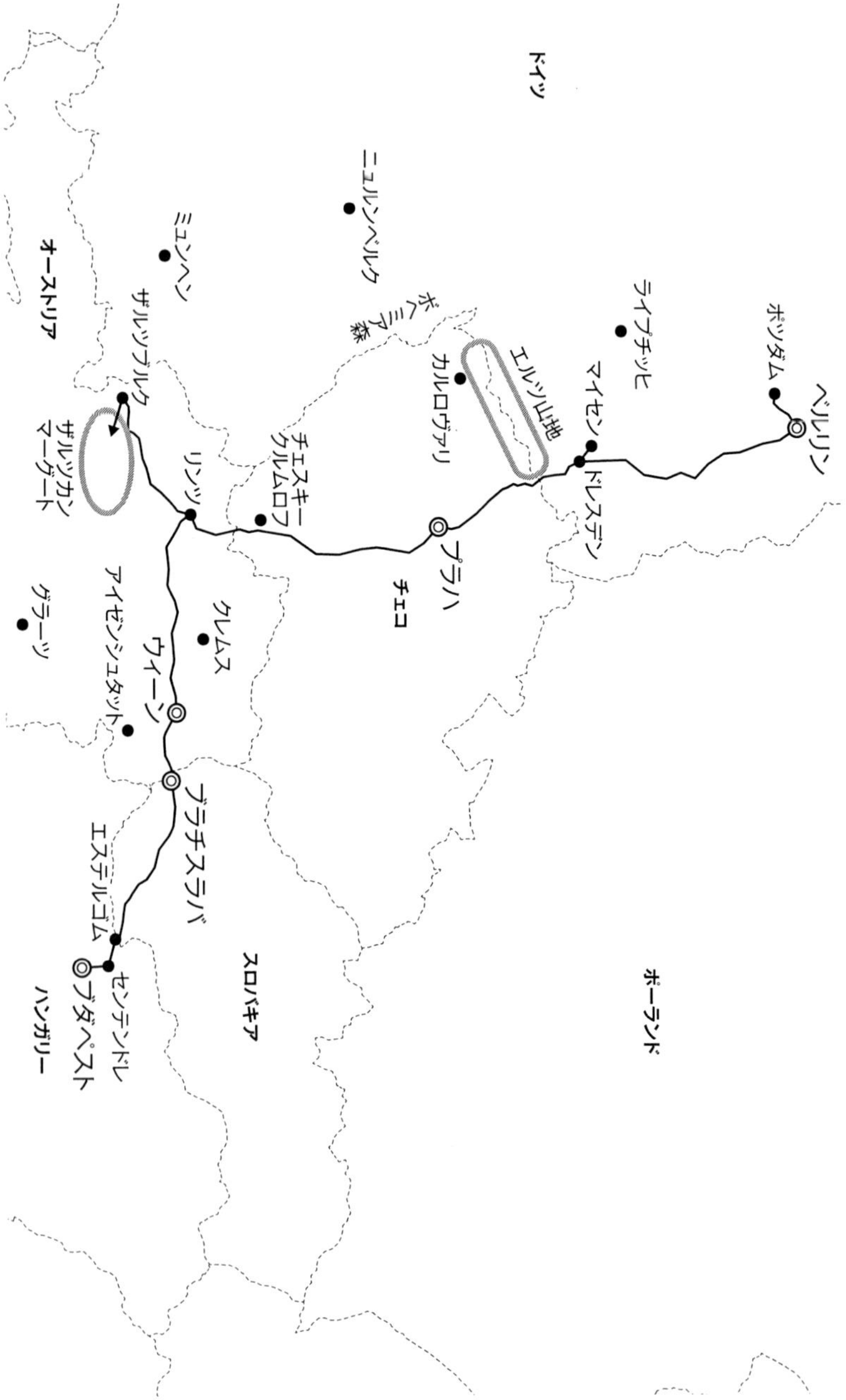
ドイツ
ニュルンベルク
ミュンヘン
オーストリア
ザルツブルク
ボヘミア森
ライプチッヒ
ポツダム
ベルリン
マイセン
エルツ山地
カルロヴァリ
ドレスデン
チェスキー
クルムロフ
リンツ
ザルツカン
マーグート
プラハ
チェコ
クレムス
アイゼンシュタット
グラーツ
ウィーン
ブラチスラバ
エステルゴム
センテンドレ
ブダペスト
スロバキア
ポーランド
ハンガリー

中欧周遊紀行

第二編　中欧周遊紀行

中欧周遊紀行　コース概略（2003・6・11〜25）

6／11　午前：成田空港発（10：55）〜チューリッヒ国際空港着（16：30現地時間）
　　　　同　空港発（17：50）〜ベルリン空港着（19：20）
　　　　ホテル・ベルリン泊

6／12　午前：ポツダム観光：ツェツィーリエンホフ宮殿、サンスーシ宮殿
　　　午後：ベルリンに戻り：エジプト博物館、シャルロッテンブルク宮殿
　　　　ベルリンの壁博物館、ブランデンブルク門
　　　　ホテル：前日同様

6／13　午前：ベルリンよりフィンスターヴァルデ経由でマイセンへ、陶器工房見学
　　　午後：ドレスデン、ホテル：ウエスティン・ベルヴュー泊

6／14　午前：ドレスデン観光：エルベ川アウグスト橋付近、ツィンガー宮殿アルテマイスター
　　　　絵画館、ドレスデン城の壁画「君主の行列」、ゼンパーオペラ劇場
　　　午後：戦禍の跡、復元中の聖母教会、ゼンパーオペラ劇場にて「歌曲」鑑賞
　　　　ホテル：前日同様

6／15　午前：ドレスデンより国境の温泉町テプリッツ経由でプラハへ
　　　午後：プラハ観光：プラハ城、聖ヴィート教会、カレル橋
　　　　チェコの民族舞曲鑑賞付ディナー

6／16　午前：旧市街：国立博物館、ヴァーツラフ通り、旧市街広場
午後：スメタナ博物館、ホテルで夕食後国立オペラ座にて「椿姫」（ヴェルディ）鑑賞
ホテル：前日同様
ホテル：ディプロマト・プラハ泊

6／17　午前：プラハよりタボール経由でチェスキー・クルムロフ（世界遺産）へ、チェスキー・クルムロフ城
午後：オーストリアに入り、リンツを経てザルツブルクへ、ザルツァッハ川の夕景
ホテル：ルネッサンス・ザルツブルク泊

6／18　午前：ザルツブルク市内観光：ミラベル庭園、モーツァルトの生家、ザルツカンマーグート観光
午後：ザンクト・ヴォルフガング、白馬亭（昼食）、ハルシュタット、ザンクト・ギルゲン、モーツァルトの母親の生家
ホテル：前日同様

6／19　午前：ザルツブルクよりリンツを経てウィーン
午後：夕食後国立歌劇場にて「ラ・ボエーム」（プッチーニ）鑑賞
ホテル：クラウン・プラザ泊

6／20　午前：ウィーン観光：王宮、シェーンブルン宮殿
午後：市の中心街：ケルントナー通り、聖シュテファン教会
デブリンガー（音楽専門店）、夕食後　国立歌劇場にて小澤征爾指揮「ドン・ジョ

ヴァンニ」（モーツァルト）鑑賞
ホテル：前日同様

6／21　午前：スロバキアの首都ブラチスラバ観光
ブラチスラバ城、聖マルティン教会、ドナウ川展望
午後：ウィーンへ戻り、ウィーン森のホイリゲにてディナー
ホテル：前日同様

6／22　午前：オーストリアよりハンガリーへ：ドナウベント観光
エステルゴム大聖堂、ドナウ川展望
午後：ヴィシェグラード、センテンドレ、ブダペスト夜のクサリ橋
ホテル：インターコンチネンタル・ブダペスト泊

6／23　午前：ブダペスト観光：漁夫の砦、聖マーチャーシュ教会
英雄広場（ツアーの記念撮影）
午後：市街地、教区教会、「グンデル」にて旅最後の夕食会、夜のドナウ・クルージング
ホテル：前日同様

6／24　午前：ブダペスト空港よりマレーヴ・ハンガリー航空にてチューリッヒへ、途中チロール、スイス上空よりアルプス連山を見る。
午後：チューリッヒ国際空港（13：05）発スイス航空にて成田へ

6／25　午前：成田着（日本時間7：55）

【1】ベルリン、ポツダム、ドレスデン

昨年のイタリア行きに引き続き、本年もヨーロッパ熱に浮かされて長時間飛行も厭《いと》わずにドイツ、オーストリアを中心とした中欧都市巡りの2週間にわたる阪急交通社のツアーを申し込んだ。別のドイツ一国のロマンティック街道も懸案としていたが、音楽の都ウィーンやザルツブルクは前々からの憧憬の的でもあるし、同伴の浩子の希望も重視して日数と費用は多少かかっても中欧巡りを選ぶことにした。なおも往復の空の旅を少しでも楽にと、ビジネスクラスと相成った次第。出発までは何かと波乱もあった。イラク戦争やSARSの問題など国外に出ることに伴う不安や憂い、いつもと違う現地の気候にも神経質にならざるを得なかった。こうして足早に出発当日がやってきた。今回は千葉の娘夫婦宅には厄介にならず、早起きして直接成田空港に赴く。

前日まで用意周到に準備しておいたせいか、当日は新宿～成田空港直行のエクスプレスを利用したので比較的楽に予定時刻には早すぎるくらいに到着。第二空港ロビーのレストランで軽い朝食も済ませておく。トーストも外国人向けに大きく出来ており、浩子と二人で一皿が丁度良かった。

今回の旅の添乗員は今井さん、まだ若いがテキパキとやっていけそうなしっかりした女性。ヨーロッパを主に手がけているとのこと。旅行中は全てこの人が頼りというもの。参加者23名初対面で殆どが夫婦のカップル、50歳から80歳近く（最高は78歳とか）、このくらいならという自信が湧いてくる。飛行機はスイス航空のビジネスクラスということで不安はさほどない。しかし12時間の空の旅は二度目とはいえ、同じシートで如何に時間を費やすかが問題である。機内はJALのジャンボほど大きくはないが、シートに腰掛けてみてエコノミークラスとの違いを感じた。スリッパから枕からサービスでついてくる。何も用意してくる必要はなかったのだ。12時間の旅はかくして始まる。機内食のほか、チョコレートやビール、アイスクリームなどサービス暇なし。スクリーンのナビゲーションがJALほど出ないのがちょっと不満だが。この時期、北半球は最も日が長い頃なので、外界は明るいのに、窓のシャッターは全部閉めてしまうのには閉口。少しは窓の外も見てみたい。シベリア上空の所々に大きな積乱雲がそそり立っているのが僅かに見えた。目的地まで殆ど揺れることなく、チューリッヒに定刻通り着陸。着陸前に、森や草原、湖水、田畑の間に点々とした赤い屋根の集落が見られ、さすがスイスに来たという強い印象を受けとめる。しかしアルプスの山波は遠い。雲があるせいか、地図で想像していたのとはだいぶ異なる。着陸して、その感をなおさら強くした。

午後4時半とはいっても、日はまだ高い。機上から見えた雲も上空にはなく、標高の高さから想像していた冷涼さすらない。霞んだような熱気がこもっている。山の端も見えない。ここがスイスなのか。空港だけではスイスの実感が全く湧かない。外には出られず、ロビーの中で土産物店など冷やかしたりしながら3時間余りも待ったのち、ベルリン行きのスイス航空に乗り込む。小型機ながらさして揺れず、窓外の眺めに見入ることも出来た。森の多い丘陵地から次第に平坦地に変わっていく。どこを向いても絵のような美しさ、さながらメルヘンの世界を連想させられる。バイエルン地方か、シュバルツ・ヴァルトか。かくして首都ベルリンには19時30分ころ到着。まだまだ明るい。ベルリンでも6月としては異常な暑さだが、空気はカラッとしていて、さすがヨーロッパであることを実感する。

ベンツの大型バスでホテル・ベルリンへ直行。約25分、最初のドイツの印象は道の良いこと、緑が豊富であること。スカッとしている。あとは何もない。ホテルはベルリンの旧西側にある。その地域は全て新しく再建されており、嘗ては爆撃の後をそのままに遺していたカイザー・ヴィルヘルム記念教会の傷ましくも古色蒼然とした姿をバスの中から見るにとどまった。バスはベルリンの目抜き通りを東に向けて走っており、道の両側には重厚な石造りの建物が軒を連ねている。6月は白夜が長いので遅い時間にもかかわらず人通りが絶えない。ホテルに着いてもまだ明るい。奇しくもベルリンが今回の長い中欧旅行の玄関口になったが、如何にもそれに相応しくホテルの位置もルツォフ広場に面し、ティアガルテンや動物園にも程近く、ほぼベルリンの中心にある。

やれやれと思って部屋に入り、スーツケースの到着を待つ。程なく届けられたが、二つとも違っている。昨年の二の舞いにならなければと思って、早速今井さんに訊ねたら、受付でのミスと分かり、すぐさま配送してくれた。旅の初日はこんなちょっとしたことでもハラハラしてしまう。今日一日の何と長かったことだろう。身に余るような大きなベッドでぐっすりと睡眠を取るつもりだったが、初日ときてはあまり眠れなかった。

ベルリンでの最初の夜は暑さのため寝苦しかったが、朝は爽やか、日本とは異なり空気は乾いており、外気に触れて疲れは解消した。ホテル周辺には旧い建物はなく、緑の空間を残して、あとは近代的なビルばかり。ドイツ国内では時代の先端を行っているベルリンの風潮が読み取れる。ホテルの朝食はバイキング方式。ロビーの中庭もゆったりと寛げる雰囲気だ。さて今日一日は専用バスでベルリン及び隣のポツダム見学。予定にあったペルガモン美術館が改装中のため、予定変更で午前にポツダム、午後にベルリンということになる。

まずはベルリン市内から一旦離れポツダム市に向かう。車内からヨーロッパでも屈指のデパートを目にする。再びカイザー・ヴィルヘルム記念教会の前を通り、中心部から外れると、あとは広大な緑地帯が続く。湖に見紛う池があったり、サイクリングやボートを楽しんでいる市民の姿が見える。首都まぢかにありながら、無秩序な開発を禁止し、緑を大切に保護して、自然を育む心を人々の間に浸透させていくというドイツ人の都市造りが思

ポツダム・ツェツィーリエンホフ宮殿

い浮かぶ。ベルリン市から抜け出たこのあたりは嘗ての東ドイツ領域。ベルリンのすぐ西隣のポツダム市は旧東ドイツ地域内にあり、ベルリン（嘗ての西ベルリン）との境はハーベル川に架かる橋（名称は不明）の中程、今でも残る境界線によって仕切られている。バスから降りて自分の足で確かめる。消えかかっている境界線は嘗ては人間の運命を賭ける線であったのだ。橋を渡ったところはポツダム宮殿入口となっていて、豪華な石柱が残されている。ここから最初の見学場所はポツダム宣言の歴史的舞台となったツェツィーリエンホフ宮殿。そこは川を前にして鬱蒼たる森林に囲まれたところ。その周囲は嘗ては別荘風の住宅地として開けていたが、交通不便もあって今では空き家が多く、ゴーストビレッジと化している。こうした超閑静の地にツェツィーリエンホフの館がドイツ特有の木組みの造りで観光客を迎えている。あのポツダム宣言、第二次世界大戦の勝利者のみが集まって会談を交わしたところ、ドイツの戦後処理に当たり、ソ連の意図があらわに反映され、ドイツは東西に分割されるという運命になる。ドイツ人にとっては嘗てない恥辱の場とされ、今日でもポツダムについては話したがらないそうである。ソ連が如何にも我が物顔に振る舞った象徴として館の前には赤の星を模した花壇が植えられている。この館はまさしく戦後の世界史での大きな一駒によって後世に語り継がれる重々しさを担っている。日本の軽井沢のような緑濃い別荘地に、美しい木組みの建物、ポツダム宣言からはこうしたイメージは到底浮かんでこなかった。

現代から世紀は遡り、嘗てのプロイセン王国の顔が次のサンスーシ宮殿で再会する。サンスーシとは憂いのないという意味。ポツダムの丘の上に広大な庭園を擁して目を欺くような華麗なバロック様式の姿を我々の眼前に繰り広げる。音楽史上前古典派で一流の作曲をものにし、自らフルートを奏したと言われるフリードリッヒ2世のために建造されたそうで、当時の華やかな王侯達の暮らしが偲ばれる。フリードリッヒ2世は政治よりも音楽、美術、建築などをこよなく愛したいわゆる文化人であった。宮殿から緑なす庭園を通り抜け別宮の裏手に回ると、アーチ状に設えた緑のトンネルがある。ひと時の涼を得て石門を潜り抜けるとまた暑さに見舞われる。ポツダムとしては近年にない異常な暑さという。

再びバスでベルリンに戻り、シャルロッテンブルク宮殿前のアンス・ロイスター広場で

サンスーシ宮殿中庭にて

下車。宮殿は修復中で中には入れなかった。ヴェルサイユ宮殿を模したこの建物はフリードリッヒ2世の祖父が建立し、プロイセン王家の夏の離宮として使われたそうである。昼食は、嘗てシャルロッテンブルクの厩《うまや》があったという門前のレストランで、天井の高い旧き良き時代のビールの香りが漂ってくるような風情に満ちている。暑さのためいい加減疲れを覚えている身にとって、大ジョッキの一杯は何よりのご馳走だ。ビール王国ドイツならではの味わいを満喫する。

午後は筋向かいのエジプト博物館を見学。古代パピルスやミイラなど、陳列点数はかなり多い。場内の説明はツアーの最初から貸与されたイヤホーンを通して為されるのだが、コードの接続が悪いのか、電池が切れているのか、皆目耳には入らず、大分聞き逃したが嘗ては上野のエジプト展でも見たこともあり、だいぶハショッてしまった。ペルガモン美術館が開いていたなら、その方の見どころは遙かに大きかったに違いない。

今日の最後は、東西ベルリン分断の生々しい傷跡であるベルリンの壁、及び壁博物館、そしてシンボルとしてのブランデンブルク門。この三者は絶対切り離すことの出来ない現代史の証人である。途中、車内からは戦後復興した近代的なベルリンのもう一つの顔を目にする。豪奢とは言えないが、すっきりとしたベルリンフィルのホールやソニーが建設したという奇抜なソニービルなどが目に入る。壁博物館は、繁華街を南北に貫いているフリードリッヒ・シュトラーセにあり、その辺りは、ベルリンの下町に当たり、脇道はせせっこましく、どこか貧相な感じが漂う。旧東ベルリンの先入観があるからだろうか。兎にも角にも壁の現場を見る。高さ3ｍほどの何ら変哲のない黒く薄汚れたスレートの壁が長々と続いている。これが悪名高かった壁だとは、車などで通り過ぎたら知らずに終わってしまいそうだ。降りて見て、手に触れてみてその実感を得て初めて感じることである。壁には当時を物語る落書きや傷痕が残っており、西側へ逃れる人達の苦心の跡が生々しい。壁を隔てて今でも東側と西側とでは建物にもだいぶ差があるようである。現代の若者に壁の意味するところが分かるかどうか。壁の片側には露天市があり、絵葉書や小物などを売っている。壁博物館は東側にあり、街角のビルの中だが、結構若者で賑わっている。ドイツにとっては忌わしい歴史の痕跡である。壁を乗り越えて西へと逃れるためのありとあらゆる手段を尽くした人間の極限状況が物語られている。手製の縄梯子や自家製のパラシュート、ヘリコプターや自家用車のシートを使い、軽業もどきに人目を忍んで脱出した例、逆に失敗して瀕死の重傷を負ったり、その場で尊い生命を落とすというような苦難と悲劇の連続であった。丁度現今の北朝鮮からの脱出劇を思わせるが、事情は大戦崩壊後の更なる苛酷な状況を踏まえて想像に絶するものがある。展示されている当時の写真や、脱出用具など人間の生命を賭けた時代の無惨さが胸に迫ってくる。

参観を終えて外に出たら陽射しは強く、焼け付くような暑さに辟易《へきえき》させられる。男女の若者達が博物館の辺りに蟠《わだかま》っている。見学に来たのだろうか。ベルリンの壁崩壊の劇的瞬間は今日から見てそれほど旧くはない。今日の若者達もよく知っているはずだ。しかし彼らの顔には、そんな暗い思い出などに囚われるような翳りは微塵もなかった。

最後にブランデンブルク門のあるウンター・リンデンシュトラーセに出る。市の中心を貫く大動脈ともいうべきこの大通りは、それぞれの区域によって名称が異なっている。ウンター・デン・リンデンもブランデンブルク門から東側、門から西側はシュトラーセ・デス・17. Juniと壁崩壊（東西ベルリンの統合）の日を記念して付けられており、更に西では、カイザーやビスマルクの名も挙がっている。とにかくこの中央通りに仁王立ちに聳《そび》えているブランデンブルク門は、ベルリン、及びドイツ統合のシンボリックな存在なのである。バスから降り立った東側からは逆光でくすんだような暗灰色、急いで西側に回って見上げ

ブランデンブルク門

れば眩しいばかりに白茶けて空の青さと良いコントラストをなしている。ドイツ統合の記念すべき日にここの広場で、大合唱が行われたそうだ。ベートーヴェンの第九の「歓喜の歌」であったか。ハイドンの「皇帝」（ドイツ国歌）であったか。バッハの「ブランデンブルク協奏曲」との直接の関係はないが、その時の情景が脳裏に浮かんでくる。いろいろと想像を巡らすには余りにも暑い。写真を撮るだけが精一杯。今日一日としては、フリードリッヒ大王から東西ドイツ統合に至る数世紀にわたる歴史の縮図を垣間見るという嘗てないほどの充実感に満たされたものとなった。一旦ホテルに戻り、夕食はバスでカイザー・ヴィルヘルム記念教会の前を西へと進み、昔のレストランが軒を連ねる街路樹の通りに面した古めかしくもしっかりとした構えの店で冷えたビールとドイツ料理にこれまでの疲れが一掃された。ホテルに帰る頃もまだ明るく、暑気は残っていたもののマロニエの木陰は爽やかな風が吹いて頗る快適であった。
旅の3日目は快適な朝を迎える。夜中に前線の通過で多少お湿りがあったらしい。曇ってはいるが風は爽やかである。朝食後ホテルの周辺を散歩する。人通りは少ない。一外国人から道を訊ねられたが、分かりませんの一言で恐縮していた。

さて、今日はベルリンを出発、マイセンを経て古都ドレスデンに向かう。マイセンへは3時間半のバスの旅。ベルリンを出ると嘗ての東独地域になるので、旧西独に比べて道路事情は遅れている。往時、悪名高いヒットラーの独裁専制下で一つだけプラスとなったことは高速道路建設と高速車生産で、何れドイツ全体を高速道路で結ぶことを夢見ていたが、大戦後ソ連の占領下となった東独では長らく道路行政からは見放されていた。近年になってやっと工事が進められてきたそうである。また東側は西側よりも経済面で制約されていた時期が長く、今でも生活は楽ではない。ガイドさんいわく。注意して道路を見ていると今でもトラバント（紙の自動車）を時々見かける。生計を切り詰めているからだそうだ。いくら古いものを後生大事にする民族でも、好んでトラバントまでは使わない。大戦の傷痕は計り知れないほど大きい。車窓から見る風景にもどこか殺伐としているものがある。畑と森の続く多少起伏のあるなだらかな丘陵地に点々として見える住宅には豪勢なものは見当たらない。どこか北海道に似た景観である。専業農家は少なく、収入のため民宿を兼ねているところが多いという。空き地も多く、有休は平均30日、労働一日7時間ほど。あとは、旅行や自然を楽しむそうだ。ブランデンブルク州を通り抜け小高い峠の丘フィンスターヴァルトを過ぎると、そこはザクセン州。大らかな丘陵地はやや下り気味になり、途中幾本かの道路と交差する。J・S・バッハの晩年の居所・ライプチッヒへの道に入り西進し、また南へと迂回していくと、エルベ川との出会いにぶつかり、しばらく川に沿っていくと、左手前方にひときわ引き立つアルブレヒツブルク・マイセン城の雄姿が見えてくる。城の手前にある橋を渡る地点の至近距離を狙って車窓からその全容を写すことが出来た。数多いドイツの城の中でも、偉容を放つこの城は、ドイツの最南東にあって、ハンガリーからの防衛要塞として建てられ、城下町として栄えたマイセンの町も戦災を免れ、今でも旧い街並が美しく残されている。但し、昨年8月、中欧を襲った豪雨による大水害の跡は生々しく、人の背丈以上の高さにまで水位が達した爪痕が壁面にくっきりと残されている。

1000年の歴史のあるマイセンでは何と言っても陶器において世界一を誇っている。その工房をまず見学。精巧を尽くした品々は一つ一つが芸術作品、工程についてはマイクで説明を聞きながら、幾部屋も見て回る。最後にいよいよ土産に買う段階となり、品選びに一苦労。海外旅行の付き物の土産選びには、やはり言葉が通じるか通じないかで大分違

アルブレヒツブルク・マイセン城

うようだ。まだまだ旅はこれから、やっと選んで一品を買った。

　工房を出て、小高い緑に囲まれた瀟洒なレストランで昼食。家庭的な雰囲気で味付けもよく、デザートのアイスクリームが特にうまかった。時々ゴーッという音が聞こえる。近くを鉄道が走っている。出ると道路の脇に線路があった。城は見えたがちょっと遠くなり、時間があれば見晴らしの利くところまで上がってみたくなるところである。昼食後、一路目的地ドレスデンへと向かう。再びエルベ川の橋からマイセン城を振り返って眺める。ドレスデンまではほぼエルベ川に沿って上っていく（川幅は次第に広くなり下るような錯覚に囚われるのだが）。やがてドイツ特有の三角屋根の住宅が緑の丘の斜面に点在している。間もなくドレスデン市内に入り、路面電車を見かける。ドレスデンは第二次大戦中、ドイツでは最も空爆被害の甚だしかった都市。この辺りの新市街区域は新しく建てられたマンションなどもあって、その実感は余り感じられなかった。

ホテル・ウエスティン・ベルヴューには5時頃到着。まだまだ十分に明るい。市の行政区域にあって、北は幅広い大通りに面しており、南はエルベ川を見下ろしていて旧市街に続くアウグスト橋もすぐ傍ら、大変便利の良い位置にある。ホテルは大きく、夕食の館内レストランは広い庭園を前にして明るくて気持ちが良い。

夕食後、エルベ川縁からアウグスト橋の中間あたりまで歩いてみる。これぞドレスデンの真の姿だ。川を隔てて対岸の旧市街の眺めが大変良い。ザクセンのフィレンツェなどと言われているように、絵画、音楽、建築、演劇など文化的交流によって繁栄した唯一の古都。嘗てはザクセン選帝侯の本陣であって、同じザクセン州のライプチッヒの聖トーマス教会で作曲活動に終始していた晩年の大バッハが、待遇改善のため度々ドレスデンの主君宛に文書をしたためていたそうだ。音楽についても、ドレスデンといえば、まずバッハが念頭に挙がる。またドイツ音楽の父ともいうべきハインリッヒ・シュッツとドレスデン聖十字架教会との関係は深い。モーツァルトやウェーバー、ワーグナーにも関係がある。その他18世紀の著名な音楽家（ゼレンカ、ハイニヒェン、グラウン等）が集って腕を競い合ったところでもある。

ドレスデン・エルベ川の辺にて

ちょっと余計なことに触れてしまったが、とにかく、最初目にした対岸の建物の景観に思わず息を呑んでしまった。おそらく明日見て回ることになるが。パノラマ写真を何枚か撮る。川面を吹く風は涼しく、これからの長旅を控えて、どうにか調子も出てきたようだ。これまでの寝不足解消のためなるべく早く床に就いたが、夜更けて近くで打ち上げ花火の音がする。あとで人に訊いたら大変素晴らしかったそうだ。残念なことをしたと思ったが、床に入ってからでは起きる気もしない。北方の人達は、深夜でも明るみの残された季節には寝ることも忘れてしまうほど、楽しみの時間を長くとるらしい。習慣の違いは、季節によって左右されるものである。

明くる日は好天に恵まれ、時間的ゆとりもあったので、浩子と川縁を散歩する。夕方と朝とでは感じも異なり、改めてパノラマ写真を撮る。穏やかに流れるエルベも昨年の豪雨では暴れ川となり、橋桁を超える水位で頑丈な石橋も流出の危機に晒されたほど、水位の跡がくっきりと残されている。見学はまずバスで市内を回った後に、アウグスト橋に戻り、正面の大聖堂、そして右手のゼンパーオペラ劇場（ゴットフリート・ゼンパーにより1841年に完成）、その奥に最大のバロック建築とされているツヴィンガー宮殿、左手大聖堂の横道のドレスデン城のゲオルク門と壁彫刻「君主の行列」、空爆で悉《ことごと》く破壊され、現在復元工事中の聖母マリア教会。実に見学するに暇がないほどだ。どれも古色蒼然たるゴツイ石の殿堂で、見るだに圧倒されてしまう。どれも黒っぽくくすんでいる。アウグスト強大王（フリードリッヒ・アウグスト2世）の威厳により花開いたザクセン文化の重厚さを目の前にして、この歳になって初めてかくある世界を観ることが出来た自分自身に何か力が湧いてくる思いに駆り立てられた。破滅的に破壊されたドレスデン城は長さ102mもある外壁から察して城は巨大なものであったろうと想像する。復元再建中の聖母教会は、瓦礫を取り除くのに5年間もかかったという。中には入れず、入口からチラリと見たに過ぎない。大聖堂内では目下演奏中で、固く扉を閉ざしている。それでまずはツヴィンガー宮殿。嘗てのアウグスト侯の居宮はゼンパー劇場の陰に隠れ、最初はちょっと分かりづらかったが、中に入るとその広さに驚かされる。M・D・ペッペルマン(注2)によって1728年に完成された。サンスーシ宮殿の広さと華やかさには及ばないが、潤いのある落ち着きと、

城塞壁画・君主の行列

バロック様式の構造の精緻さは、かのマイセンの焼物を連想させる。宮殿内部の別館として幾つかの博物館や美術館がある。全部というわけにはいかないので、アルテマイスター絵画館のみに限られる。16世紀以来代々のザクセン選帝侯が収集した貴重なコレクションの数々、後期ルネッサンス、バロックのヨーロッパ著名の画家を一同に集めたとでも言えよう。国別に大きく分けて展示室の壁の色で区別しているところは、フィレンツェのウフイッツィ美術館を連想させる。ヴェネツィアで観たイタリアの巨匠達・ラファエロ、ティツィアーノ、ヴェロネーゼ等の作品もかなりあり、デューラー、ホルバイン、クラナッハ、等ドイツの巨匠、ファン・アイク、ルーベンス、レンブラント、ファン・ダイク、プーサン、クロード・ロラン等、オランダ、フランスの巨匠と、一点一点丹念に鑑賞したら日も暮れるであろう。またそれだけの忍耐力もない。絵画ファンにとってはまさに宝石の山とでも言えよう。

昨年の大水害でエルベ川が氾濫する前に、市民の協力でこれら貴重な絵画等を全て安全な場所に避難させたという。そうした文化財保護の精神的な徹底振りには頭が下がる。

ツヴィンガー宮殿から一旦バスで新市街に行き、昼食はアルベルト広場に面したレストランにて。ここにはドレスデンの別の顔がある。すっきりとした近代的ビルが立ち並び、広場の中程には子供の水浴用にと水を張って噴水を備えたエリアがある。現に暑い今日などは、孫を連れてぶらりとやってきて、水浴させている老夫婦の姿が見られた。ここからホテル・ウエスティン・ベルヴューまではハウプト通りを歩いて15分程。この辺り屋外レストランも多く、ドレスデンでは最も明るい雰囲気に満たされている。

午後は再び旧市街に入り、折りからのイヴェントなどを見物、大聖堂での演奏会でも聴いてみるつもりでいて、マイセン焼物の店で土産物を物色したり、屋外レストランで早い夕食をとったりしているうちに、大聖堂の演奏会は終わってしまった。聖母教会近くのヴィルスドルッファー通りにはまだ戦禍の跡が生々しい。瓦礫の山が残っていて、立入禁止の囲いがされている。崩壊した壁がそのままに残されていて見るも傷ましい。連合軍による空爆が如何に凄まじかったか想像を絶するものがある。

聖母教会の方から若い男女を交えた何組かの鳴物入りのパレードがやってくる。列の先頭にはトロフィーを掲げたチャンピオンが得意の笑顔を振りまいている。暗い一面のある戦禍の街でもドイツ人の意気軒昂な姿を頼もしく思った。アウグスト橋のたもとでは、野外演奏が行われていたが、にわかに降り出した雨のため、野外楽団は演奏途中でそそくさと楽器を片付け引き上げてしまった。何よりも楽器を大切にすることを優先させるからである。

大聖堂（聖トリニタティス大聖堂）はせめて内部だけでも見ておきたい。旧カトリックの聖堂はローマとドイツのバロック建築の絶妙なハーモニーを醸し出している。地下の霊廟にはアウグスト侯の心臓を納めた箱が安置されているという。内壁は白を基調としていて外見よりも明るく感じられた。

大聖堂を出ると、あとはゼンパー劇場の7時の開演を待つばかりとなった。ゼンパー劇場のチケットは今井さんを通して事前に入手しておいた。演奏はともかくも、この歴史的に由緒ある劇場の中を一度は覗いて見たいという浩子の希望もあることだし、劇場には少し早目に入り、開演前にバロック建築の粋を極めた内部の柱や天井を見て回り、その造形美に唯々感嘆させられる。劇場のドームや天井桟敷も日本では見られぬもの。開演中の撮影は禁止されているので開演前に写真を数枚撮っておく。今日の公演は歌曲。歌手の名前は分からなかったが、若いチャーミングな女性歌手。シューマン、シューベルト、ウォル

ゼンパーオペラ劇場にて

フ、といったドイツ歌曲。声量もあり、本場で聴く良さを堪能させられた。
終わって外に出るとまだ明るい。9時になる頃、雨がぱらついていたが、ホテルまでは徒歩で戻る。ドレスデンの一日は最後に公演にも接し、盛り沢山であった。夜更けて寝室でまた花火の音を耳にした。しかし程なく止んでしまったのでホッとした。見に行かなくても済んだからだ。

中欧の旅も5日目を迎え、いよいよドイツを離れてチェコ（嘗てのボヘミア）に旅発つ日となる。もとより自分はドイツ志向に傾いていたので、ライン川流域や旧き大学都市ハイデルベルク、さてはドレスデンと並び称された音楽の都マンハイム、バッハやゲーテに所縁の深いライプチッヒやワイマールにも足を運びたかったが、今回は音楽の最大のメッカ・ウィーンやザルツブルクを控えている。やはりこちらを優先せざるを得ない。今回の旅でドイツはごく東端に過ぎなかったが、何よりも貴重な歴史や文化の素顔に触れたという充実感で心が一杯になった。そのドイツとも今日でおさらばとなる。思い残すものはないが、もし出来ればもう一度、などと欲が出てくる。

（注2）ペッペルマン（1662〜1736）ドイツの建築家、彫刻家。ザクセン選帝侯に仕え宮殿の建築に従事。

〔2〕プラハ、チェスキー・クルムロフ

さて、専用バスでホテルを9時に出発、プラハまでは4時間の旅。ドレスデンの見納めで旧市内を一通り回った後、南に向かう。聖十字架教会を見失ったのは残念だった。道は程なく上りとなり、美しい森や麦畑の高原が続いていく。時に牛や馬の放牧を見かける。ビート栽培も盛んだ。

ここより道路は急に悪くなる。舗装していない箇所もあって土埃が舞い上がっている。冷戦時代の影響をいまだに受けているのだ。やっと最近になって高速道路の建設が開始された。冷戦時代は過ぎ去ったが、高速道路建設のチェコ側の要請に対してドイツ側では自然環境の破壊を懸念して建設を渋ってきた。それも遅れの一要因であったとのこと。

チェコとの国境にはエルツ山脈がある。ザクセンスイスとも言われているが、それらしい険しい山は見当たらない。最高のカイルベルク山でも1244m、せいぜい奥多摩の大岳山くらいなもの。アルプスまがいに見えるところは、むしろ下のエルベ渓流の側にあるのではないか。地図のみでは判断しかねるところである。付近にはケーニッヒシュタイン要塞があり、変わった景色のハイキングコースも多いそうである。

程なく国境のアルテンベルク検問所に着く。ここでパスポート提出。バスの中に検察官が来て各人のパスポートを確かめて回る。両替所で日本円をコルナに替えてもらう。ユーロはオーストリアのために残しておく。ドイツ側から見て「出る」のと「入る」のとでは格段の違い。大よそ「出る」（他国へ出る）ことの方が楽で、「入る」（他国から入る）方が難しい。検査が厳しいとパスする時間も長くなる。渋滞が起こることも頻繁。それも今では遙かに楽になったが、一昔前では検査は厳重で、無事に通過するだけでも大変なことであった。バスの一同中欧への観光客だと言えば笑顔で通してくれる。良き時代になったものだ。

検問所辺りは標高が最も高く、あとは下り気味になる。この辺りの殆どが檜や杉の森林地帯、道も狭く、日本の山中とどこか似ている。樹木がまるごと倒れていたり、傾斜が崩壊して削ぎ落とされている光景にぶつかる。昨年の豪雨洪水によるものだそうだ。如何に凄まじかったかが想像される。チェコに入って最初の町テプリーチェ（独語読みではテプリッツ）、ここは8世紀からの旧い温泉地、放射線を使って循環器障害や神経痛に効能があるそうだ。街は静かで、家の形がドイツのようなゴツさがなく、シンプルでこぢんまりしている。所変わればである。ガイドさんいわく、チェコやハンガリーの人は一般的に手先が器用で、特に歯科の名医が多い、しかも治療費が安いので、スイス辺りから診てもらいにわざわざやって来る人もいる。スイスの歯科医は値段が高いので、観光を兼ねてチェコやハンガリーの歯科医を訪ねるのだそうだ。

プラハに近づくとまた坦々たる平野になる。チェコは人口1000万人、意外にも、フォルクス・ワーゲンの指折りの輸出国。世界の4分の1を占めている。ボヘミアを他国の侵入から護るトレジンという要塞がある。ヒットラーがそこに強制収容所を置いたとは皮肉な話である。

北海道十勝平野を想わせる広大な丘陵地、ボヘミアンという言葉からしてこの辺りの遊牧民の風土を連想させる。音楽分野でもボヘミア出身は数多い。最も著名なドヴォルザーク、スメタナは言うに及ばず、マーラー、ヤナーチェック、ゼレンカ、そしてマンハイム楽派巨匠のヨハン及びカール・シュターミッツ、音楽理論家のハンスリックなど、それら作曲家の及ぼす影響は大きい。日本で親しまれている新世界交響曲・ラルゴの「家路」のメロディーは、アメリカ大陸に渡ったドヴォルザークが祖国ボヘミアを想って作曲したという情感が込められている。尤《もっと》も黒人霊歌からのメロディーとの説が優位を占めてはいるが。

平凡ではあるが、大らかな大地、豊かな緑、広大な麦畑、そして葡萄畑などプラハ近くまで延々と続いている。道はかなり下りとなり、前方にプラハの街がかすんで見えてくる。地図で見ても明らかだが、プラハは典型的な構造盆地の中心地にある。いよいよ川が見えてくる。俗にモルダウと呼ばれているヴルタヴァ川である。地図によれば、エルベ川がチェコに入ってヴルタヴァ川となる。これまでとは世界が変わったようだ。イタリア的な明るいイメージが漂う。川に沿って旧くも美しい街並が続いているが、まずは小高い丘に君臨しているプラハ城へと坂道を上っていく。

　東西に長いプラハ城はその規模520mに及び、世界最大とも言われ、城郭が一つの街を形造っている。最初バスから降りたところ（フラチャニ広場）が城域にあることさえも気がつかない。急に南国に来たように陽射しは明るく、眩しいほどだ。やはり暑いが、空気が乾いており、日陰は涼しい。空は青く澄んでいて、黄や白を主調とした建物の外壁、オレンジ色の屋根、煉瓦を組み込んだような石畳の歩道があって、5階を超えるような建物はなく、観光客用の玩具のような連結車が街中を循環している。全体として明るい雰囲気に包まれている。昼食は宮殿に続く坂道（ネルドヴァ通り）に面したレストラン。暑さのせいかビールがうまい。旅の最初から朝食時を除いてビールは欠かせない。それぞれの土地のビールを味わいながら飲むなどということは、ツアーならでは出来ないことである。一人の若いハンサムな楽士が、ヴァイオリン独奏でチェコの民謡をはじめ、J・シュトラウスの「美しく青きドナウ」や日本の民謡までサービスしてくれる。演奏もなかなか上手く、さすがは弦の国、やはりお国柄の音楽を奏でてもらうとなお一層旅情が湧いてくるものなのだ。勿論店を出る時には謝礼としてチップだけは払っておいた。

　プラハ城見学に当たり、改めてガイドが付く。プラハ在住の学者タイプの日本人中年男性。同じガイドでも、テキストを暗記したような喋り方ではなく、エピソードや多少のドグマを交えて説明するので面白味がある。しかしイヤホーンの調子が悪く、しばしばガイドに近づかないと聴き取ることが出来なかった。しかも写真を撮りながらでは容易ではない。

城には西の正門から入る。ゴシック造りの聖ヴィート教会の巨大な黒い屋根が白亜の大司教宮殿の建物の向こうに天を衝《つ》いて聳えている。正門の左右にある衛兵の見張り所の上には1770年プラッツァーの制作なる「巨人の戦い」の彫刻が置かれている。衛兵は時々城内をパトロールしている。正門に入る手前、城郭の一部からヴルタヴァ川左岸のマラ・ストラナ地区が一望出来る場所があり、最初の展望写真を撮る。緑多い丘陵のスロープが切れる窪地に赤い屋根に白茶けた壁の家々が密集しており、その間に青いドームの教会が点在している。手前に目立つのは聖ミクラーシュ教会（右岸の旧市街にも同じ名前の教会があるが、その方が大きい）。ガイド氏いわく、これからまだ展望の良いところがありますよ。説明もそっち退けでカメラに夢中になっていたからであろう。

プラハ城は9世紀に創設され、14世紀カレル4世時代に現在の形に整えられたそうで、聖ヴィート教会を中心に、司教宮殿、旧王宮とその庭園、聖イージー教会、大統領執務室、聖十字架礼拝堂、シュヴァルツェンベルク宮殿、黄金小路、など含まれ、南外郭には、国立美術館やストラホフ修道院がある。ここだけでも、行政、文化の中軸をなしているといった様相だ。宮殿の中庭を経て、聖ヴィート大聖堂に入る。暗がりの中で、まずはステンドグラスの美しさに目を奪われる。フランスの建築家マティアス・ダラスによって１３４４年着工されたが、完成したのは、聖ヴァーツラフ殉教１０００年後の１９２９年とのこと。それはともかくも、見上げるような天上や、アーチ状の柱廊の美しさには思わず息を呑んだ。堂内の正面の主祭壇の他に、王の廟墓や王室祈祷所、殉教者ヤン・ネポムツキーの墓など見るべきところは多い。ステンドグラスの写真はかろうじて撮ったが、出来映えはどんなものだろうか。

大聖堂を出て、城内陳列室に案内される。ボヘミアの歴史を物語るごとく、プラハ城建設以来、カレル1世が神聖ローマ帝国カレル4世となった頃の繁栄振り、その後17世紀になってハプスブルク家の支配の時代と移り変わりの影響を受けてきた様相が分かるようになっている。当時、この城内で演劇や音楽も盛んに行われ、ごく簡素ながらそのホールも現在残っている。ガイド氏からは、ちょっとゾーッとする話。暑いので良い清涼剤となった。それは幽霊の話である。ヨーロッパの城には幽霊話は付き物。ホールの壁に描かれているハプスブルク一家の絵があるが、人物の陰に目のない黒い人影が描かれている。社交の場によく幽霊は出るとのこと。ハプスブルク家ともあろうところにと思われるが、なにか王家の終末を暗示させる不吉な予感を感じさせられた。

城内から外に出る。出口は東門。東西に長い城のこととて、ちょっと裏町風の小路が長く続いている。黄金小路というそうだ。これまでとは全く変わった世界である。悪く言えばスラム化した地域なのだが、現在ではアーティスト向きの伝説の街となっている。小路に入ってから2、3軒左手の青い壁の家が、二十世紀作家・フランツ・カフカが1年程いた住居だったという。ここに来て初めて知ったことである。路地のような小路を出ると、東門の塔のある小さな広場、ここからの展望は更に広く、ヴルタヴァ川のカレル橋、対岸の旧市街がより近く望まれる。ここから石畳のスロープをカレル橋まで展望を楽しみながら下っていく。風で時に帽子が飛ばされそうになる。坂道を下った所からカレル橋のたもとに出るまでの小路には黄色の壁の家が何軒か連なっているが、そこにも洪水の跡が残されている。水位の高さは2ｍにも及ぶ。全く300年に一度くらいの大水害だったそうで、今でも閉め切った家が見掛けられる。

ようやくカレル橋、ここからは首都プラハの中心街。ドレスデンと比べて、遙かに光に満ちた明るさが感じられた。まず、モーツァルトの交響曲№38の「プラハ」が脳裏を掠める。プラハの明るさと同時に独自の力強さがよく出ている名曲である。

橋は行楽客で結構賑わっている。添乗員からの注意で、チェコやハンガリーでの治安は、ドイツ、オーストリアほど良くはないので、各自持ち物には十分気を付けてほしい、とのこと。昨年イタリアので体験がある。地域地域での格差はあっても、問題は客の注意次第である。どこにでもスリ、オキビキくらいはいるものだ。来るなら、いつでも来るがいいと開き直った気持ちになる。

　カレル橋とは10世紀には既に木製の橋が架かっていたが、川の氾濫で流されてしまい、当時絶大な権力のあった神聖ローマ帝国皇帝カール4世が1357年に天才建築家をして現在のカレル橋の建設を推進せしめた。橋は機能的にも優れていて、橋の両脇には、民衆から最も親しまれている殉教者聖ヤン・ネポムツキーのブロンズ像はじめ、土地に関係する聖人、殉教者の像が飾られている。それらの像を背景に記念撮影している人も少なくはない。振り返ると、つい先刻通ってきたプラハ城が大鷲が翼を広げたような形で堂々と構えている。午後の陽射しが、宮殿の屋根の翳りによってそのように見える。数ある城の中でも特異な存在である。橋を渡った所から旧市街となり、百塔の都と言われるくらい、ゴシック、ルネッサンス、バロック、ロマネスクなどと、一見しただけでも5～6か所は見出される。

　旧市街には明日また行くので、今日はごく近い旧市街広場まで行ってみる。市街地の入口にタワー・ゲートがあり、道は狭いがカラフルな石造りの建物がびっしりと建ち並んでいる。レストランやカフェー、洋品店、土産物店などが軒を連ねている。観光が先か、買物が先か、時間があれば、奥様方はまず店を覗く。教会などは二の次である。地図と首っ引きでないと、近くにどんな貴重な建物があっても見逃してしまう。しかし、一つの歴史的な古都を観るに僅か2、3日では所詮無理なことである。地図を頼りに探すだけでも時

プラハ・橋塔

間はかかる。だから、ごく主なものを観ておけば、あとは買物くらいがせいぜいである。孫の土産にTシャツでもと思い、2、3軒を冷やかしたが、サイズの見当がつかず、明日また、と言って店を出る。旧市街広場に近い店に邦人の店員がいて親切に品物を出してくれるので、買わないのも悪いようだが。

旧市街広場は、それほど広くはないが、周囲はキラ星の如く美しい建物が取り囲んでいる。ひときわ高く黒々とした塔を構えた旧市庁舎、塔には黄金の天文時計が時を告げている。旧市庁舎を背後にして、正面に派手やかな赤い屋根のゴルツ・キンスキー宮殿、左手にはグリーンのドーム、城の外壁の聖ミクラーシュ教会（プラハ城から見えた左岸のとは別）、右手には二つの塔を有するティーン聖母教会。これらバロック建築やゴシック建築の粋に囲まれてヤン・フスの像が広場のほぼ中央に立っている。上空が青く澄み渡り、それぞれの建物の輪郭が空との鮮やかなコントラストを醸し出している。少々暑いが、最高の好機をものにすることが出来た。まだまだ明るいプラハの空、どこまでも青く、ヴルタヴァ川の風は爽やかだ。脳裏ではモーツァルトの「プラハ」交響曲が鳴り響いている。夕映えに黒々と浮き出たプラハ城を川の向こうに望みながら、マーネス橋を渡った地点で専用バスに乗り、ホテル・「ディプロマト・プラハ」に直行する。プラハ城の方向からやや北よりの高台にホテルはある。ドレスデンに劣らず立派な構え。道路に面した部屋からは、官庁街のような落ち着きが感じられた。

その後、バスで10分ばかり上った別のホテルのレストランでボヘミア民族舞踏や民俗音楽を聴きながらの夕食となる。白髭のリーダー格のほか、演奏者、踊り子合わせて10人程。シャンソン、ポルカ、チャルダッシュといった唄や舞曲、一風チロール民謡に似たところもあるが、動きの速いボヘミア調である。次第に熱が上がり、女性リーダー格の踊り子とダンスしたりの楽しい雰囲気となる。会場のレストランも、我々ツアーのみの独占場となる。最後に、白髭のリーダーが、ぜひ買ってほしいとCDを持ち回ってきたので、記念に1枚買った。すっかり寛いだ気分でホテルに戻り、まだほの明るいプラハの夜を窓辺で垣間見ながら明日のフリータイムのスケジュールに思いを巡らせた。

中欧の旅も6日目になる。今回のツアーの意図としては音楽の旧き都巡りということもある。浩子の要望として、滅多に入れない著名なオペラ劇場で上演中のオペラ鑑賞を、ということである。既に予定に組み込まれているウィーン国立歌劇場を除いては、現地での予約ということで手配はしていなかった（実際日本で予約すると入場料が2倍も高くなることが後で分かった）が、今井さんの機転で幸いに昨夜、今日のチケットを手にすることが出来た。プラハの国立オペラ座で現在やっているヴェルディの「椿姫」。ほかにも幾組かのカップルもあったので時間に送迎バスが来るという願ってもないチャンスに恵まれた。ドレスデンのゼンパーは既に入っており、その雰囲気はある程度は把握しているが。

また今日プラハの2日目はオプショナルツアーで往時より著名な温泉地カルロヴィ・ヴァリ（一般的にカルルスパート）往復があったが、バス往復5時間の長さ、単に保養地ぐらいなら、むしろゆっくりとプラハ市街を見物してオペラでも観る方が得策かも知れない。カルロにも何組かが行ったが、添乗員さんはオペラの方に付いてきてくれた。開演は午後7時なので、昼間は専ら市内を見て歩く。今日も好天、乾いた風が割と強く、何度も帽子を飛ばされそうになる。旧市街へは地下鉄が便利とのこと。ディヴィッカー駅まではホテルから僅か3分程、しかも始発駅だから都合が良い。日本と異なるのは乗車券の扱いで往きの切符は帰りも使えるのだそうだ。往きだけ改札口で日付を入れれば、帰りはどこで降りようが構わない。いくらでもごまかしは利く。そのかわり車内で検札が来た時はごまか

プラハ・ヴルタヴァ川、プラハ城背景に

しは利かない。滅多にないそうだが、運悪くバレた時には罰金をうんと絞り取られるそうであると。ローマの地下鉄のようなむさ苦しさはなかった。ひとまずオペラ座のあるムゼウム駅で降りる。この辺りは旧市街広場付近と異なり、両側に並木道を配した幅広い街路が南から北へと向かっている。この一帯をヴァーツラフ広場という。街路の南正面には重厚な巨大な殿堂、国立博物館がデンと構えている。大きなビルはびっしりと集中しており、プラハの別の中心を為している。最初は博物館と道を一つ隔てた大きな建物をオペラ座と早合点したが、道行く市民に尋ねたら、その先隣がオペラ座だと教えてくれた。隣のビルとは不釣合いに慎ましいほど小さく見えたが、精細な彫刻の施された茶褐色の建物には伝統の彫りの深さが感じられた。通り掛かりの中年紳士がデジカメでオペラ座を背景に我々2人の写真を撮ってくれた。国立博物館は生憎月曜は休館、中には入れず、建物を背景に浩子にカメラを向けたがドームの屋根までは到底入り切れなかった。ごく旧い建物を除いて、ヴァーツラフ広場は市街で最も近代化された地域と言えよう。街路を北に向けてショウウインドーを見ながら歩いていく。広場街は、次のムーステク駅辺りで尽き、後は広くもない道が旧市庁舎まで続いている。旧い建築物の保存には区画整理は禁止され、道路拡張は不可能である。ある不便さを忍んでこそ伝統は保たれるのだと実感させられた。昨日立ち寄った洋品店で何かを買い、食事のうまい店を紹介してもらう。幸いそこの店には日本語のメニューもあり、大変助かった。ただボリュームが多いので二人で一皿が丁度良かった。広場からカレル橋のタワーゲートまで来て、地図で確かめながらやっとのことでスメタナ博物館を探し当てる。ビルの入口はカレル橋よりも低い。昨年の水害ではどうだったのだろう。ドヴォルザークと並びスメタナはチェコの国民的作曲家である。交響詩「モルダウ」はよく知られており、民族的な舞踏音楽やオペラも作っていたが、一方理論家で室内楽等は難曲、館内には細かく書かれたスコアや作曲ノート、当時の楽器などが展示されている。室内の写真を撮っていたら受付にいた学者風の中年おじさんに撮影1件当たり8コルナを請求された。作曲家に就いては、他にドヴォルザーク記念館があるが、割愛せざるを得なかった。

川縁に出ると陽射しはきついが木陰は涼しい。プラハ城が午後の陽射しで鷲が羽ばたいているように見える。マーネス橋手前のスタロムニエストスカー駅より地下鉄でディヴィッカーに戻り、一旦ホテルに落ち着いた後軽く夕食を摂る。添乗員さんの機転で国立オペラ座までは特別にマイクロバスを仕立ててもらう。地下鉄はムゼウム駅まで殆ど一直線だが、車では結構回っていく、壮大なプラハ中央駅の前を通り、そこがオペラ座から至近の所にあることも分かった。

オペラ座内部、その規模においてはゼンパーとあまり変わらない。以前はドイツ劇場と言われていたが、１９６０年に改築改名されたそうである。柱廊や緞帳においてはゼンパーには及ばない。２階席の左寄りで、見通しはよく、１階では見られないオーケストラもよく見えた。チェコ語で書かれたパンフレットでは出演者も楽団も分からない。指揮者は女性、ヴェルディの活力あるオペラを如何にこなすのかと思いながら見ていたが、オケがちょっと弱く、歌手のボリュームある声量に支えられていたように思われる。普段オペラ鑑賞に行くことは殆どないので、「椿姫」の内容など云々するに及ばないが、アリアの美しい曲想と行進曲の勇ましい場面が傑出していたようである。音楽に国境はないが、ヴェルディなど本場のミラノ・スカラ座で観ればまた違った印象が得られたかも知れない。

劇場を出た時には、さすがに暗くなり、マイクロバスの所まで迷うことなく辿り着くことが出来た。かくして変化に富んだ麗しきプラハもホテルでの一夜を残すのみとなった。

今日はこのツアーでの最長コース。朝食は7時に摂り、8時5分前には出発となる。ここからは約3時間半の行程で、世界文化遺産として挙げられているチェスキー・クルムロフを訪れたのち、モーツァルトの故郷ザルツブルクへと向かう。見学や昼食も含めてほぼまる一日の予定である。幸い天気は良く、暑さも次第に解消しつつある。

プラハを出ると高速E55号線を一路南へと向かう。次第に緩やかな丘陵地帯を上ってゆき、唐檜《とうひ》、落葉松、ポプラ、アカシヤなど、日本の北海道を思わせる樹木が点在し、麦畑や牧草地、所々に葡萄畑も目に入る。山は低いが、起伏は多く、窪地には小さな湖水もあって釣りを楽しむ若者の姿も見える。緑は生き生きとしていて、自然そのものの美しさが素朴な姿で映し出される。

チェコから南を南ボヘミアといい、有数の葡萄産地である。気温が高く、雨が少ないこと、プラハの6月雨量が梅雨時の東京の3分の1くらい。戦禍の跡も少ない。道路からは見えないが、カルル・シュテイン城をはじめとする古城も多く、ドイツの古城街道をチェコまで延長して古城街道とするか、或いは、葡萄産地を走るので、時には試飲も兼ねてワイン街道と名付けたらどうだろう、などと喰い気の方が優勢である。

南北を縦貫する要路だけあって、車のステッカーにも各国のマークが見られる。即ち、Dがドイツ、Cがチェコ、Aがオーストリア、ちょっと意外だが、現在のチェコは工業国。特に自動車産業が盛んで、生産数は世界の4分の1を占めているそうだ。途中のタボール

チェスキー・クルムロフ城からの街中展望

という小さな街、嘗て宗教戦争（フス戦争・1410〜1436）の拠点となった聖地だが、ここにも自動車工場があるとのこと。それも、街道からでは分からない。
　しばらく行くと、南ボヘミアでは2番目の都市、チェスケー・ブジェヨヴィツェという如何にも舌を噛みそうなところに出くわす。高速は市内から外れているが、その近くにはビール工場もある。アンホイザービッシュという工場で、そこでのビールをアメリカではバドワイザーと言っている。一般にバドワイザーのラベルが全てそうなのかは分からないが。チェスケー・ブジェヨヴィツェは人口10万人、1205年からの歴史があるそうだ。
　さて、いよいよチェスキー・クルムロフも間近い。教科書用の地図などには載っていない。チェスケー・ブジェヨヴィツェの南西方にやっと分かるほどの小さな街。山間の曲がりくねったところに、世界文化遺産がある。プラハを流れるヴルタヴァ川がかなり上流となったところで、川幅は狭く、その支流の一部が派生した地点でバスから降り、徒歩でまずチェスキー・クルムロフ城へと向かう。緑に囲まれた公園のような広場から、城の北側の一部が望まれる。崖の上に城壁が崩れかけているように見えるが、しばらく行くと右側に俄然豪壮なアーチ状の岩盤の上にグレーと白の縞模様を配した3層の陸橋が現われ、その唐突さに度肝を抜かされる。それは如何にも奇抜な構えで、迫り来るようにも見える。陸橋を横目に通り過ぎたところから、右手の狭く急な坂道を城内に入っていく。登り詰めたところは城の中庭、目の前に城塔が聳え立ち、周囲は赤い屋根の4～5階建て城館が取り囲んでいる。城館のトンネル状の潜り抜けを通ると、俄然南側の展望が開ける。これこそチェスキー・クルムロフの文化遺産の名を高めた時代の原風景でなくて何であろうか。13世紀の昔に時代を戻してじっくりと眺めてみよう。まずは、パノラマ写真で全景を撮る。街を取り囲んでいる周囲の丘にも点々と赤い屋根の住居が見える。街は殆どが赤い屋根で、外壁は白かクリーム色で全体が明るい。そして、ほぼ中心で絵のまとめ役を担っているのが聖ヴィータス教会、急な∧状の濃紺の屋根に白の外壁、鐘楼も同様の色合い。中世以来殆ど変わることのない情景の美しさに息を呑む。北側ではよく分からなかった城全体は南側でヴルタヴァ川に落ち込み、街から見れば崖の高さも加えて、高度は北側の2倍程にもなる。ヴルタヴァ川はS字状に城と街と

チェスキー・クルムロフ城の橋楼

の間に喰い込むように蛇行している。この複雑怪奇な城の構造は、蛇行するヴルタヴァ川と周辺の丘によって、自然の要塞の地の利を得ているようだ。赤屋根の別の城館に移るところには、またトンネル状の潜り抜けを通らねばならない。下から眺めた陸橋は、上からでは分からない。城館の煉瓦の色もなかなか変化に富んでいる。

さて城内展示室には、金の馬車、家具類として、ヴェネツィアン・グラス、マイセンの陶磁器、ボヘミアン・グラス、金箔の寝室、など、18世紀バロックの色彩豊かな超贅沢な暮らし振りに驚かされる。この城は13世紀にチェコの貴族ヴィーテク家が築城し、同家が断絶した後、ドイツのローゼンベルク（ロジエンベルク）家が１３０２～１６０１年、領主となり、城下町を発展させ、その後、ドイツのシュヴァルツェンベルク家が入り、城を更に壮大なものにしたと同時に贅沢の限りを尽くし、その高額な費用を街の住民の血税から賄っていたのだから酷いものである。住民達は、何も言わず、何らの抵抗もしなかったのだろうか。ヴルタヴァ川を挟んで、上と下との苛烈な対立はあったはずである。詳しいことは知らないが、ここだけでなく、城や宮殿の豪奢な展示物を見るにつけ、思わず素晴らしいの感嘆の声を発するが、歴史の裏には必ず隠された犠牲者があることを忘れてはなるまい。そうした犠牲者の殆どは善良な庶民なのである。

ちょっと余計なことを思いながら城を下る。橋を渡れば庶民の世界へ。振り向くと城塔が岩の上に頭を出し、煉瓦建ての城館が自ら城壁を為し、その一部は修理中、そして、川の奥手のもう一つの橋の後ろに、北側から見たアーチ状の岩盤の陸橋を南側から望むようになる。後で図面で確かめたところ、城の最も西にある城内劇場に通ずる橋として後に造られたものと推測される。橋上の造りは後世のものであることはここから見るとよく分かる。

街はスヴォルノスチ広場を中心に、レストラン、土産物店、など観光目当てに小さいが瀟洒な店が並んでいた。昼食はロブコヴィッツというレストラン。店は小さいが、ビールも食事の味付けもうまかった。

街の広場を抜けると、また橋がある。同じヴルタヴァ川ということは、街がS字の片方の袋にスッポリと入ってしまっているからだ。橋を渡ったところから、聖ヴィータス教会の全容がよく眺められる。急な屋根は、冬の雪を落とすためだそうだが、むしろカメラマンのために役立っている。教会の一部はホテルに提供しているとのこと。

さて、今日の最大の見所を終えて、一路ザルツブルクに向かう。しばらく行くと小高いところに検問所がある。普通はドイツ語圏に入る方がそこから出るよりも検査が厳しいそうだが、我々のことを事前に観光客であるのを知っていたから至極寛大。パスポートはバスの中で回収して、あとはそれぞれ捺印してから各人に返還してＯＫとなる。東西の壁崩壊以前では想像も及ばないことである。

[3] ザルツブルク、ザルツカンマーグート

高速E55号線は、オーストリアに入ると、ラインバッハとかフライシュタットとかのドイツ語圏の地名が目にとまる。チェコでは容易に読めなかった地名も、オーストリアでは容易に読める。しかし高速道路からでは、街は離れているので、目にとまる標識がなければどこを通っているのか見当がつかない。道は下り気味になり、辺りは開けてくる。程なく、丘陵の切れ目で幅広い川に差しかかる。初めてのドナウ川との出会いである。うっかりしていればそれとなく見過ごしてしまったかも知れない。これは明らかにドナウである。既にオーストリア第3の都市リンツに入っていたからだ。現在では一瞬にして通り過ぎたが、これからはいやというほどドナウとの付き合いが続く。

オーストリア最初の旧き都・リンツ、これまでヨーロッパの地図を開く度に目にとまった地名。まず語の響きがよいこと、アルプスに近く、山に囲まれていること、東西南北交通の要路であること。そして、何と言っても、モーツァルトの交響曲№36「リンツ」の美しさ、それに後期ロマン派の巨匠アントン・ブルックナーの生誕の地であることも忘れられない。

しかし、この都市に抱く自分のロマンチシズムは、敢えなく打ち砕かれた。地図で見て山に近いとはいえ、距離もある。嘗ての古都も、今日では急速に工業都市化しつつある。縦横に道路が通じていけば、都市の近代化は倍加される。旅のモーツァルトがここを訪れた頃とは雲泥の相違なのだ。ガイドさんは、リンツの簡単な歴史を語る。スイスに近いボーデン湖辺りを水源とする（本当のところは分からぬが）ドナウ川はドイツ・バイエルン州を北東方向に流れ、レーゲンスブルク付近で南東に向きを変え、パッソウを過ぎてオーストリアに入り、最初に出会う都市がリンツである。ドナウは更にウィーンを経て、ブダペスト、遠く黒海へと流れていく。スイス、ドイツは勿論のこと、スロバキア、ハンガリー、ユーゴスラビア、ブルガリアなど東欧諸国からの交流もドナウによって行われていた。もとからの交通の要路から、フリードリッヒ3世によって、栄えたと言われている。巨匠ブルックナーは、生涯この街で作曲に当たり、10曲の長大な交響曲、他に宗教曲、合唱曲も作曲し、とりわけザンクト・フローリアンの所属合唱団の指導に当たっていた。リンツには長らく貢献していたので市の名誉市民の称号が与えられている。１９７５年にブルックナー記念堂が建設されたそうだ。リンツは、またチョコレートでも有名。高速からでは、何の変哲もないまま通り過ぎてしまった。

バスはウィーンからの道と合流して西に向かう。この辺りだったか、ローゼンベルガーという軽食も摂れるレストハウスがあり。本場のチョコレートの種類も数多い。買いたくなるが、日中の暑さで溶けてしまうのではないか。土産なら帰りの空港でということにして、最も必要なオーストリアの地図を買う。50万分の1で非常に詳しいが、広げたら大変だ。必要箇所のみ見えるようにしておこう。

オーストリアはオタマジャクシの形をして9つの州に分かれている。今はオタマジャクシの尻尾の付け根に向かって高速を南西方向にとっている。周囲の雰囲気もだいぶ変わってくる。起伏やカーブも増え、山も狭まってくる。のどかな牧草地帯には牛や羊が屯《たむろ》し、目の覚めるような緑の森、白壁と赤屋根の家々が絵そのものの美しさを醸し出している。そのうち左手にアルプス前衛の山の一角が白い岩を露出させて更にアクセントを添えている。道が良いせいか、時々、マイカーが猛スピードを上げて、バスを追い越していく。車が少ないから大目に見て許されているのかも知れないが、日本なら忽ち交通違反になるところだ。ヨーロッパの若者はドライブが好きで、遠くイギリスやデンマーク辺りからやってきてアルプスを越えてイタリアまで行く者もあるという。日本でもあまり変わりはないのだが。

さてザルツブルクも近くなり、カーブの途中、樹木の間に湖水がチラリと見えてくる。思わずデジカメを構えたが、すぐに見えなくなる。ガイドさんいわく、アッターゼーというのだ。ゼーとはドイツ語で湖水のこと。高速からはなかなか見えず、一体そんな湖があるのか、ないのかと言い争っているうちに、チラリと見えた。あった、あった！　と大喜びする。なるほど嘘ではなく、ちゃんとアッタゼ！　こんな馬鹿話を聞いているうちに、ぐるりと回ったところで大きな湖が見えてくる。これはモーントゼーというのだそうだ。しかし地図上ではアッターゼーの方が遙かに大きい。それ本当か、返事は、ホントゼ。これも馬鹿話。窓辺の美しい風景に時のたつのも忘れていると、道は多少下り気味になり、左前方の山間に抱かれたような小盆地が現われ、旧い宮殿や教会のドームが群立し、遙か彼方の小高い岩山に城らしき石の建物が見えてくる。夢にまで見たザルツブルクにやってきた実感が込められ、胸騒ぎ心踊る思いを抱きながら、夕映えにほんのりとしたバラ色に映えた楽聖モーツァルトの故郷を、この目でシカと捉えてみた。バスはこのままホテル「ルネッサンス・ザルツブルク」へと直行。市内を流れるザルツァッハ川の北側、中央駅の近く。ビルに囲まれてはいるが、静かな一郭だ。城を中心とする旧市街からは離れているが、見学は明日になるので、今日はひとまずホテルに落ち着くことにした。

既に7時を回っており、スーツケース到着後、ただちにホテルにて夕食。「ルネッサンス・ザルツブルク」は、これまでのホテルよりはやや小振りながら、家族的な雰囲気は上々、レストランも、黄色の壁に額縁が掛けられ、サロン風の雰囲気に満たされている。如何にもモーツァルト調といってよい。コーヒー注文の際、ウィンナコーヒーなら「アイン・シュペナー」、ミルクコーヒーなら「メレンゲ」と言わないと通じないことがある。早速その言葉を使ってみた。夕食が済んでも、まだ明るさは残っている。あまりにも気持ちが良いので、ホテル周辺を歩いてみる。ツアー同行のお歴々も、夜のザルツブルクを歩いてみる、とのことで殆どは繰り出していった。旧市街ならば遊ぶところもあろうが、近くではない。駅前のバスターミナルと、ザルツァッハ川縁くらいなもの。川はそれほど大きくはない。どこかの温泉によくあるような川岸の風景。夕空は澄み渡り、西の彼方にはほんのりと黄昏が残っていて、山のシルエットが青黒く一線を画している。両岸の建物や教会の灯が水面に映り、何とも言えぬ静謐な落ち着きが漂っている。これまでの旅が無事でいったことを感謝し、現在、ヨーロッパ大陸の核心部にまで来ていることの実感を味わった。明日は更に奥深いザルツカンマーグートを訪れることになる。

ザルツブルクの一夜が明けると、昨夜の好天に反して、雨となる。今回のツアーで初めて傘を差すような本降りだ。テレビのスイッチを入れると、プラハのようにNHKはやっていないが、チロール・ヨーデルをバックミュージックにしながら伝えている。9つの州各地の天気予報をヨーデルをバックミュージックにしながら伝えている。放映しているのは現地の状況である。雲の具合、雨の程度、気温、湿度、風向、風力、気圧などと、こと細かい。やはり4000m級を控えた山国としては登山情報は欠かせない。場所によっては、かなりの天気の差異があるからだ。それにしても、ヨーデルのバックミュージックはなかなか心地よい。雨でも気分を晴れやかにしてくれるからだ。

朝食を済ませて9時には出発。見るところは多い。雨は多少小降りとなるが、低い雲が垂れ込めていて、山も城も霧に閉ざされている。今日のガイドさん、ザルツブルクには数年も住んでいるという中年の女性。世帯のことまでは分からないが、ガイド商売は慣れたもの、中年のスレッカラシとでも言いたくなる。最初にザルツブルク中央駅。方々の鉄道が集まっている。一駅越せばドイツ・バイエルン州。検問のある国境の駅だ。一国第二の都市の駅で、検問とは珍しい。ザルツブルクは昔要塞として重要拠点であったことも、特異な地理的位置付けによるものであろう。

更にザルツァッハ川に沿って南に下ると、ミラベル庭園の入口に達する。これから庭園に入ろうとする頃から、雨は激しく降り出してくる。ミセス・ガイドいわく。ザルツブルクは雨の大変多いところ。3日に1日の割合で降る。私は雨大好き、雨の中を歩くと元気が出ます。さあ皆さん、雨にも怯まず元気で歩きましょう。そうは言ってもこの降りでは、傘差してカメラ持参ではどうにもならぬ。折角美しい庭園も、十分に鑑賞することが出来なかった。花壇が蛇に似ている面白い模様を描き、噴水の彼方には、ホーエン・ザルツブルク城が雨に霞んでどうにか見えた。

ミラベル庭園と宮殿なる建物は1606年大司教ヴォルフ・ディートリッヒが創設し、設計はフィッシャー・フォン・エルラッハによる。マカルト広場の三位一体教会も同じ設計者によるもの。創設者のディートリッヒは愛妾サロメ・アルトと悦楽の日々を送るため宮殿を造ったが、悦楽と権勢を一層強めたので、宗教界からつま弾きされ、塩山の所有権

レジデンツ広場からのホーエン・ザルツブルク城

でバイエルン選帝侯との抗争に敗れて捕らえられ、ザルツブルク城に幽閉されて死んだ、という。これも歴史の裏・表であろう。雨は多少小降りとなる。川に面して4～5階建てのドッシリした洋館の前には、楽界の帝王などと言われたヘルベルト・フォン・カラヤンの全身像が立っている。手には何もないが、指揮しているところであろう。洋館の壁には、

GEBURTSHAUS HERBERT V KARAJAN
GEB.5.4.1908 GEST.16.7.1989

と記されている。生家の前だからよいとしても、何か手持ち無沙汰なカラヤン像が感じられた。せめて指揮棒くらいは持たせておけばサマになったのではないか。

これからマカルト橋を渡って旧市街のモーツァルト生誕の家に向かう。橋の辺りから見る旧市街の眺めは、その格調の高さにおいて

格別である。対岸には均整のとれた白亜の5階建ての洋館が建ち並び、所々にバロック式の教会堂の尖端やドームが洋館の背後から聳え立ち、一段奥まったメンヒスベルク山頂にはホーエン・ザルツブルク城が奥深く白亜の容姿で、どっかりと居座っている。これらの建物はザルツァッハ川を前景に一幅の絵となっている。灰色の雲の色が白亜の洋館と奥深いコントラストをなしている。

橋を渡ったところから旧市街に入り、一本裏側に入ると商店街が軒を連ねており、建物のアーチ状のトンネルを抜けると、黄色の6階建ての洋館が現れる。4階の窓の下に白字で「Mozarts Geburtshaus」としたためてある。出来てから300年経っているという。到底そんな古くは感じられない。モーツァルトに関するものは1階から5階までフルに使っているが、モーツァルト一家の住まいは、4階だけだったそうでひどく狭い。旅から帰ってきたモーツァルトが、自分の寝る部屋もないとこぼしていたとか。多作なる天才作曲家は、身に振りかかる幾多の不便も乗り越えて優れた曲を作っていた。いつも息子の陰にあってヴォルフガングの啓発を心得ていた父・レオポルドの偉大さが展示品の中に滲み出ている。直筆のスコア、ノート、書簡、旅の行程、地図、教本、ヴォルフガングと関係の深かった人達の肖像画、生い立ち、家族など、更に、旅に使用した馬車、寝室、衣類等々。チェスキー・クルムロフ城で見た金の馬車に比べて何と簡素なものだろうか。モーツァルトのかの有名な肖像画（ヨゼフ・ランゲ作）等、ここにしかない原画にまざまざと魅せら

モーツァルトの生家

れる。感慨無量。ザルツブルクでは、モーツァルトにザンクト（聖）を冠して称している。もともとザルツブルクが栄えたのは岩塩のおかげだが、後にこの天才作曲家によって、世界的にあまねく知れ渡るようになった。それゆえモーツァルトはザルツブルクの守護神でもある。今でこそ市民はそう思っているが、嘗てモーツァルトはそこの大僧正から冷遇され、ウィーンに移り住んだことはよく知られている。楽聖にとって、ザルツブルクは有り難くない所だったのである。皮肉な話である。

土産物には、チョコレートが目立つ。どれも、これも、モーツァルトの顔が付いいている。他に、装飾品や絵葉書など。

ザルツブルクはここで正式には、サルツブルクと称されているとのこと。モーツァルト以前のザルツブルクの歴史は、これから訪れるザルツカンマーグートでその原点に触れることが出来よう。館から出るとまた雨が強くなっている。中心街であるゲトライデ通りは、傘を差すとぶつかり合うほど道が狭い。洒落た洋品店でネクタイなどを物色したりする。店の個性的な看板が数多く見られる。管楽器を模した看板は明らかに音楽関係の店であろう。珍しい看板の写真を何枚か撮っておけばよかったと後で悔やむ。

さて、午後は今回のツアーの最も奥深い地域であるザルツカンマーグートへ。こんな天候で果たしてどんなものかと気になるが、出発時には雨は止み、空も明るくなり雲の切れ間さえも出てくる。これなら大丈夫と、ミセス・ガイドも言ってくれる。

大聖堂や教会が集中しているレジデンツ広場でバスに乗る。旧市街での中心地で昔ながらの馬車や人力車が観光用に待機している。ザルツカンマーグートまでは約1時間。ザルツァッハ川を渡り、鉄道線路を潜ると、道は上りとなる。後方盆地状のザルツブルクがよく見渡せる。その眺めも尽きる頃から視界は開け、絨毯を敷きつめたような草原の美しい景観が展開する。周囲の山は少なくとも1000mはありそうだが、山頂は雲に閉ざされている。そのうち左手に湖が見えてくる。フシュル・アム・ゼーである。昨日高速から見

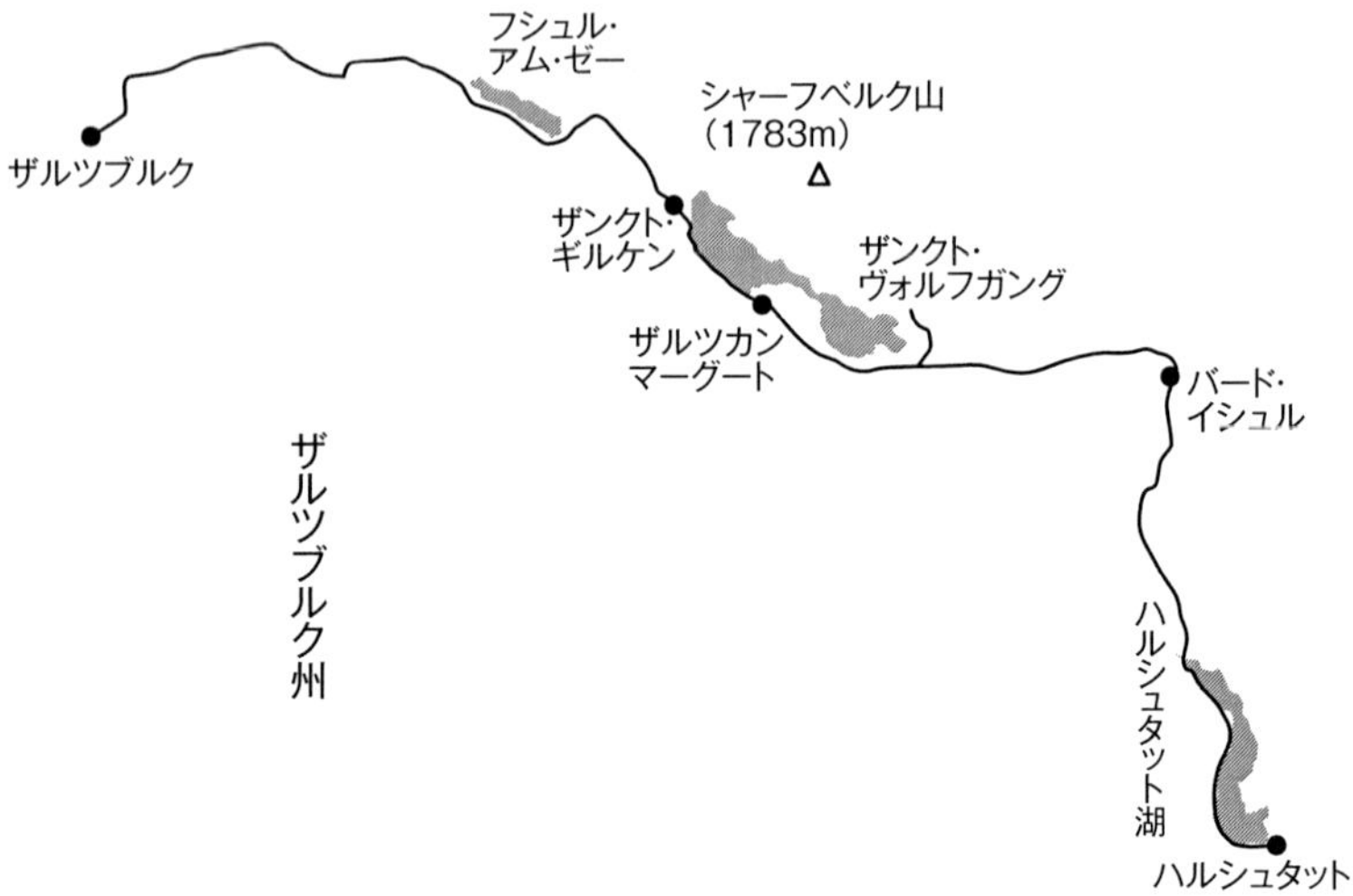

えたアッターゼーや、モーントゼーはザルツカンマーグート外側の湖になる。湖水の近くには赤い屋根に白い壁の瀟洒な民家が点在し、実に絵になる風景だ。スイスアルプスからチロール地方を経て、ウィーンの森に至るヨーロッパ随一の高地には、無数の湖水があり、まさに湖の宝庫と言える。ザルツカンマーグートには大小混ぜて10箇はあるそうだ。更に行くと、左手に少し見下ろすような位置にヴォルフガング湖が見えてくる。フシュル・アム・ゼーよりも大きく、水も豊富だ。山は湖畔に迫り、山の傾斜地から湖畔にかけて数軒くらいの集落が所々に見えてくる。よく写真にあるチロールの風景を思わせる。やがてヴォルフガング湖の対岸に教会の尖った屋根とともにちょっとした別荘風の集落が見えてくる。そこがザルツカンマーグートの中心地、

ザンクト・ヴォルフガングで昔から由緒ある白馬亭があり、映画「サウンド・オブ・ミュージック」でもよく知られている。嘗てはヨーロッパの王候貴族や名士達が滞在した所でもある。オーストリアでは屈指の景勝地であるそうだ。バスは、湖水の周りを大きく迂回しながらザンクト・ヴォルフガングに入っていく。雲は次第に切れて、いま来た側の彼方に聳える山々の輪郭までもが見えてくる。何と幸運なことだろう。

街の手前でバスから降りて、両側にホテルやレストランなど軒を連ねている坂道を下って行くと湖水に面した行き止まりに、白馬亭が建っている。建物はどれもチロール風でカラフル、出窓やベランダには花が飾ってある。どこからかヨーデルの歌声が聞こえてくるようだ。白馬亭での昼食は最高の雰囲気。まさにロイヤル気分満点。ビールもうまい。風が出て、雲は切れて陽も射し、これまで見えなかった山容もくっきりと見えてくる。彼方に壁のように連なるダッハシュタインの稜線にはまだ雲が残っているけれども。おそらく最初であり最後であろうこの歴史的に由緒ある白馬亭でのひと時は、旅のクライマックスに他ならない。ザンクト・ヴォルフガングとは、10世紀にこの地でヴォルフガングという大変徳の高かった修道士がおり、没後聖人として崇められ、彼の墓に参ると霊験あらたかになると信じられていたことから、ここの地名となったそうで、モーツァルトの洗礼名も、すぐ隣のザンクト・ギルゲン出身の母方から譲り受けたものとされている。

白馬亭で食事を摂っているうちに、展望も良くなり、急いでパノラマ写真でダッハシュタイン方向の山と湖水とを写す。手前のゴツゴツした山の名までは分からないが、特異な眺めである。残雪の頃はさぞ素晴らしいであろう。白馬亭の北側の湖水に面した所に半円型の覗き窓を型取った白石塀があり、記念撮影には絶好である。太陽の光は眩しく、湖北のシャーフベルク山（1783m）の上空には大きな積乱雲がそそり立っている。白馬亭を出ると、ザルツカンマーグートの最奥の街、ハルシュタットに向かう。途中のバード・イシュルの辺りで単線軌道に出会う。踏切もなにもない。グムンデンから通っている線で、地図で見ると結構鉄道は通っているが、列車を見かけることはない。バード・イシュルは温泉保養地とのこと。のどかな山麓には牧場や教会もある。秋は紅葉が美しいとのこと。樹木の種類はドイツ唐檜、ななかまど、白樺、野生動物はムフロンというウシ科の野生羊、それにリス科のマーモットくらい。猿はおらず、熊は全部射殺されてしまっていない。嘗て王候貴族たちの保養の場所では、一頭の熊も容赦しなかったであろう。日本なんかはまだ寛大な方だ。最近ではむしろ野生との共存さえ唱えられているのだから。

道はややトリ気味に山もかなり迫ってくる。行く手にはまた別の湖、ハルシュタットゼーが見えてくる。両岸の山は高く、急な斜面は湖岸すれすれに落ち込んでいて、山崩れさえ起こしかねない。天気は気まぐれで、山の稜線には暗雲が密集する。狭い山間を巧みに造られたトンネルに入ると、内側からも外が見えるようになっている。トンネルを出ると湖水は傍まで来ており、ハルシュタットの教会や、別荘風の館などがひと塊になって湖面

ザルツカンマーグートのハルシュタット湖

に影を投じている。秘境とも別天地とも言える光景だ。湖岸に迫る山は急でかなり高いが、稜線はガスに閉ざされていて形は分からない。写真と地図とで想像してクリッペンシュタイン（２１０９ｍ）ではなかろうか。
　着いたところがマルクト広場。広場というほどのものではないが、街の中心となっている。ザンクト・ヴォルフガングよりは大きいが、奥深い落ち着いた雰囲気は何とも言えない。急な斜面にも3～4階の洋館が所狭しと建っている。地震が全くないので、どんな場所にも古い館が残っているそうだ。
　さてこれから徒歩で1時間を目途に湖畔を往復するというその時に、篠突くような雨がやってくる。雨が好きだというミセス・ガイドは、さあ歩きましょうと、たじろぐ様子はない。雨宿りの場所もなく、結局傘を差しながら歩くより他にはない。天気だったらどんなに好いか。ロープウェイでクリッペンシュタインに行くことも辞さぬであろう。雨の中で見えるものは、灰色のハルシュタットゼーと教会の塔くらいなもの。歩行の終点は湖岸風景の主役となる聖アルジュベディー教会。そのころ雨は小降りとなり、戻る頃には止んで周囲の山々が見えてくる。マルクト広場にある黄色の4階の洋館（博物館？）と湖水は絶景だ。ミセス・ガイドの説明によると、地名頭文字のハルとは岩塩採掘所のことで、シュタット（町）を合わせて「岩塩採掘の町」という。採掘所も見学出来、岩塩が原始的な様相を呈し神秘的であるとか。石器時代に既に発見されていた岩塩によって、栄えたのがザルツブルクなのであり、すなわち「塩の城」、ザルツカンマーグートは「塩の宝」というわけだ。人間生活に塩はなくてはならぬもの。その宝庫を握っていたザルツブルクの中世の領主が交易の利を塩によって確保したのは当然の成り行きであったし、かの堅牢なホーエン・ザルツブルク城も塩による利益によって築かれたのである。ハルシュタットはまさにザルツブルクの原点とも言えよう。

見学は僅か1時間余りに過ぎなかったが、ここまで来られたこと自体、忘れられぬ得難い体験である。雨も止んだハルシュタットを惜しみながら、同じコースを戻り、ヴォルフガングゼーの最北端にある至極小さな町ザンクト・ギルゲンに寄って行く。ここはモーツァルトの母親アンナ・マリアの生誕地。周囲は明るく広々としており、湖水の彼方にはだいぶ遠くになったが、ダッハシュタインの山々が見渡せる。伝統的なチロール風の家々と調和してこの世ならぬ美しい光景に満たされている。アンナ・マリアの家はバスから降りて、5分程、黄白色の2階建ての瀟洒な感じだ。現在は町の裁判所になっているとのこと。入口には花に飾られたアンナ・マリアと姉のナンネルのレリーフが掲げられている。また と来られないモーツァルトの聖地、ヴォルフガングゼーの辺りでしばし時の経つのを忘れる。近くの可愛らしい土産物店で、エーデルワイスの刺繍の入ったテーブル掛けを浩子の選びで購入し、美しきザンクト・ギルゲンを後にする。

雨に翻弄されたザルツカンマーグートであったが、去るに当たって、天候は回復し、これまで見えなかった山々も見えてくる。しかし去らねばならない。ここを除いては、殆ど全天候型で通ってきたが、それは大自然の中では通用しない。スイスやチロールのアルプス山中では尚更のことであろう。帰路は途中で高速に出て、ザルツブルクにはまだ明るいうちに着いた。レジデンツ広場でまた一雨きたが、そのあと大聖堂のドームの上にバラ色に映えたホーエン・ザルツブルク城が近く眺められ、今日まで中世の原型をとどめている石造りの城に改めて惚れ惚れとさせられた。夕食はレジデンツ広場のレストラン。ホテルに戻ったのは何時頃だったろうか。前の建物がライトアップされて、雨上がりに映えて美しい。

[4] ウィーン

ザルツブルクの最後の夜も無事に明けて、今日は一路ウィーンに赴くことになる。空はあまりすっきりとしていない。ウィーンまでは330km、東京から仙台くらい、昨年のイタリアのフィレンツェ〜ローマ間（300km）よりも長い。再び高速E55号線を来る時と反対方向北東に向かって行く。雲が低く、今にも降り出しそうでモーントゼー、アッターゼーも昨日のような青味はない。山も灰色に霞み、精彩に乏しい。これからのツアーは全天候型。まずは安心して行ける。

ウィーンは、長らくの憧れの地であった。一体何故なのかと言われても具体的に指摘出来るものがない。ヨーロッパ旅行の際には、一枚加えずにはいられない。ウィーンという言葉の穏和な響き、ヨーロッパ全てを包み込むような寛容さがあり、ロマンティックな憧れがある。しかしウィーンの地理的な位置はやや東に偏っているため、他のコースと兼ねるとなると限りがある。例えば、ドイツ中央部を貫くロマンティック街道、或いはライン川を遡ってスイスを経てイタリア、またはフランスへ行く場合、ウィーンはますます遠くなる。今回の中欧ツアーでは、まさにお誂え向きといってよい。端的に言って、ウィーンは音楽の都である。しかも特定の作曲家の出身の地ではなく、大方はヨーロッパでも出身地を異とした作曲家が最後に住み着くところがウィーンなのである。漠然としているが、音楽へのごく自然発生的な夢がある。勿論ウィーン出身で生涯そこで活躍していたヨハン・シュトラウス親子やヨーゼフ・シュトラウスのような生粋のウィーン人も含まれる。そのウィーンを代表するヨハン・シュトラウス2世の「美しく青きドナウ」や「ウィーンの森の物語」といったレコードに何気なく親しんでいた子供の頃を思い出し、そうした媒介物を通じてウィーンへの感覚的な憧れがあったのは事実である。ウィーンがヨーロッパの代名詞であり、ヨーロッパといえば、他でもないウィーンを思っていたのである。しかし、今回の旅で、ヨーロッパを象徴するウィーンの別の面も知ることが出来た。このことは後に譲ろう。

長いバスの旅では、そろそろ疲れも出てくるが、適当に音楽も流れてくる。ザルツブルクでは「サウンド・オブ・ミュージック」か、モーツァルトの「ト短調交響曲№40」だが、ウィーンに向かえば、「美しく青きドナウ」や「ラデツキー行進曲」、またはレハールの「メリーウィドウ」といったもの。これだけでも、ウィーン入りの気分は満喫させられる。

さて1時間程でリンツにあるローゼンベルガーに寄り、そこで一休憩。昨日も立ち寄った休憩所で、オーストリアの地図を買ったことを覚えている。またチェコ方面との分岐点で交通の要所である。ここからは高速E60号となって、東南方向を目指していく。オーストリア東半分の中央部を行くが、しばらくは見るべきものもないので、ガイドさんのオーストリアの教育などの話に耳を傾ける。進学は厳しく、浅く広くではなく、専門性重視、大学は約80％が国立、全国一律の試験があり、足切り制度のあるところもある。入学は日本円で5万～10万円で入れるが、卒業出来る者は3分の1くらい。ザルツカンマーグートの東、トラウンゼーの都市・グムンデンでは、音楽と体操の授業はない。それぞれの家庭内で子供の特性を見て、個性ある習得を心得ている。学校ではやる必要がないのだとのこと。体操は体育として、自然に親しむハイキング、いわば健康作りを家庭で行っているそうだ。近くに豊かな自然があるということだけでも日本とは条件が異なるのである。リンツを過ぎても、ドナウにはお目にかかれない。高速も鉄道もほぼ流れには沿って通っているが、何れも川の南側である。向かって左手には、1000m足らずの山とも丘陵ともつかぬ緑の丘が続いている。ドナウはその真下辺りを流れている。全長3000㎞に及び、むかし交通手段として用いられたので、川に沿っては古城が多く、特に中域に当たるリンツからメルク、クレムスと下る辺りのワッハウ渓谷では、古城や僧院のオン・パレード、また岩の景観などドナウの舟下りには絶好の場所なのだが、高速道路からでは何も見えない。メルクの修道院は、映画「薔薇の騎士」でよく知られるようになった。メルクでは、ドナウ川も高速に最も近づくが、そこを境に、流れは北に向き、高速から離れていく。本当に出会うのは、ウィーンを過ぎてということになるのだろうか。ザンクト・ペルテン……ここにも何かあるらしいが、ここからオーストリアのもう一つの都市・グラーツにも道が通じている。グラーツといえば、名指揮者カール・ベームの出身地。モーツァルトをはじめ殆どはオーストリアの作曲家に終始していたことでは一貫している。

想いをいろいろと巡らせているうちに、いつの間にかウィーンの森に入っている。どこからがウィーンの森か見境はつかない。地図に明記されているわけではない。大きく言えば、スイスアルプスからチロールアルプスを経て、オーストリア南部を東西に横たわっている山脈の尽きる辺りがウィーンの森、大よその広さは、東京23区の倍近くになるそうだ。標高1000~1500mくらいの山を含むなだらかな森林地帯。ウィーン市の北西に位置し、市民のハイキングには絶好であろう。しかし、近年は殆どがマイカーのドライブとなってしまっている。近年酸性雨による森林の被害は少なくはない。現在ウィーン市の人口は約160万。旧き良き時代の面影と共に、近代的都市機能の様相も兼ね備えている。第二次世界大戦時にはドイツの傘下にあったが、被害は少なく、戦後は独自の中立的立場から復興はいち早く行われた。ウィーンという都市がもとより神聖ローマ帝国・ハプスブルク家の王座によって栄えたことなど、政治、文化両面でローマやパリに比肩するものがある。

一体どの方向からウィーン入りしたのか、見当がつかない。何か知らぬ間に市内に入ってしまったという感じで、昨年のヴェネツィアのような特別に強い印象は受けなかった。

音楽の都といった先入観を持っていただけに、最初からそのようなものを予想していたが、目に入るものは散文的な線路や鉄橋、マンション、ゴミ処理場、ビルとビルとの間のドブ川（市内を流れるドナウ運河）くらいなもの。ウィーンも、一様に近代化してしまってそんじょそこらの都市と変わらないものだと思っていると、程なくウィーン北駅の陸橋に差し掛かり、駅の彼方にシュテファン大聖堂の尖端らしきものが見えてくる。やがて路面電車のある市街に入る。店の軒先にはいろいろと洒落た看板が目にとまる。どうやらウィーンに来たのだという気分になってくる。

昼食は構えの大きな中華料理店に案内される。遙々《はるばる》ウィーンまでやってきて最初に入るレストランが中華料理店ではちょっとイメージが湧かないが、東洋の米飯類を口にするのは10日振り、しかもここの青島《チンタオ》飯店は日本人にもヨーロッパ人にも合うような味付けで評判は良いという。折から中国人の客で一般席は超満員。しかし、我々ロイヤル組は最初から奥の特別室が用意されていて混み合うこともなく、ゆっくりと食事することが出来た。今日は夜のオペラ鑑賞もあるので、宮殿参観は明日に譲ってホテルへと直行するが、多少市内の主要箇所だけは車窓から望見する。ウィーン北駅からドナウ川に架かるライヒス橋までは幾らもない。川幅はかなり広く、船の行き来も目にとまる。川の対岸にすっきりとした高いビルの幾つかがかたまって見える。国連都市ということ。橋の手前には、川に沿って緑地が広がり、有名なプラタ—公園がある。まず大観覧車が目にとまる。世界で最初に出来た観覧車で、３００年程経っているとのこと。今でも市民に人気が絶えないそうだ。大きさは現代のものには及ばないが。

ここまでは専ら外側から見たウィーンというところだが、ドナウ川にしても、ここでは「美しく青きドナウ」のイメージは片鱗さえもない。ヨハン・シュトラウス2世の名曲に叶うドナウは、現在のウィーンでは見られないのだそうだ。

さて、バスは、ウィーン・ミッテ駅近くの市立公園を通って市の核心部に迫り、国立歌劇場の前に着く。今夜、そこで「ラ・ボエーム」（プッチーニ作）を鑑賞することになっており、それに先駆けて、この伝統ある劇場にお目にかかる。ここに来て遂に本場のウィーンに接した感動が湧いてくる。最初に感じたことは、ウィーンには二つの顔がある。旧い顔と、新しい顔。残すべきものはきちんとその場に残し、開発すべきものには別にその場を設ける。周囲にも見紛うような石の殿堂があり、最初はその境目がよく分からなかったが、手の混んだ建物の装飾は群を抜いていて、その重厚な様相には積み重ねられた伝統美をまざまざと感じさせられた。音楽は勿論だが、建築、美術をも含めた総合文化都市といった単なる現代用語で形容するには足りぬ遙かに深いものがある、というのが国立オペラ劇場の第一印象である。今は外観にソッと触れるだけ、これから食事を済ませて、鑑賞を兼ねてその内部に迫ろうというのである。市内の主な見物は明日に譲り、そのままバスで3時頃ホテル「クラウン・プラザ」に着く。旧市街からは離れたワグラマー・シュトラウセにあるが、地下鉄U1線に近く、旧市街への足場は良い。市民の乗物以外の交通手段は自転車で、そのための通路が設けられている。ザルツブルクでも同様だが、自転車専用路が歩道と平行にすぐ外側を通っている。路面は赤い塗料で薄く塗られているが、バスから降りる時など、要注意である。うっかりして自転車にぶつけられても、責任は全て当てられた側にある。傷を負わされても賠償請求は出来ない。赤線区域というわけだ。自転車は一応警笛は鳴らしてやってくるが、ツアーの年配の御婦人方には、ハラハラさせられる。

ドレスデンやプラハのオペラハウスでの服装には特別の制限はなかったが、ウィーンでは伝統的な仕来りから、背広にネクタイは準備するようにとの指示で用意してきた服装に着替える。昨年オリエント急行乗車の際も同様だったが、単なる習慣というよりはエチケットというべきものか。ウィーンに劣らぬ伝統的なドレスデンのゼンパーでは、それほどでもないのがちょっと意外に思えた。

このツアーでの最初の案内では、この日のオペラは小澤征爾指揮、ウィーン国立歌劇場管弦楽団によるモーツァルトの「ドン・ジョヴァンニ」となっていて、最高の期待を寄せていたのだが、旅の出発を前にして「ドン・ジョヴァンニ」は翌日に変更され、今日はプッチーニの「ラ・ボエーム」(小澤の指揮ではない)ということになってしまったが、それでは収まりがつかない。小澤の「ドン・ジョヴァンニ」のみを当てにしてきた客から、それなら旅行もキャンセルすると言い出してきたので、添乗員さんが旅行社に交渉した結

ウィーン国立オペラ劇場

果、現地ならば、翌日のチケットを３０００円で入手することが可能になり、席は３階の隅になるが、それでも日本より遥かに安いのですぐさま申し込み、二夜連続の本場オペラを楽しむことが出来た。これも、旅慣れた添乗員さんのおかげである。但し、同じチケットでも日本だと８０００円もするのは、一体何故か、税金くらいの差ならまだましだが、あまりの格差に疑問を抱く。

　然るべき準備を整えて、ホテル専用のバスが迎えに来るまでロビーで待機する。開演は午後７時半ゆえ、ホテル内で軽食は済ませておく。かくして、世界三大オペラ劇場の一つに数えられている音楽の殿堂に足を踏み込むことが出来た。開演10分前で、そうろつくことも出来ず、劇場内の写真は有料となるので最少限度に留めておいた。場内の階段には赤絨毯が敷きつめられており、アーチ状の柱や天井、シャンデリアは壮麗を極め、さながら宮殿を思わせる。場内ガイドに2階入口まで案内されるが、内部構造は複雑で、1、2回では憶えられない。座席は特に上等というわけではないが、出演者の台詞がドイツ語と英語に同時翻訳されてそれぞれのシートの前に映し出される仕組みになっている。横の列は観客の視線がステージの中程に行くように、多少弧を描いているので、縦の通路は中心の1本だけ。休憩時、席を外すにはちょっと不便だ。ガイドさんの話では、ミュンヘンのオペラハウスでは縦の通路が全くない。バウムクーヘン型というのだそうだ。観客は、最初から終わりまで、席を外せない。

さて肝心なオペラについては、ここでは言及を避けよう。やり出せば長くなるし、オペラそのものについて、これまであまり興味がそそられなかったこともある。「ラ・ボエーム」の情景はパリの裏町のある屋根裏部屋だが、ここでは田舎家の土間に見えた。だが、その舞台装置と照明の芸術的な効果はさすが大したもの。出演者の名前は残念ながら分からなかったが、詩人、画家、哲学者、音楽家とそれぞれの個性がよく出ている。主役の詩人ロドルフォと胸の病の少女ミミ、それにまつわる恋物語だが最後は悲劇に終わる。3幕目のパリの夜の広場での民衆の動きやバックの建物群は圧巻。演奏はウィーン国立歌劇場管弦楽団、指揮者の最後の挨拶は愛嬌たっぷりで笑わせた。

幕間の休憩時間にロビーではビールやコーヒーも出て、勿論無料ではないが、忽ち社交の場に変身する。昔からウィーンの人の嗜みは、音楽や観劇を兼ねた夜会か、昼間は自然の中でのウォーキングくらいなもの。場内にはそうした雰囲気が漂っている。ウィーンナブラットの片鱗に触れたような気分になる。現代でもウィーンは失われていない、予想通り世界のより良きものが、全てここに結集しているような満足感に満たされた。

明くる日、6月20日は、専用バスで市内まで行き、専ら徒歩で回る。9時にホテル出発。今日のガイドは中年の男性。ブラックの丸首シャツ1枚のラフな姿。一風変わっていて月並みなガイドではない。ひとりよがりに何かブツブツ言っているようで、内容は知的だ。一般受けしない音楽史や音楽理論まで飛び出す。本来音楽都市の案内では不可欠なことなのだが、お上りさんの観光客には馬の耳に念仏であろう。折々にジョークも交えて、大作曲家のエピソードも語る。有名なベートーヴェンとゲーテとの出会いは堂に入っている。ロマン派後期のワグネリアンに対する新古典派の理論的対立で理論家ハンスリックがブラームスを擁護した経緯など。またウィーンのワルツ王、ヨハン・シュトラウス2世の曲には当時のオーストリアの国情と二重帝国としてのハンガリーへの留意が込められているものもある。ヨハン・シュトラウス1世の「ラデツキー行進曲」は、ニューイヤー・コンサートでは、追い出し行進曲と言っている、等々。

現在のウィーンの中心は、ドナウ運河の南西方向に広がる旧市街と宮殿で、それらは一部運河に接した大きな道路によってぐるりと取り囲まれている。その道路はリングと言われ、1世紀末にローマ軍が築いた城壁の跡を、12世紀にオーストリア国を造ったバーベンベルク家のレオポルト5世が更に拡張して当時のウィーンの門外町を殆ど城内に入るようにした。旧い城壁は取り壊され、その後600年余りバーベンベルク家の城壁は存在していたが、現在では城壁に替わって道路となっている。ウィーンの見所は、そのリングの内部、周辺部、外部とに分かれている。こうしたことは、後で頭の中で整理してみて分かったことで、旅の当日では皆目分からない。今になってウィーンの構造がようやく分かりかけてきた。

さて、まずはリング内側の西半分、ホーフブルクとその周辺の見学。空は澄んで空気はカラリとしており、旧きウィーンらしい感触に接する。王宮は2600の部屋、19の中庭からなる恐ろしく広大なもので、一時代を風靡したハプスブルク家の居城に相応しい。建設は13世紀から始められ、その後統治者から統治者へと受け継がれてきたそうだが、4～5階から成る豪華ながらも均整のとれた造りは、見ていて惚れ惚れとする。ハプスブルク家の権勢のことは別にしても、この建物の設計者を賛美したい。王宮内には入らず、奥の中庭までを往復するだけで精一杯、そこには、ウィーンの発展に長らく道を開いたフランツ・ヨーゼフ1世の立像があった。ハプスブルク家の女帝マリア・テレジアの強烈な印象に対して、ヨーゼフ1世は穏健な人柄によって長年の間ハプスブルク家の人気を存続させたが、王家一族に暗い兆しが見え始めた晩年は必ずしも内心穏やかとは言えなかったであろう。一つの都市を中心とした国の盛衰が、一つの強大な王候貴族とかくも深い繋がりがあった例は、そう多くはないであろう。中庭から急ぐように出て、ヘルデン広場に立つと視界は広く、リングに沿った辺りにはウィーン市庁や国会議事堂の白い建物が顔を出している。広場の左右にはオーストリアの英雄プリンツ・オイゲン公とカール大公の像がある。宮殿前にずらり並んだ車はカメラの障害物、それをよそ目に二頭立て馬車が人待ち顔である。時間でもあれば一度くらいは束の間の気分でも味わいたいところだが。風が強くなり、時々帽子を飛ばされそうになる。

馬車が行き来するブルク門を出ると、左手に宮殿同様の旧館の自然史博物館がある。現在一部が修理中だ。道路を隔てて、古代ローマ式建築の国会議事堂、鮮やかなゴシック建築の市庁舎がよく見える。急いで写真にしておく。リングの続きに国立のウィーン大学があるはずだ。見たいと思ってはいたが、時間もなく行けなかったのは残念。ここは、精神分析のフロイドで有名だが、以前立教大学図書館に勤めていた頃、ウィーン大学教授であったアルフォンス・ドプシュ（注3）の遺族から膨大な量の図書が寄贈され、それの整理に苦労した経験がある。そんなことから頭の中にウィーン大学という印象が残っていたので、一目見ておこうと思ったわけだ。案内書によれば、ウィーン大学の美しさはアーチ状の回廊にあるそうだ。

街路樹が鬱蒼と繁っているアウグスト通りからバスで、最大の見所シェーンブルン宮殿

シェーンブルン宮殿

に赴く。いわゆるリングから外側の南西方向にずっと外れた広大な敷地にハプスブルク家の居宮がある。さきほどのホーフブルクに対して、こちらは「夏の宮殿」と言われている。1569年マキシミリアン2世が狩猟のための館として使用したのが始まり、レオポルト1世の命令で建築家エルラッハが1713年に完成させ、マリア・テレジアによって次々と改修が行われ、現在のものになったという。シェーンブルンとは、美しい泉という意。ホーフブルクが白を基調としているのに対して、こちらは黄一色で、周辺の自然の豊かな緑と程よく調和しており、更に色とりどりの花壇の花々がアクセントをつけて、美しさは絶妙と言えるほど。花壇はそれぞれに模様を彩り、ウィーンの森の一端とも言える緑豊かな森林が小高いところに配置されていて、広大な別荘風のホテルとでも言えそうだ。当時は主に国際的な社交の場として使われ、園遊会、コンサートなどが盛んに行われ、麗しき良き時代が想像される。同じ黄を主調とした建物は、ポツダムのサンスーシ宮殿に比して割と地味で飾り気はなく、それがかえって周囲の自然と一体になっているように思われる。

館内の展示場見学。ここは一口に言って、ハプスブルク家の歴史であると同時に、オーストリアの歴史でもある一つの縮図と言える。殊更説明するに及ばないが、感じたことのみを記しておこう。展示されているものと、絵画に見られるハプスブルク一家の日常生活とを対比して見ると、調度品、装身具等は、豪華絢爛たるものだが、肖像画などでは至って簡素。説明によれば、豪華な調度品も専ら外交のためで、国の威信のシンボルとして扱われたに過ぎず、ハプスブルク家の私生活は至って簡素なものであったという。実務にも長けた女帝の生活態度もウィーンの繁栄に与《あずか》るものとなったのであろう。一枚の絵に幼少のモーツァルトが一曲を奏するためにハプスブルク家に招かれた場面がある。マリア・テレジアの末娘で後に断頭台の露と消えた悲劇の后となるマリー・アントワネットも、そこに居合わせている。どの絵にも、彼女はソッポを向いている。幼少のモーツァルトは、彼女を自分の妻にしたい、と言ったそうだ。もし実現していたなら、忌まわしい断頭台の露と化すこともなかったであろう。マリー・アントワネットは、とり分け悪政を行ったわけではないが、女性本来のお洒落な気質が昂じた贅沢さがパリ市民の顰蹙を買い、革命の矛先とされた悲運の后と言わざるを得ない。ハプスブルク家の末路は、ルドルフ皇太子とエリザベート皇妃の暗殺事件など悲劇的である。19世紀末オーストリア皇帝はプロイセンとの対抗に敗れ、ドイツ帝国の枠外に置かれ、第1次大戦での敗戦の結果、1918年カール1世の退位と共に500年にわたるハプスブルク家の幕は閉じられた。歴史の成り行きの悲情さを感じながら宮殿を出て庭園に降り立つと、にわかに黒雲が広がり、一雨来そうになる。栄華の歴史は今はなく、それを象徴するのは建物のみ。ウィーンの天気は変わりやすく、雷も多いとか、留学したある音楽家が言っていたが。穏やかそうに見えるウィーンもその裏には厳しい自然と共に波乱万丈の歴史が隠されているのである。

バスで再びリング内部の繁華街に。途中のあるレストランで昼食。着くと同時に篠突く雨。それもすぐに止み、また陽射しとなる。その後国立歌劇場の前で下車、あとは今宵のオペラ鑑賞までは各自フリーというわけで、浩子と二人のひと時になる。オペラ座からシュテファン大聖堂までの中心街をケルントナーシュトラウセと言い、ウィーンでは最も賑やかなところ。レストランや喫茶店やデパートも、全て揃っている。さすが人出は多い。とある喫茶店でアイスクリームを注文したら、日本のジャンボの倍ほどもあるのでびっくりした。一個を二人で分けて丁度よい。とにかく見ていると、あちらの人はよく食べる。80才くらいのお婆さんでも、でかいビフテキなんか平気で食べている。それだけ身体も大きいのだから仕方ないが、羨ましき限りだ。さて途中で土産物など物色する。孫達に着せ

聖シュテファン大寺院

られるものとなると選ぶのに苦労する。折角ウィーンまで来たのだからと思えば尚更である。店員との言葉のやりとりは何とか分かるが、身に着けるものとなるとサイズが分からない。いろいろと選びながら結局は買わずじまいだったりする。聖シュテファン寺院の手前の横町から入ったところに、デブリンガーという音楽専門店がある。さすが音楽の都だけあって、楽譜の種類は多い。浩子は、娘のレッスン用にモーツァルトとリストのピアノ曲の楽譜を買う。自分もハイドンのコンチェルトのCDを買う。研究熱心な音楽生が店員にいろいろ訊ねていた。

さて店頭巡りに切りをつけて、シ

ュテファン大聖堂に赴く。大聖堂を目前にして、その壮大なゴシック建築の凄さに思わず息を呑む。同じゴシックでもミラノのドゥオモには繊細な赴きがあったが、シュテファンには骨太な無骨さが感じられる。聖堂のスケールに対して、正面の広場が狭すぎる。12世紀建設当初はロマネスク様式で規模は小さく、1500年にほぼ今日の形に完成されたそうだが、当時広場には店舗など少なかったのだろうか。今日では写真を撮るにも店頭すれすれまで下がらないと全体は無理である。嘗て、ベートーヴェンが最後の住居にしていた家から見えたシュテファン寺院は、当時のスケッチ画で想像すると、これほどの大きさには思われない。石造りの建物は今日ほど立て込んでいなかったのでベートーヴェンの家からもよく見えたわけである。現在では、遠くからでは屋根の尖端、近くでは前の建物に隠されて全貌が分からない。それが突然現れて誰もがびっくりするのである。堂内は、一瞬闇に包まれるが壮麗な柱は天井まで100mもある。細長いステンドグラスの明り採りは、午後の陽射しが急に当たって、仄かなバラ色に輝き、その美しさは到底言葉では言い尽くせない。正面祭壇反対方向の上には、パイプオルガンが隠れたように安置されている。それの背後の小さなステンドグラスと手前のシャンデリアが奥ゆかしさを感じさせる。実に凝った造りである。音楽が自然と湧きあがってくるようである。礼拝の後で何か演奏が行われるようであった。シュテファン寺院にはハプスブルク家代々の皇帝のカタコンベがあるが、立ち寄ることもなく、その場を立ち去ってしまった。

時間はまだ早いが、地下鉄で一旦ホテルに戻る。ウィーンの地下鉄は初めてだが、U1線でシュテファン駅からカグランまで、途中から地上に出て、ドナウ川の鉄橋を渡ったような気がする。カグランからホテルまで案外距離があったように思われる。一つ手前の駅で降りてしまったらしい。かくして、ウィーンの第2夜は、3000円で入手した小澤征爾指揮のウィーン国立歌劇場オケと同合唱団、そして名歌手によるモーツァルト「ドン・ジョヴァンニ」の鑑賞である。「ドン・ジョヴァンニ」は、当オペラ劇場完成を記念して最初に演じられたという軽食をホテルで摂り、身なりを整え送迎バスで会場へ。会場は昨日以上に混んでいる。注目は、指揮者の小澤征爾にある。とかく保守的なウィーンで、この異色の指揮者に何故人気があるのだろうか。ちょっと不思議な気がするが、ニューイヤーコンサート（TVによる）での爆発的な反響がそれを証明している。音楽都市ウィーンは、本来の独自のものを尊重しながら、異色あるものも受け入れるという国際的視野を持ち合わせているのであろう。これは素晴らしいことだ。日本から遙かなる遠隔の地で、日本人指揮者のオペラが聴かれるという希有な幸運に遭遇したのである。3000円のチケットでは、場所は悪くとも致し方ない。要するに、舞台は見られなくても、モーツァルトの音楽が伝わってくればよいのである。出来れば小澤の身振り手振りがチラリと見えれば、と思いながら右側3階のコーナーに案内される。5人が納まる個室式になっていて、ハンガーも用意されている。1階の席は既に満員、立っている観客も多い。

「ドン・ジョヴァンニ」はスペインのドン・ファン伝説を素材とした2幕物、好色貴族のドンファンが村の娘を誘惑に誘い込むが失敗する。その果ては、決闘で刺し殺した騎士長の石像によって地獄に落とされるという劇的な最後で幕を閉じる。筋書自体は大したものではないが、貴族の横暴さに対する平民の復讐が秘められているようである。ドン・ジョヴァンニと村娘のマドンナ・アンナと従者レポレロの役となった歌手は何れも声量があり、圧倒的な印象を与えた。ステージも左半分辛うじて視野に入った。席から立って前に乗り出すようにすると、指揮者の顔が見えてくる。テレビで見るニューイヤーコンサートの時の小澤と変わりなく身体を左右に振りながら、時に屈み込むようにして熱演振りを発揮している。幕の途中で2度の休憩が入るが、ロビーはまさしく社交の場となる。ハプスブルク家の時代が蘇ったような幻想が漂う。クラシックで豪華な建造物という環境、そこで味わう名作の数々、やはり平和だからとつくづく感じさせられる。終わって拍手が容易に鳴り止まない。日本では、なまじっかの拍手は、またアンコールかと嫌らしさを伴うが、ウィーンではごく純粋の賛美が込められた感動から出ているのであろう。今回のツアーでのクライマックスをこのひと時に登り詰めたような思いで会場を後にした。

（注3）アルフォンス・ドプシュ（1868〜1953）ボヘミア・ロボジッツ生まれ。ウィーンにて没。中世初期の経済史研究、法制史研究。主著『カロリング朝時代の経済発

展』立教大学図書館に「ドプシュ・パッツェルト文庫」として約一千冊保管。

【5】ブラチスラバ、ドナウベント、ブダペスト

中欧の都市巡りも残すところ少なくなった。添乗員さんいわく。これからは瞬く間に過ぎてしまいますよ。最初の1～2日は牛の歩むが如く、それからの一日一日はまさしく鳥の飛ぶが如くに、である。

さてウィーンについては、今日一日フリーでゆっくりと見物する組もあるが、前もって申し込んでおいたオプショナルツアーのブラチスラバはこの際にでないと滅多に行かれないので、ひとまず主要なところを見ておいたウィーンの方はまた別の折りに（機会があるかどうかは分からないが）ということで、今回はオプショナルを優先することにした。

ブラチスラバはチェコから独立した現在のスロバキアの首都である。ウィーンから目と鼻の先だ。オーストリアの地図で見て、ウィーン自体がかなり東に寄っている。ブラチスラバはウィーンの東、スロバキアの西の国境近く。どうしてこんなところに、といったところだ。それには歴史上の複雑な事情がある。それは後述するとして、我々オプショナル組は、既に誂えた特別のバスに8時頃乗り、出発を待つ。なかなか出ない。どうもハンドルが利かなくなったらしい。これは危ない。航空機から何から、折角ここまで無事に来て

いたのに。ウィーンを案内した変わったガイド氏は、ドイツ語で運転手といろいろと喋っている。そのうち別の技術師らしきドイツ人がやってきて機械を調べていたが、程なく出発OKとなった。ガイド氏いわく。さすが頭の問題だ、ドイツ人の技師が来たら簡単に直ってしまったとベタ褒めである。一同ホッと胸を撫で下ろす。中年のガイド氏はここで我々と別れたが、別れる際に、ウィーンのある楽団のチェリストを勤めているとの自己紹介。どこか一般のガイドとは違うような気がしていたが。

さて、ちょっとしたトラブルで30分程遅れてホテルを出発する。バスは特別仕立てで座席もゆったりと自由に模様替えが出来、飲物サービスも付く。運転台の一部は展望台になる。

ドナウ川の橋からプラター公園に沿うようにして行く。しばらくはブダペストへの高速にのって南東方向を目指す。途中南方向と別れる分岐点があり、南へ向かうと、ヨーゼフ・ハイドンの出身地アイゼンシュタットになるそうだ。ハイドンは、交響曲の父と言えるほど104曲のシンフォニーを作り、ベートーヴェンの師匠としても知られており、弦楽四重奏曲「皇帝」の第2楽章がドイツ国歌として歌われている。オーストリア出身で生涯母国で作曲に努めたハイドンの作を何故ドイツ国歌としたのか解せないものがある。ハイドンが生きていたならどう思うことだろうか。

高速E60号は、ほぼドナウ川の南岸を平行に走り、川に沿った大緑地帯が延々と続いている。湿地帯ではあるがプラター大自然公園として、バードウォッチングや釣りなどで楽しむことが出来る。山地は少なくなり、飛行場や、コンビナートまでが現れる。ウィーンの別の顔に違いないが、予想だにしなかったことである。これも時代の趨勢か。風の力を利用するというプロペラ式の風車が麦畑のあちらこちらに建っているのも変わった風物である。

所々に新興住宅の寄り合いが見られるが、この辺りは、ウィーン郊外でもグレードが下がる地域。ノイドルフ（新しい村）という。ごく簡素な造りが目立つ。下がるとはいっても、日本ならば中流の上くらいに相当する。一戸建てでの2階から3階、敷地は100坪くらいありそうだ。見渡す限りの平野、ドナウ川の北になだらかな丘陵が続いている。北海道の十勝平野によく似ているが、十勝で見られる日高山脈ほどの山は見えない。見えるのは麦畑とビート畑、時に牧草地や葡萄畑、あとは深い森。写真としては漠然としたものになりやすい。

バスは、そのままブダペストに向かう高速E60号と分かれて、北に向かい、ドナウに近づくと、見通しの良い小高いところに城らしきものが見えてくる。これから訪れるブラチスラバ城で、町は城の右下辺りに相当する。ウィーンから僅か65㎞、嘗ては共産圏にあって容易に入れなかった。近頃になって、ここを訪れる客も増えてきており、新しい観光地として注目されるようになった。オーストリアとスロバキア国境の検問所で簡単に点検を

ブラチスラバ城

済ませ、ドナウ川を渡るとブラチスラバ。橋上から見えるブラチスラバ城はドナウ川を見守るかのように丘の上に君臨し、変哲のない造りながらも、威厳を放っている。バスは橋を渡ったところの広場に待機して、これからは徒歩で城や教会の見学と昼食というスケジュール。城見物は、広場から左手にある坂道をだらだらと上っていくと、右側に外壁が現れ、そこの急な坂道をちょっと頑張ると城の入口に達する。まずは展望。ドナウを上から眺めるのはこれが初めて。これまで車の中から、リンツあるいはウィーンで見た時とは異なり、ここからのドナウは、実に蕩々としており、そのスケールの大きさが見渡せられる。対岸はいま渡ってきた橋を隔てて新興住宅らしきマンションがずらりと並んでおり、これからの街の変貌が予想される。西に目を移すと一面の森である。往時、交通交易への要路となっていただけに、流れは緩やかで大型船の往来も容易に見える。空気はすごく澄んでいるが、風が強く帽子が飛ばされそうになる。

さて、城内を見るに先だって、この城下町につき過去の経緯の概略だけは知っておかねばならない。古代末期にポソニウム、またはポジョニと呼ばれたゲルマン人の集落がこの地にあった。12世紀には、ドイツの商人や職人が多く移住してきて街を作り、長年プレスブルクと呼ばれ、１５２６年ハンガリー軍がトルコ軍に敗れ、ブダペストがトルコ軍に占領され、ハンガリー王国の首都は、１５４１年にドイツ語読みのプレスブルク（即ちブラチスラバ）に移された。その後、トルコ軍の脅威がなくなった１７８４年頃、ハンガリーの首都はブダペストに戻された、とのこと。ハンガリーがオーストリアと共にハプスブルク家による神聖ローマ帝国の二重帝国となっていた頃、この街の聖マルチン教会でハプスブルク家の当主の戴冠式が行われるなど、当家の威力は、この小さな街にまで及んでいたが、第一次大戦で神聖ローマ帝国が崩壊し、チェコスロバキアが独立を達成してからブラチスラバは急速に発展していく。更にチェコとスロバキアがそれぞれ独立してそれぞれの首都はプラハとブラチスラバになる。城郭への坂道に入る辺りに、市庁舎がある。白壁に青のフレームの入ったちょっと洒落た外観だ。城はもともと12世紀に建てられた古城で、ハプスブルク家の時代には同家の居城になっていたが、１８１１年火事で消失、廃虚となっていた。その後第二次大戦後に再建され今日の形となった。原形に即して造られた四面体、赤い屋根に黄色を基調とした簡素な造り。抜けるような青空にスッキリとしたコントラストを描いている。城内は白一色の壁で、螺旋状の階段には元王室の面影を湛えている。深夜、月の明りを頼りに一人この階段を上ったらちょっと無気味な思いにさせられるかも知れない、などと余計なことを考える。城内の最上階は各々展示室となっており、ハプスブルク家の調度品や、当時の武具、楽器類が置いてある。また、ハプスブルク家の豪華なガラス装飾品や、マリア・テレジアの寝室も一見の価値がある。寝室との境目をガラス張りにしたところ、イギリスから来たとある有名人が顔を突っ込んで破れたガラス片で怪我をしたという話。シェーンブルン宮殿で見たような王家の絵画も数多い。当時ハプスブルク家の影響範囲の広かったことが分かってくる。ブラチスラバ城と言われるのは、スロバキアの独立以降のこと、この舌を噛みそうな城名をもとのドイツ流でプレスブルク城とでも言いたい気がするのだが。

城の敷地の一角に小さな土産物店がある。何か記念にと思ってスロバキアのマーク入りのスプーンと箸置、絵葉書などを買う。マネーの計算が複雑で手間取るが、日本円の単位との換算法で案外分かり易い面もある。チェコにしてもスロバキアにしても、ユーロへの加入を強く望んでいるそうだ。

昼食は、城壁から僅か下ったところ。穴蔵のようなところにレストランがある。気分は満点。中は暗いがひんやりとしていて、それぞれのテーブルにはランプが仄めいている。

スロバキアの首都・ブラチスラバ

もとはワインの酒蔵。入るとプンとワインの香りが漂ってくる。現在は、その一部をレストランにしているとのこと。こうした酒蔵を持つ家がこの地方には多いそうだ。夏期は高温で乾燥というのが葡萄造りに最適だが、昨年はドナウ一帯も大雨に見舞われ、かなりの減収になったそうだ。

レストランから坂道を下る途中に、教会の大きな石垣がある。重厚なゴシック式、ハプスブルク家ハンガリー国王の載冠式のあった聖マルチン教会。外壁はかなり傷んでおり、現在修復中とのこと。城の裏手になるこの界隈では、建物や外壁の崩壊が甚だしく、今でも手の付けられない箇所がある。城の一部も含まれている。国情的に半ば領地として予算の確保にも支障を来し、修復も思うように進まなかったのであろう。歴史的には貴重なところも、お国次第で失われかねない有様である。ここも世界文化遺産によって保護される価値はあると思う。

城の東側には旧市街が続いている。時々馬車代わりに二両連結の赤いトラムカーがやってくる。午後はかなり暑い。坂を下りきると中心となる広場に出る。中央には噴水があり、周辺には世界各国の大使館が軒を連ねている。日本の大使館も日の丸で確認出来た。広場には緑もあり、レストランもありで人の集まるところ。露店があちらこちらにあって、つい目移りのするものもある。ぼんやり見ているとスリにやられることがある。財布の紐を開けるのを誰か後ろで見ているかも知れない。用心、用心。ベンチの後ろにブロンズのナポレオンの胸像が置いてある。そのベンチで休んでいる浩子の写真を撮る。広場を抜けて大通りに出ると、何か楽隊の音が聞こえてくる。若者を中心にしたイヴェント。旗を振りながらの鼓笛隊の行進。カメラに入れる間もなく通り過ぎてしまう。詩人・ヘベットスラフの座像。ここの一角には、過去のスロバキアの暗い面は全くなく、明るい未来にかける若者の意気高らかさが感じられた。

バスを降りた地点で再びバスの客となり、再びウィーンへと向かう。またと来られないドナウの橋から簡素ではあるが印象の深かったブラチスラバ城をもう一度振り返って眺めた。古来からのドナウの護りを今も続けているかのように、城は厳然と丘の上から辺りを見下ろしている。

検問所を過ぎて、往路と同じ道をひたすらウィーン目指して進んで行く。特に見るべきもののない変わり映えのしないコース。向かい合わせの席は専ら奥様方のお喋りの場に早変わり、ついいたたまれず展望席に行く。ここでちょっと書き落としたこと、恐らく往路でガイドさんから聞いたことを補足しておこう。

ブラチスラバの人口は約50万人、城から見えた団地には数万人在住。水力発電は70％普及、原子力発電と重油の使用は禁止、燃料は主として天然ガス、パイプラインが通っている。自然環境保護団体で小動物のビーバーを保護し過ぎてかえって増え過ぎに悩まされている。ハイドンの生誕地アイゼンシュタットは、鉄の生産地であるように、地名、人名にはもとの職業に関わっていることが多い。作曲家シューマンは靴屋、ワグナーは車修理工というように。

かくして、帰路は往路よりも早く、再びウィーン・ワグラマー・シュトラウセのホテル「クラウン・プラザ」に着く。

ウィーンでの最後のひと時は、ウィーンの森のホイリゲの一夜。一杯飲みながら楽士達の演奏に耳を傾ける。何よりもウィーン情緒を満喫し、旅のよい思い出となるものだ。ホテルから専用ワゴン車で20分程。まだ外は明るく、山の手地域の名士達のいる住宅街などを通って、森の入口の所でバスを降り、ほんの僅か徒歩で入る。ホイリゲ村とでもいうように、ライトアップされた村の教会を見送り、何軒かの棟続きになったところにホイリゲ

ウィーン郊外のホイリゲ（ベートーヴェンもよく立ち寄ったという酒場）

の看板が掛かっている。狭い城門に似たアーチ状の門を潜ると、葡萄棚のある中庭があって、その奥がホイリゲになっている。程よく暗くなり、ワインやビールが振る舞われる。そろそろ音楽が出てもよい頃だと思っていたら、最初軽い民謡調のを1曲、誰かのリクエストらしい。会場が次第に盛り上がってくると、いよいよ本場の「美しく青きドナウ」だ。何よりも期待していたウィーンの味わい。巨匠ブラームスをも唸らせたヨハン・シュトラウス2世の不朽の名曲。誰もが知っている、独特の格調と親しみのこもったウィーンの自然を満喫した曲想。遥々ウィーンに来てこの曲を聴かれる幸福感は、何ものにも変えられない。それは束の間の幸福かも知れないが。同席の浩子も同じ幸福を味わっていれば思い残すことはない。楽士達は、この曲の全てはやらず、別のリクエストに応えて、「ハンガリア舞曲」やスイスや日本の民謡なども奏でる。そのうち、客も少なくなり、我々だけが最後まで粘っていたようだ。楽士達は、その前に引き上げて行ってしまった。ウィーンでの寛いだ最後のひと時だけに、時間の過ぎるのも瞬く間である。嘗て、ベートーヴェンやシューベルトも足繁く訪れたというホイリゲにまだ当時の雰囲気がどれほど残っているかは分からないが、いわばもっと人間臭い酒場的雰囲気があったのであろう。時間で制限するなどなかったに違いない。ベートーヴェンは、ワインでへべれけに酔ってジョークを振りまいたという逸話を作曲家の伝記などから見かけるのである。

黄昏がすっかり落ちて、夜の静寂《しじま》になる頃は、既に10時を過ぎている。夏季昼の長いヨーロッパにあって、それにも慣れてくると、同じ昼の時間も長く感じなくなり、それだけ夜の到来が早く感じられるようになる。時間感覚の慣れというか、ヨーロッパナイズということか。ホテルに着いて、明日のブダペストへの長時間の旅に備え、荷物を整える。

ホテル「クラウン・プラザ」での3泊も終わり、いよいよ最後の長行程であるブダペストへ。途中ドナウベント地方の聖堂や街を見学、その時間を含めて約6時間の旅である。中欧というよりも東欧の玄関口ハンガリー、その首都ブダペストまでウィーンから約300㎞。昨日に劣らず今日も天気は良いが、暑くなる。バスは再びプラター公園を脇目に昨日と同じ高速E60号を南東に向かって走っていく。場違いのコンビナート群を右手後方に退け、やがてブラチスラバへの道と分かれて、ひたすら南東方向を目指すのみ。この辺りはオーストリアでも最南東部のブルゲンランド州、ハイドン所縁の地・アイゼンシュタットや320㎢に及ぶノイジドラーゼーのある観光地など控えている。バードウォッチングで知られているその湖水は、ここからは離れていて見ることは出来ない。程なく検問所、空港を除いて、陸地の検問所は恐らくこれが最後であろう。地名が何だったか、地図で見て多分ブルックという国境の街であろう。両替所ではユーロからの換金で手間がかかる。まだ時間があったので浩子と辺りをぶらついていたら雑草に混じって可憐な白い花が咲いている。花の名は知らない。なにか寂しげである。両替所の周辺には何もなく、樹木と草原、あとは坦々たる麦畑、何の変哲もない。不毛の草地と麦畑との境目には鉄線が張り巡らされている。オーストリアとハンガリーとの国境の標《しるし》なのか。嘗ての冷戦の名残りを感じさせる。この辺境の野辺に人知れず咲く白い花が、殊更可憐に感じるひと時であった。

これまで中欧諸国を巡り巡って、いよいよ最後のハンガリーに入る。高速はドナウの流れにほぼ平行はしているものの、多少離れているため、その姿を見ることは殆どない。しかしジェール（ギョール）を過ぎた辺りからは、所々に流れが見えてくる。国境からここいらまで来ると、鄙《ひな》びた光景の中にも自然の豊富な大らかさを感じるようになる。この素朴で大まかなハンガリーの風土の裏には、複雑極まりない一国の歴史が渦巻いている。悠然と流れるドナウ川の紆余屈折した地点において、興亡の歴史は創られていたのであろう。

いわば、ヨーロッパに投げ込まれたアジアの石と言われるように、ハンガリー民族はもともとアジア人であり、名前は姓、名の順、日本語習得熱があるとのこと。ハンガリーも300年間、オーストリア・ハンガリー二重帝国という国籍で国政、軍事などハプスブルク家の支配下にあった。第一次大戦で、ハプスブルク家がプロイセンとの戦いで敗れてからはハンガリー帝国が独立したが、第二次大戦ではドイツに加担したため、ドイツの敗戦とともに、ソ連の統治下におかれ、冷戦の苦渋を嘗めさせられた。ソ連邦の解体とともに、ハンガリー共和国として独立への第一歩を踏みしめたのである。人々は、自分達のことをハンガリー人と言わずにマジャール人と言っている。もともとアジア人的意識が強いからであろう。作曲家ペラ・バルトークやゾルタン・コダーイにあるような民俗音楽的な要素にも、東洋的意識が反映している。話はまた音楽にも及んだが、ハンガリーについては、複雑多様で一口では言えない。やはりハプスブルク家の延長線にある以上、それなくしては語り得ないことである。ハンガリーの南西には、最大湖・バラトン湖があり、東京23区がスッポリ入るほどの広さ、海のないハンガリーでは海に代わる理想的な子供達の水浴場になっており、物価も安いので、ヨーロッパ人の保養にも適しているそうだ。ワイン造りも盛ん。ジュールのトカイワイン、プトニッシュがよく知られている。ブランデーではウニクム、パーリンカ、等。

ジュールの南に世界文化遺産に指定されたパンノンハルマ大修道院がある。創立約10

００年前のベネディクト会の大本山、建物は増改築を繰り返してきたものだが、周囲の広大な森とあいまって貴重な遺産とされたものである。バスの中からは、どこに世界文化遺産なるものがあるのか、見当もつかないが、辺りはかなりの起伏のある森林地帯だ。人家さえも少ない、野生動物の出てきそうな自然環境である。とりわけ、ここに来て改めて新鮮な緑の美しさに触れる思いがする。全くの手付かずの自然といったところだが、ゴミ一つなく実に美しい。原始的で非常に清潔な美観が保たれている。自然環境に対する各国共通の認識とでも言えるものがあるような気がした。

さて我々一行はハンガリーでの最初の見所・カトリック総本山であるエステルゴム大聖堂へ、ドナウ川を見下ろすなだらかな丘の上にある。大聖堂の少し手前の坂道で一旦バスから離れ丘に登ると、重量感ある大聖堂の全景が立ちはだかる。中央に大きなドーム、左右両脇に小さなドームを持ち、正面にローマのパンテオン風の巨大な円柱が立ち並び圧倒的な威圧感を与える。ドームの装いは、どこか中央アジア風であるが、ドームの頂には厳然と十字架が添えられている。紛れもなくハンガリー・カトリックの大御所である。堂内は円天井の大きな明り採りによって、天井や壁、柱の飾り絵がはっきりと見られ、後部上段に設置されているパイプオルガンも小型ながら清楚な美しさを与えている。

エステルゴムは、ハンガリー王朝発祥の地、13世紀まで王国の中心であった。大聖堂の脇にハンガリー初代国王イシュトヴァーン王の居住跡が残っており、現在は王宮博物館になっている。居城跡の潜り門に入る手前の石垣からドナウ川を見渡すと、今更ながらその悠揚迫らぬ流れの大きさに感動させられる。ここで初めてドナウらしいドナウ川との出会いにありついた。ウィーンでも見られなかった風景である。ドナウベントとは、ドナウ川の曲り角。まさしくこの辺りから隣のヴィシェグラードにかけて流れは一転して南へと曲がっていく。曲がる所に鉄橋があり、眼下にはキリスト教会博物館がある。ポプラ樹木など交えて、その気品のある建物と、鉄橋とがドナウの写真に更によいアクセントを与えている。

王宮跡の潜り門を抜けて少し下ったような気がしたが、坂の途中にレストランがあり、昼食を摂る。王宮跡の教会堂を改造してレストランにしたそうだが、ブラチスラバ城のレストランに似て、ワイン蔵を思わす石造りの構え、内部はヒンヤリとしており、天井は高く立派である。外敵を防ぐための銃眼が壁に施されているが、今は明り採りになっている。この辺りの教会は嘗て見張りの城の役目も兼ねていたそうだ。古来から他国の侵略から身を護ることの多かったお国の事情が読み取れるのである。

さて、エステルゴム大聖堂を辞して、ほぼドナウ川沿いにヴィシェグラード、センテンドレとブダペスト目指して旅は続く。丁度ドナウ川の曲り角にヴィシェグラードがあり、街はごく小さく、城塞跡に上るところは狭い路地のようになっていて、その辺には街の画家達が好んで住むような場所があり、一風変わった場末的雰囲気が漂っている。坂を上り詰めた所に、嘗てルネッサンス時代のマーチャーシュ王の大宮殿があったと伝えられ、現在その一部が土の下から発見されている跡地がある。城壁様の石垣で囲まれた小広場から、路地裏の家々の赤い屋根と煙突が異国的な色彩を放っている。ドナウ川は更に大きく、南方向に急カーヴを描いている模様がはっきりと認められる。宮殿跡からの下りの石畳も苔むしており、その傍らに大槍を持った騎士の立像が立っている。ヴィシェグラードのイヴェントとして中世騎士のトーナメントがあり、各国のチャンピオンが力を競い合うそうだ。

ドナウベントで最後に、セルビア人が定住発展させたという街センテンドレを訪れる。バスでかなり下り、ドナウ川のほとり、まさしくドナウによって開けた街である。小さな街以外には何もなく、あとは緑豊かな自然に取り囲まれているため、ドナウ川の水の色も青みを増し、これで「美しく青きドナウ」の面目も立つようだ。ウィーンで失われたものが、この辺境の地で甦るとはちょっと皮肉ではあるが。水の流れも結構速い。これから街を見て、再びここに戻るのでよく目標を定めて出発する。道は細く、坂上の教会まで続いており、両側には小さいが白壁の洒落た店が所狭しと並んでいて、どこか田舎の門前街を思わせる。店を冷やかしながら緩い坂道を上っていく。午後の陽射しはきつく、そのためか、センテンドレが中央アジアの小都市のような気がしてくるのである。ある店屋で、孫にでも土産にと思っていじくっていた木箱から急に蛇が出てきた。勿論本物ではないが。

他愛なき脅かしの中にもユーモアがこめられている。「ajandek」と記された焼物の店や手工芸品などが多く、ここならばと思った店は閉店していた。教会にも寄らず、往路を戻って、下の広場で衣類などの屋台店などを覗いてみる。もとはアジア人という同族意識からか、我々日本人には好感を持って接してくれる。結局絵葉書くらい買ったに過ぎなかったが。

バスの出発まで、ドナウ川辺りでしばし佇む。木陰は凌ぎやすい。ごく自然のドナウに心ゆくまで接して、かのヨハン・シュトラウス2世の名曲が自然と口からほとばしり出てくる。バスの長旅もここから最後のブダペストへと向かう。ウィーンこの方、いわばドナウ下りをバス路線でやってきたようなもの。欲を言って本来の川下りだったら、もっと変わった風景に接することが出来たであろう。しかし、全体を通して、ヴァラエティーにも富んだこのツアーでは、もうこれで十分過ぎるものがある。ドナウベントから南へと、ほぼドナウ川に沿って南下していく。センテンドレで川を渡ったかどうかは定かでないが、行く先の方向によって、川が左手にあるか右手にあるかによって、辿ってきた経路もほぼ検討がつく。とかく平地を流れる川では、どちらが上流か下流か見当がつかなくなることがある。地図があっても、向かっていく先を全く逆に取り違えるような錯覚に囚われることがあるが、何れにしても、周りの状況から一国の首都に近づいたという気配に変わりはない。そして太陽がほぼ西に傾いた5時30分頃、ツアー最後のホテル・インターコンチネンタル・ブダペストに到着する。ここは、市の中心地で、すぐ傍らにドナウ川が流れていて、ブダペストの象徴たるクサリ橋は目と鼻の先、ドナウ川を隔てて小高い丘の上には王宮がある。全てお膳立てが出来上がっている。市内見学は明日、今夜はホテルで食事、その後、クサリ橋を往復、初めて見るドナウの真珠（ブダペストの夜景）に夢見心地の気分になる。しかし橋の上には歩道はあっても狭く、車道は車の往来が激しく、あまり落ち着いた気分にはならなかった。オレンジ色の光によってライトアップされた王宮も写真にするには距離も遠く、対象は専らクサリ橋に限られた。天気はまずまず、雲一つなく晴れ上がった空にブダペストの光が永遠の古都をときめかせている。

明くる朝、「ヨーレケルト（おはよう）」で最初の夜は明ける。ブダペスト観光に当たって、また専任のガイドがつく。モニカさんという若手の地元の人だが、日本語は達者、生真面目なタイプ、学生ポイところもあって好感が持てる。天気は好いが、また暑くなりそうだ。ガイドの話では、地球温暖化の煽りで、ハンガリーではこの5月に40度を超えた日があったそうだ。

ホテル・インターコンチネンタルを出たバスは、クサリ橋を渡り、宮殿のある丘陵地へと上っていく。王宮へは130年前に出来たというケーブルカーがある。市内には地下鉄も発達していて、イギリスを除いてヨーロッパ大陸では最も旧いそうだ。ブダペストは人

ブダペスト・ブダ地域よりの展望

漁夫の砦

口200万人、約2000年前から人が住んでいて、ドナウの両岸に街が造られてきた。元来ブダ地区、オーブダ地区、ペスト地区とに分かれており、それら三地域が合併してブダペストになったのである。オーストリア・ハンガリー二重帝国時代、ドナウの西部丘陵地帯は西ヨーロッパ文化、東側平野部はビザンチン文化の街、前者がブダ地区、後者がペスト地区、それにブダ地区の北方に2000年の歴史を持つ街がオーブダ（オーとはオールドの意）地区になる。一口に、ブダペストはドナウを挟んで相対する文化、気質を異とする人達が川を挟んで同居しているという歴史を背景とした複雑な都市なのである。オーブダ地区は、嘗ての宮廷アンジュ家、ルクセンブルク家、ハプスブルク家、後になって、フニャディ・マーチャーシュ、ホルティ・ミクローシュの王の居城の地で現在は博物館、図書館などある文化の中心地である。最初に訪れたのは丘陵地の上にある漁夫の砦とマーチャーシュ教会、漁夫の砦とはマーチャーシュ教会周辺を取り囲む城壁で、中世期、地元の漁業組合の漁師達が守ったと言い伝えられている。ここからの展望は絶佳、ドナウ川を挟んでプダペストの中心が全て見渡せる。宮殿をはじめ、数々のバロックやゴシック様式の歴史的建造物が広大な空間の中に、美観を発揮している。歴史のことはさておいても、この眺めを一望して首都まるごと世界文化遺産に登録された価値が十分納得させられるのである。おとぎ話の城のような砦の塔、カメラ持参者は思わず記念撮影に我を忘れる。ここで初めてツアー25名と添乗員の今井さん、ガイドのモニカさん含めて全員の記念撮影を撮る。砦の塔とイシュトバーン王の騎馬像を背景に。行く先行く先で何枚も撮られるより、全員のは一枚で十分、それに一人一人のネームまで今井さんの努力で入れてもらったのだから後々までも大変助かる。

マーチャーシュ教会は13世紀にベーラ4世によって建設され、15世紀になってマーチャーシュ王が大々的に手を入れて造り替えた、という。聖母マリア教会が正式の名称とのこと。外見はゴシック様式だが、針の柱を感じさせるような金属的感覚は伴わず、どこか人間的な柔らか味を感じさせる。イタリアのルネッサンス文化を積極的に取り入れたマーチャーシュ王は、民衆の間でも人気が高かったそうである。19世紀後半、オーストリア・ハンガリー二重帝国誕生後、フランツ・ヨーゼフ1世の載冠式がここで行われた、という。堂内に入ると、ウィーンのシュテファン大聖堂のような絢爛豪華さ、またエステルゴム大聖堂のような厳めしさはないが、どこかしっとりとした柔らか味がある。ステンドグラスは立教大学のチャペルのそれにどこか似ているような気がした。マーチャーシュ教会の近くに小綺麗な衣類や人形などの土産物店があり、そこで浩子は可愛らしいカーディガンなど買っていく。店内にはカロチャ（ハンガリー人形）の数々もあって、土産にするには高すぎるので写真にだけは収めておいた。その店の近くに、思いがけなくベートーヴェンの銅版レリーフの付いた建物がある。何の建物だったか記憶にないが、１８００年にここでベートーヴェンが記今演奏をやったことが記されている。ウィーンでのベートーヴェンとの出会いはなく、ブダペストに来て初めて出会うとは意外である。さてブダ地区では王宮見学とまでは行かず、バスにてペスト地区に下る。市の中枢を司る行政機関や絵画、音楽の殿堂、デパート、商業地は殆どここに集中している。嘗て、疫病ペストがヨーロッパ各地に流行したせいか、ペスト地区などとあまり言いたがらない、それにブタ（豚）が付いたのでは、いくら美しいところでも、印象は落ちる。地名から受ける印象は恐ろしいものだ。

ペスト地区で最初に訪れたのは英雄広場。そこにはハンガリーの自由と独立のために戦って散った英雄達の慰霊塔があり、14人の英雄の銅像が並んでいる。戦争のない時代においても、オーストリアとの二重帝国という情況では歯に衣を被せたようにスッキリしないものがあったに違いない。苦難を乗り越えて今日の繁栄を築き上げることの出来たのも英雄達のおかげである。日本の靖国の英雄とは次元を異とするものだ。広場周辺には国立美術館があり、その裏は市民公園の緑地帯になっている。中まで入れる時間はなく、ごく外側から概観し、一旦バスでホテル前に戻り、午後の自由行動となる。昼食はどこで摂ったのか全然覚えがない。途中で見えた素晴らしいネオ・ゴシック式の国会議事堂は車中から写真を撮ったに過ぎない。自由行動とはいっても、プリントされた地図を頼りに街中を往復するに過ぎない。とにかく暑い。行動も自ずと制限される。ホテルから最も近く賑やかなヴァーツイ通りを散策する。ドナウ川沿いに少し行くと、ヴィガドーの大変美しい建物に遭遇する。祝祭コンサートなど行われるクラシックホールで、リスト、バルトーク、コダーイ、マーラーなどが自作の初演をここで行ったという記録があるそうだ。ヴァーツイ通りに出て中央市場に行けば、物がたいそう安く買えるとのことで、そこを目指したが、建物の外観のみ見て中にも入らず引き返し、途中エリザベート橋のたもとに市内教区教会（本名はベルバーロシ教会）と記された建物があり、ちょっと中を覗かせてもらった。定時に礼拝があるくらいで人の気配はない。入口受付を兼ねた年配の婦人は快く我々二人を迎え入れてくれた。これで多少は敬虔な気持ちになった。ここからホテルまでドナウ川沿いに適宜な散策である。とにかく暑い。早くホテルに戻ってゆっくりと休み、グンデルの晩餐とドナウクルーズに備えたいという気持ちでホテルに急ぐ。しかし後ほど人から聞いたのだが、聖イシュトヴァーン大聖堂は見学の価値大であるとのこと、中央市場まで往復するくらいならば十分行けたはず、ちょっと残念であったが、後の祭りだ。

さて、2週間にわたる長旅も最後は、高級レストラン・グンデルで夕食を摂り、ブダペストの夜景を船の上から存分に楽しむという豪華版で幕を閉じることになる。グンデルには一応背広にネクタイの出で立ちで当所までバスにて赴く。英雄広場付近の公園の一隅にあって、上野の精養軒を想わせる。食卓の間に案内されて、内部の造りに目を見張らされる。天井、シャンデリア、食卓と燭台、それに壁と窓の装飾、壁掛け。窓にはハンガリー

クサリ橋の夜景

を代表する3人の作曲家・リスト、バルトーク、コダーイのイラストが描かれている。壁掛けには、中世・ルネッサンス時代の楽器とそれを奏でる人のイラストが漫画風に描かれている。それらの造作と色合いは程よい高級感を感じさせる。ハンガリーワインや料理も特別のものであった。味の違いまでは分からなかったが、ツアーの目玉商品ロイヤル的雰囲気は満点。ブダペストは殆ど一日で、しかも好いところだけをつまみ食いした感がある。まだまだ見るべきものはあったはずだが。

まだ僅かに黄昏の残るグンデルを後にし、ドナウの乗船場に行く。夜の帳が落とされる頃、ドナウの真珠を左右に望みながら、ヨハン・シュトラウスの「美しく青きドナウ」が遊覧船のスピーカーから流れてくる。ブダペストのドナウは必ずしもこれに値するかどうかは分からないが、ここでは理屈なしに周囲の夜景に感嘆させられる。遠のいたり、近づいたりしつつあるブダの宮殿やペストの国会議事堂のライトアップは圧巻だ。クサリ橋は左右のロープの鈴なりの照明の列が、黄金の鎖に見え、水面に映って光の細波となり、絶妙な風景となる。デジタルカメラで絶景がうまく捉えられたかどうか。モニターで見たらクサリ橋は、手触れの効果で実物以上に黄金の鎖に写っていた。クルーズも僅か1時間余り、夜景に別れを惜しみながら、なおも「美しく青きドナウ」が脳裏で鳴っている。子供の頃から父のレコードで馴染んできたこの曲との本当の出会いを夢見てきたが、このツアーにして遂に実現したのである。概して自然景観では、やや平凡かも知れないが、民族の興亡に関わる複雑な歴史的舞台を背景に、文化の移入に深い関わりがあり、いつまでも印象に残るものである。ホテルに戻り、急に現実に立ち返る。明日はいよいよ帰国の途につく日。航空便の出発は早いので、早速荷物の準備を始める。長く感じても、過ぎれば瞬く間だ。インターコンチネンタルの最後の一夜、早いモーニングコールを意識してかあまり眠れない。夜中にどちらの方角か、稲光りしている。降った形跡もある。前線が通り昨日までの暑さは解消されたようだ。

24日は6時起床。朝食は弁当が支給され、6時半には専用バスでホテル出発、フェリヘジイ空港に向かう。青空は覗いているが、雲の多い空模様、だいぶ涼しくなる。市内からそれほど遠くなく、ヨーロッパ各都市や中東の一部とを結ぶ中距離航路の拠点となっている。ツアー一行は7時40分発、マレーヴ・ハンガリー航空にて再びチューリッヒへ。やや不安定な空模様なので、多少の揺れを気にしていたが、中型機でも殆ど揺れはなく、しかも思いがけなく素晴らしい景観を機上から眺めることが出来た。ブダペストから真西に向かう約1時間40分の空路では、飛び立って間もなくドナウ川の蛇行が見え始め、次第に山の起伏が左手に現れてくるとドナウは視野から離れてしまう。集落が見えたかと思うと山の起伏が険しくなり、稜線には白いものさえ見えてくる。点々と湖水が現れる。おそらくザルツカンマーグートか、雲もよく切れて眼下の視界は十分、遠く南には積乱雲が連なっている。程なくチロール上空に入ると山は俄然険しくなり、山の雪も目立って増えてくる。思いがけぬ機上からの眺めに一同歓声を上げ、右側座席からも左側に寄ってくるので、飛行機が傾くのではないかと懸念するほど。アルプスは連綿として続き、その彼方先には一段と高く聳えている峰々があるが、半ば雲に隠れている。マッターホルンか、ユングフラウか、モンブランか、あとは想像に任せよう。1万mのジェット機機上からでは4000m級の山でもプラモデルのようなもの。いまだ地上からさえも見ていないアルプスの諸峰を空中から見下ろすとは、またなんと皮肉なことであろうか。やがて大きな湖水（恐らくボーデン湖であろう）を見下ろすように、高度が下がってくると、赤い屋根の集落が湖水の周辺に見えてくる。あの辺りは素晴らしい眺めだろうと想像する。森や湖の眺めも束の間、湖水から離れて、空気が白っぽく霞んでくると、殺風景な空港風景が展開し、無事チューリッヒ国際空港に着陸する。9時20分だ。

憧れのスイスも、今回のツアーでは単なる往き還りの乗り継ぎの場に過ぎない。ここからは山も見えず、ロビーで3時間半待たねばならない。売店で土産のチョコレートなど物色するのが関の山。あと2日間でもあればアルプスと湖水の絶景でも眺めてこられるのにと心残りもするが、2週間になる長旅のあとでは、憧れのアルプスも機上からでもう十分といった気持ちになる。朝の弁当も、機内食も、自分の胃袋にはあまりにも多すぎて半分くらいは無駄にしてしまった。

さて定時に一路成田を目指してスイス国際航空に乗り込む。まだ太陽は高い。地上から離れ、まだスイスの光景が足下に見えてくる。程なくその光景も離れ、ドイツ・バイエルン州からボヘミアの上空へ。左手後方には俄《にわか》に発達した大きな雷雲が仁王立ちになっている。ライン川の方角らしい。席は窓側につき、時々変わった雲も眺められたが、外は白夜で殆ど明るく、否応なしにシャッターを閉められ、無理に睡眠を取らざるを得なかった。かくして12時間の飛行の後に、6月25日7時55分、無事に成田空港に着陸した。日本は梅雨の真最中、大雨警報まで出ている生憎の日ではあったが、途中何事もなく、ゆっくりと家路につくことが出来た。

変化に満ちた長旅であったと同時に、夢のようなひと時でもあった。

〈後記〉

予想に反して長い文になってしまった。余計な記述もあるが、2週間にわたって見聞したものを洩れなく記しておきたかったので、かなり枚数も増えてしまった。ドイツから中欧にかけては、変幻きわまりないヨーロッパ史の中核を占めるところで、単なる個人的な紀行でも全くそれに触れずに通過することは出来なかった。その場でガイドの説明など聞き取れなかったことに関しては、百科事典やガイドブック、2、3冊の歴史書を参考にしたところもある。旅先では、とかく写真を撮るのに夢中だったので、後で書物から知識を得たところも少なくはない。

去年秋のイタリアでは、初めての海外旅行であることに加えてイタリア特有のエキゾティックな強い印象を受けたが、今回は多少の旅慣れと気持ちのゆとりがあったせいか、より広い視野で物を見ることが出来たようである。事前に歴史的背景などを調べておけば、より有効な旅が楽しめたのではないだろうか。とかく旅行会社のツアーというと、ある程度の限界がある。何れの旅でも行く先々で実際目と鼻の先まで来ていて、ちょっと寄ってみようとか、足を延ばしてみようとか思う箇所が必ずある。今回では、ドイツ・チェコ国境のケーニッヒシュタイン要塞、ザルツブルクでは、ザルツブルク城とドイツ国境の山の入り組んだベルヒテスガーデン、ドナウ川流域ではメルク修道院の辺りなど、つい欲が出るものである。

変貌しつつある中欧諸国、今回見てきたものの中で、いつまでも同じ景観を保ちうるものがどれほどあるだろうか。時代の流れと共に、変わっていくに違いない。しかし、21世紀の今日でも、往時の風貌をそのままに残して、現に今日の芸術的文化活動を営んでいるウィーン国立オペラ劇場やドレスデンのゼンパー劇場、ブダペストのヴィガドーなど、時代を超えてなおも生き生きと活動を続けている姿は敬意の至りと言わざるを得ない。

（2003・6・11～25　記）

第二編　中欧周遊紀行

インヴァネス
ネス湖
ピトロッホリー
エジンバラ
スコットランド境界線
イングランド
グレトナーグリーン
カーライル
ボウネス
湖水地方
ホークスヘッド
ハワース
ストーク・
オン・トレント
ストラトフォード・
アポン・エイヴォン
ブロードウェイ
コッツウォルズ
ブレナム宮殿
バース
ロンドン
ストーンヘンジ

イギリス縦断紀行

第三編　イギリス縦断紀行

イギリス縦断紀行（スコットランドからイングランドへ）概略（2004・7・1〜13）

7／1　午前：成田空港発（10：50）（英国航空）
午後：ロンドン・ヒースロー空港着（15：12現地時間）
ロンドン・ガトウィック空港発（19：50）インヴァネス空港着（21：45）
ホテル：カローデンハウス泊

7／2　午前：スコットランド・インヴァネス観光
ネス湖、アーカート城、ネス川辺のレストラン「ニコス」で昼食
午後：カローデン古戦場、コーダー城
ホテル：前日同様

7／3　午前：インヴァネスよりハイランドを経てエジンバラ
ブレア城、城内レストランにて軽食
午後：スコッチウイスキー醸造所見学、ピトロッホリー、エジンバラ
ホテル：ラディソンSAS泊、旧市街夕景

7／4　午前：エジンバラ市内（世界遺産）観光
ロットスクエア（バス車中）、カールトンヒルの展望
午後：スコットランド・ナショナルギャラリー、新市街公園、新市街、ホリールード宮殿、エジンバラ城、セント・ジャイルズ大聖堂にてオルガンコンサート鑑賞

ホテル：前日同様

7／5　午前：エジンバラより湖水地方へ
グレトナ・グリーン（スコットランドとイングランドとの国境の小さな街）
湖水地方：ボウネスにて昼食
午後：ヒルトップ：ビアトリクス・ポターの家見学
ダヴコテージ：詩人ワーズワースの家見学、ウィンダミア湖
ホテル：レイクサイド泊

7／6　午前：湖水地方観光
ケンダールのレーベンスホール庭園、ビアトリクス・ポター・ギャラリー見学、
買物、ホークスヘッドにて昼食
午後：ボウネスよりウィンダミア湖クルーズ、一旦ホテルに戻りレストラン・ワイルド
ボアにて夕食（途中でバスが道に迷う）、ホテル：前日同様

7／7　午前：湖水地方よりストラトフォード・アポン・エーボンへ
ハワース観光：プロンテ姉妹の博物館、教会、旧市街
ハワース市街
午後：ストーク・オン・トレントにて遅い昼食、ウェッジウッドのヴィジターセンター
にて土産物購入
ストラトフォード・アポン・エーボン着
ホテル：アヴェストン・マナー泊

7／8　午前：ストラトフォード・アポン・エーボン観光
ロイヤル・シェークスピア劇場、公園、ホーリー・トリニティ教会、グラマー・スクール、アン・ハサウェイ（シェークスピアの妻）の家、シェークスピアの生家
マルロウズ・レストラン（昼食）
午後：中心街〜シェークスピアの生家（表側）、ナッシュの家、トリニティ教会辺りを散策、トリニティ教会で合唱団コンサート鑑賞、ホテル：前日同様

7／9　午前：ストラトフォード・アポン・エーボンよりコッツウォルズ地方を経てバースへ
ブレナム宮殿見学、ウッドストック（昼食）
午後：ブロードウェイ、バイブリー・スワン島ホテル（午後の喫茶）
田舎道散策、草原放牧地（車窓）　バース
ホテル：バース・スパ泊

7／10　午前：バース観光後、ストーンヘンジを経てロンドンへ
ホテル庭園、ロイヤル・クレッセント、ローマン・バス博物館
クアハウス、バース寺院
午後：ストーンヘンジ、ウィスリー・ガーデン、ヴィクトリア・アンド・アルバート博物館（車窓）、ロンドン・ケンジントン
ホテル：ロイヤル・ガーデン泊、（夕食：三越の日本食）

7／11　午前：ロンドン市内観光

ウェストミンスター寺院、大英博物館、バッキンガム宮殿、衛兵の行進、テームズ川を隔てて国会議事堂とビッグベン

午後：トラファルガー広場（車窓）、リージェント・ストリート、ピカデリー・サーカス、一旦ホテルに戻り、夕食はコナン・ドイル所縁のレストラン・シャーロック・ホームズにて

ホテル：前日同様

夜中に建物センサーの誤作動でハプニング

7／12　午前：ロンドンより帰国の日

ホテル出発（10：00）前にケンジントンかパレスのあるグリーンパーク散策、最後のロンドンでは少なくとももう一日は欲しいところ

午後：ロンドン・ヒースロー空港発（13：40）（英国航空）

7／13　午前：成田空港着（9：10日本時間）

二度のヨーロッパ体験で多少の自信がつき、今度は北欧やバルト三国辺りを検討してみたが、日程と行程の難易など考慮して、その方は見送り、ヨーロッパの中でも最も行くべくして行かなかった英国を訪れることにした。海に囲まれたイギリスは、高緯度にあるため盛夏でも涼しく、日本の猛暑逃れには持ってこいと言える。そればかりではなく、歴史的にも、文学的にも欠くことの出来ない奥深い魅力のあることで一度は訪れたいと思っていた。

申し込みは例の阪急交通社のロイヤル・コレクション。年配者に向いたゆとりコースでひとまず安心の旅として期待出来る。

【1】成田よりロンドンを経てインヴァネス

既に指定席予約の成田エクスプレスで新宿乗車、浩子同伴の旅が始まる。昨年同様、スーツケースなど宅配で送ってあるので手荷物だけの至極楽な出で立ちである。定刻通りに国際空港第一ロビーに集まり、添乗員の坂井さんと初対面。今回の参加者は夫婦連れ6組、坂井さん含めての13人。これまでのうちでは最も少人数。年配者ばかりである。最初はなにか心許ない気持ちだったが自分の年齢も考えると、むしろ気持ちが落ち着いてくる。そうした前途により良き旅を期待しながらブリティッシュ・エアウェイズのロンドン直航便に乗り込む。かくしてロンドンまでの12時間半、座席前のナヴィゲーションなど時々出してみては後どのくらいかと推量する。航行中は殆ど窓を閉め切ってしまい、暗がりの機内では本さえも読めない。周囲に迷惑をかけないために豆電球さえつけられない。そんな情況では、備え付けのナヴィゲーションが唯一の慰めになる。三度目の経験の12時間半だが、やはり長い。ロンドン到着でやれやれと思う。

さすが、このヒースロー空港は大きい。各国の主要路線が全て集中している。初のロンドン入りも、初日は空港のみ。旧きロンドンを観るのは最終日のお楽しみというわけだ。

さて、ここから一足飛びにスコットランドのインヴァネスへは、バスにてガトウィック空港まで行きローカル便で約2時間の飛行となる。ロンドンには全部で10か所の空港があるそうだが、ガトウィックは日本の羽田に相当する大きさで、国内線が主となっている。バスで移動中はロンドンの外回りを南に移動するため、ロンドンらしき風景とは無縁の草原続き、所々に牧場があるくらいのもの。ツアーのスケジュールにはロンドン乗り継ぎ時間3時間とあり、その間の時間潰しを気にしていたが、別の空港への移動のことが記されていなかったので、予想ほどに時間を弄ぶことなくて済んだ。ガトウィック空港では、また検閲を受けるが、テロ防止対策は成田を遙かに上回るものがあり、パスポートとの照合にはいちいちカメラで顔写真を撮られたのには驚きだった。同時に、さすがの治安国だと感心させられた。山高帽にステッキという英国紳士スタイルを目にした。中身は本当の紳士かどうかは分からないが。

インヴァネスへは同じブリティッシュ・エアウェイズでも小型機。しかし殆ど揺れることなく、予定よりも20分早くインヴァネスに着く。閑散とした空港で、紫雲棚引く夕景にやや肌寒さを覚える。大気は至極爽やかだ。如何にも北のはずれとでも言えようか。どこか侘しさの漂う閑散とした雰囲気は函館空港を思わせる。もう何時頃か時間さえも忘れる。今宵のホテルに着くまでいつまでも明るい。インヴァネスの街はごく小さく、瀟洒な教会、中世そのままの建物などバスの中から一瞥したに過ぎないが、ちょっと降りて歩いてみた

スコットランド・アーカート城

くなる街並である。駅の傍を過ぎ、ネス湖に続くネス川の橋を渡る辺りは川岸のゴシック式の教会の屋根が絵にでもしたい雰囲気を醸し出している。ホテルは川縁から少し入った森と草原に囲まれた城館とでも言えるような別天地。スコットランドの旧古戦場の名をとって「カローデン・ハウス」と称せられ、星5ツの高級感を持ち合わせている。嘗ては天皇陛下もここに泊まられたとか。広大な庭園、山林との境目が敷地の境界線だが、そこの入口から眺めた館と前庭全景は小さいながら侵しがたい品位を保っているように思われた。時間（現地）は既に22時を回っており部屋で寝るばかり。長い今日一日の行程の疲れを癒やすばかりである。

カローデン・ハウスの一夜の何と静かなことよ。物音一つしない。客室も奥ゆかしい宮殿の一隅といった感じだ。冬は相当に寒いとみえて赤の分厚いカーテンが掛けられている。朝は早く明るくなるが、天気はすっきりとしない。青空が灰色の低い雲の切れ間から顔を出している。傘がないと不安になる。それがスコットランドの天気らしい。夏でも気温25度を上回ることがない。朝食は懇切に仕上げられたベーコンなど味付けは上々、英国の料理はまずいと聞いていたが、そんな噂は払拭させられた。

最初の観光は、まずネッシー伝説で有名なネス湖へ。ガイドさんはMs．ハルミ（数年来エジンバラ在住の日本人女性）でエジンバラまで同行、ドライバーはMr．ポール、全コースの半分を受け持つ。旅の殆どは専用バスに委ねられる身となる。ホテルを出ると、程なくネス川に沿って1時間ばかり走る。全体的にはなだらかな丘陵地帯で、どの辺からネス湖になったのか見当がつかない。ネス湖は川の幅を広げたような細長い湖でうねうねと続いている周囲の丘陵とあいまって次第に深みを見せている。展望台の所で停車、バグパイプのおじさんが愛嬌を振りまいているので、記念に一緒ぐるみで、坂井さんに撮ってもらう。近くに売店があり、ネッシーグッズなどを売っている。あとは何もない。灰色の雲からは雨さえもぱらつき始める。更に湖水の周辺を奥へ向かうと、周囲の景観に神秘感が漂い始める。秘境を思わせ湖畔に廃虚と化したアーカート城（別名ウルクハート城）がひっそりと佇んでいる。時間を長くとっての城内見学。半ば崩れ落ち、赤茶けた城壁と砲台とはスコットランドとイングランドとの対立の歴史が壮烈に物語られている。廃虚の中を一巡して見張り台の最上部に狭い石段で登って見渡すと、もとはかなり複雑な構造の城であったと想像される。ネス湖をバックにした廃虚の光景は神秘的でなかなか捨て難い。もし冴え渡った月夜にでもここを訪れたとしたならば、異様な霊感に打たれ、思わず背筋がゾーッとしてくるであろう。古城にまつわる伝説はネッシーのような想像によって創り上げられたものとは異なり、歴史的な事実によるものである。従って過去に繰り返された城にまつわる興亡にはより現実味が加わることで、怖ろしさもまた倍加する。城に亡霊は付き物とされているが、それなりの根拠は全くないとは言えないようだ。しばしこのファンタスティックな光景に見入りながら、現に地の果てのようなネス湖畔に来ていることが、いくら文明の力を以てしても甚だ不思議に感じられてならない。

印象に残るアーカート城を後にし、インヴァネスに戻り、ネス川のほとりにあるレストラン「ニコス」で昼食を摂る。「ニコス」はネス川を隔ててセント・アンドリュース大聖堂を望む明媚な場所にあり、白の窓枠に赤褐色の煉瓦造りの建物でバルコニーにフラワー・デコレーションを配したレストランは、その場の落ち着いた雰囲気にマッチしている。食事しながらガイドのハルミさんからスコットランドの話など数多く聞かされる。まずはスコットランドでは住民は自分の国に根強いプライドを抱いている。嘗てイングランドとの戦いで敗退はしたものの、ケルト民族独自の伝統を重んじ、現在のイギリス国内にあってもゲール語が使われ、紙幣は一部は独自のものを使っている。イングランド地域に入れば使えなくなるので国境を出るまでに使い切ってしまった方がよいとのこと。うっかりスコットランドの悪口は言わないこと、イングランドのことなど人前で褒めたりしないこと、が鉄則だそうだ。従って英国の通称としてのUnited Kingdom（略してＵＫ）を用いず、スコットランドではあくまでもスコットランドだそうだ。旧い呼び名としてカレドニアともいう。湖はレークといわずロッホという。民謡に「ロッホ・ローモント」とあるように、ネス湖はロッホ・ネスという。ついでながら、ロッホ・ネスは長さ40㎞、水深３００ｍ程あり、怪物ネッシーは、セント・ポロンといって、１３００年来の伝説だそうだ。ネス川一帯の地質は大変古い。もとは北米から始まった地殻変動によって出来上がったとか。

話が前後して前に進めないが、昼食を終えて「ニコス」を出発。まずはカローデン古戦場跡へ。バスはどちらの方向に進んでいるのか見当がつかないが、広々とした草原地帯、所々に牧場がある。かなり上って高原状の大地となる。天気はすっきりしない。晴間が出たかと思うと、サーッとやってくる。見学者入口の小さな博物館のゲートを通り過ぎると古戦場跡の大草原になる。他に建物などは全くない。古戦場の表示がなければただの丘上の原野に過ぎない。漠然としていて写真の対象にもならない。ハハア、これがカローデン古戦場跡なのか、と頷いているうちにまたザーっと降ってくる。風も加わり傘もまともに差せない。さっさと見てゲートに急ぎ引き返す。小さな博物館には絵葉書や記念品など置いてあったが、嘗てここで壮絶な戦いを交えたスコットランドやイングランドのつわもの

コーダー城

の掲げたさまざまな紋章サンプルが展示してあったのでカメラにのみ収めておいた。

　次にコーダー城に向かう。インヴァネスやアバージンの周辺には古城が多い。古城街道という別の観光コースもあるくらいに大小1000程の城があるそうだ。城がやたらに多いわけは、ある一族がそこに住み着くのではなく、幾つかの所有の城を別荘がわりに転々としていたことによる。領主同士で互いに借り貸しもやっていたそうである。相変わらずの草原をしばらく行くと、ブナ林の茂った敷地内でバスから降りて入場手続きの間、雨の中をしばし待つ。辺りは牧場と樹林帯の原野。聞こえるものは、雨の音に混じって鳥の鳴き声だけである。人里遙かに隔たった所に城のみがある。嘗てヨーロッパで見てきた城はどれも街を見下ろすような場所にあった。それに反してスコットランドで観た城は、最初のアーカート城もそうだが、全く違う環境にある。コーダー城は、敷地の外からは全く見えない。平地で樹木に囲まれているためなのか。それだけに目立たず敵から発見されることもなかったのであろう。中に入ると、立派な庭園を背景にくすんだ茶褐色の城館が忽然と現れる。洒落た凝ったようなものではなく、至って質実剛健でありながら、どこか伝説めいた面影を隠し持っている。シェークスピアの「マクベス」の原舞台ともなったそうで、何となく想像を掻き立てられる。現在はコーダー家の居城につき、全部は開放していない。14、15、17世紀の家具、13世紀のキッチン、地下の牢獄など原形を保っている城では目にすることの出来るものだが、コーダー城は防衛を目的としたもので、下のロビーには当時の武具や刀剣、鹿の角などが多数飾られている。館の基礎構造はヨーロッパ大陸の典型的な城に準じたものだそうだ。建物は何らの虚飾もないが、庭園はよく出来ており奥行き深く、全部見て回る時間は到底なかった。

コーダー城を辞し、カローデン・ハウスに戻る。11月上旬のような肌寒さ、全天灰色の雲に覆われ、時々雨も降ってくる。ホテルでの時間もあり、絵葉書をしたためたり、庭園を散歩したりする。カローデン・ハウスも外見は宮殿の別館か城を連想させる造りである。庭の裏手にある白で枠を縁どったアーチ状の飾り門がなかなか良い。夕べのディナーも我々のグループ以外に誰もいないくらいに静かな雰囲気、最上のものを最上の持て成し方で古来からの好さを頑なに守るというスコットランド気質を感じ取った。

〔2〕インヴァネスよりエジンバラへ

時間は至極ゆっくりと流れる。さすが北に偏したスコットランドともなれば、7月では暗い時間は睡眠時間のごく一部に過ぎず、トイレなどで目を覚ませばカーテン越しに外のほの明るさを覚え、それからはあまり寝つかれない。多少の晴れ間は覗いてはいるが、雨が降っているように何となく湿っぽい。静寂の中に野鳥の囀《さえず》りが聞こえてくる。

今日は2泊したカローデン・ハウスを離れ、ハイランド地方を横切り、いよいよ待望のエジンバラへと赴くが、途中ブレア城やスコッチウイスキーの醸造所を見学する。ホテルを出発したバスは再びインヴァネスの街中を通る。ちょっとは歩いて写真でも撮りたいが、それが出来ないのは残念だ。また雨が降りだした。街を外れると次第に上り道となり、辺りはなだらかな山地となって、山に囲まれた窪地を走っていく。一帯は樹が少なく、殆どは荒涼としたハゲ山の連続だ。ここのハイランド地方は、羊や牛の放牧地になっており、それも夏場だけで、冬は不毛の地と化してしまう。イギリスの最高峰はベンネビス山で、1300m余り、日本に比べて問題にならないが、天候は甚だ変わりやすく、夏の好天でも突然の霧に巻かれて遭難した例は数多いそうだ。ハイキングには適していないのだが、

ブレア城

ワンダリングを目指してやってくる若者の姿をよく見かけるそうだ。途中民家は殆ど見かけず、丘陵の中腹に廃墟と化した城砦を見たので、デジカメを慌てて取り出し、素早くシャッターを押した。誰も寄りつかない荒れるにまかされた不遇な城には、むしろ想像を掻き立てられる無気味なものが漂っているのではないか。怖いもの見たさにちょっと寄りたいところだが。地図にも載っていない名も無き廃墟の城、虚ろに写し出された写真から在りし日の面影を想像するに過ぎない。

今日の行程の半ば近く、ハイランドの山間に佇むブレア城では、見学と昼食。周囲には民家とてなく、自然の真っ只中にあるのに、外見は樹林に囲まれ、近くに来て初めて全容を見ることが出来た。コーダー城とは対称的に白塗りのおとぎ話めいた外観は、中から可愛いお姫様でも出てきそうに見える。緩やかな起伏のある庭園には芝が敷きつめられていてそれの尽きる辺りからは鬱蒼とした樹林帯になるが、それと接する境目には小川が流れ、橋が架かっている。

芝の瑞々しい緑と点々とした樹林の塊に囲まれた白亜の古城。こう聞いただけでも胸の高鳴りを感ぜずにはおられない。時々降り注ぐシャワーが一層の鮮やかさを増している。孔雀や白鷺も芝生の庭園を我がもの顔に楽しんでいる。同行の松井さんが孔雀に餌付けしていた。人によく馴れているとみえる。まさしくここは野鳥達の楽園である。

城内ロビーで説明を聞く。壁面には刀剣や甲の類が飾られている。ここでは世界各国のボーイスカウトが集まるジャンボリー大会が夏期行われることで知られている。ロビーには、現天皇がここを訪れた時の写真が飾ってあった。如何にも新しそうなブレア城も創設は13世紀で大変古い。何度も塗り替えられたりしたそうだ。ブレアという名称は現イギリス首相と何ら関係はない。見るべきものは、ジョージ王朝時代（18世紀初頭）のインテリア等、日本製や中国製のもの、ワインクーラーや、えにしだを張り合わせて造った木製の家具、タータンの服、クイッヒという巨大なウイスキーの盃（金箔使用）19世紀の浴場等。王室のベッドは当時の人の背丈にしては短い。というのは、平らに寝ると死ぬという謂れから、半分身を起こした状態で寝ていたことを物語る。ベッドの段が高いのは金持ちほど高いところで寝ることを意味している。寝室はプライベートルームではなく、人を招待するための部屋でもあった。また、風呂に入ると死ぬなどの謂れから、一月も一年も入浴しなかったとか。風呂好きの日本人には考えられないことである。階段の壁には徳川家の紋入りの薙刀が飾られていた。

昼食は城内食堂だが、平面的に長く継ぎ足した白亜の殿堂で、内部はホテルの一般食堂と変わりはない。

昼食後、出発までの時間を折りからのにわか雨を衝いて庭など撮影するが、デジカメの袋を落としたことも気がつかず、同行の高浜さんに拾われて助かった次第。そろそろ旅の失策が出始める。

ブレア城を辞し、スコッチウイスキーの醸造所（BLAIR ATHOL DISTILLERY）を見学。ブレア城から程遠くないピトロッホリーにあり、ハイランドのど真ん中で乾燥した空気が醸造に適しているそうだ。工場の建物はチョコレート色の煉瓦建て。規模は小さいので、何か童話めいた世界にでも来たような感覚になる。まだ年若いがここに来て8年になるというイングランドの女性主任の説明を聴く。酵母の貯蔵から蒸溜室、ボトルへの仕込み、直売所まで一連の工程を見学。今日は休日なので機械は動いていないせいか、ウイスキーの匂いはしていない。嘗て北海道余市のニッカウヰスキー工場を見学した時の強烈な匂いで多少酔い心地になった経験があるが、少なからずそれを期待して来たのに当てが外れてしまった。

倉庫には500万本の樽があり最低3年間は寝かせておく。12年間使い古しの樽は売り払ってしまう。最も古いものは1968年のもの。ウイスキーは生き物のように呼吸するので換気は不可欠。熟成年間は4年もの、8年もの、12年ものとある。ウイスキーの語源は「生命の水」。ブレンドウイスキーの「BELL's」とは、ゲール語で水の豊かな小川という意味。分かったような、分からないような、速成のウイスキー知識である。オレンジ色の照明で木組もがっちりした倉庫のような土間にウイスキーボトルが保管されており、そこで試飲もする。少なくともアルコール分40％はあったろう。こくがあることと、滑らかな舌触りはやはり本場の味である。

ロビーで一服すると、そこのベンチに顎髯を生やし、ステッキを握った典型的な英国紳士が腰掛けている。身じろぎもしない端正な姿だ。一瞬ハッとするが、よく見ると等身大の人形なのだ。あまりにも巧く出来ているので誰しも、最初は騙される。

醸造所を後にして、程なくピトロッホリーの街に入り、1時間程フリータイム。下車して各自街中を見て歩く。ハイランドのほぼ中央にある可愛らしい街、ガイドさんはピトロッコリーと言っている。どちらが本当なのか分からないが、スコットランドで湖水のことをロッホといっている関係上、ピトロッホリーなのかと思うが、そんなことはどちらでもよい。せいぜい3階どまりの煉瓦造りの建物は美しく均整がとれていて、実に旧い街の美観がよく保たれている。それぞれの建物の煉瓦の煙突の面白さもスコットランドならではの景観である。ここは昔から避暑保養地として知られており、嘗て夏目漱石が英国滞在中にここを訪れたことがあったそうだ。これは意外な話だが、ロンドン留学中、とかくノイローゼ気味だった若き漱石に静養を勧めたスコットランドの宣教師の案内で、この街に何日か滞在したそうである。当時の交通機関でロンドンからどれくらいかかったか、想像を絶するものがある。

ここは四季を通して雨が少なく、空気も乾いているそうだが、今日はその限りにあらず、晴れと雨とが交互にやって来るような落ち着かない空模様。幸いフリータイム中には雨に遭わずバスに乗る頃からポツリポツリとやって来る。さて、ここからエジンバラまでは途中下車することはなく、時々篠突くような雨にも出会いながらストレートに走っていく。ハイランドのなだらかなスロープを幾つも越えて距離は結構長い。とかく退屈しがちな時間帯を、ガイドさんはスコットランドの歴史を紹介する。王権神受やピューリタン革命など政治と宗教との絡み合いなど複雑極まりない。日本では英雄視され高く評価されているオリヴァ・クロムウェルは、イギリスではカトリック教会の破壊者としてよく思われていないそうだ。英国史の通ならば今回のツアーをより一層興味深く味わうことが出来たに違いない。

道幅は次第に広くなり、大らかな下りスロープとなる。パースを過ぎるとハイランドは尽きて、ローランド（低地）となる。車の数も増えてくる。黒い雨雲がハイランドの方に遠のいたかと思うと、また次の黒雲が行く手にのさばってくる。雨は10分くらいザーッとやってくるが、すぐに遠のいてしまう。これがスコットランドでのごく日常的な天気なので、天気予報は当てにならぬ代わりに、「今日は、晴、時々曇りか、雨」と言っていれば間違いないそうである。

ローランドの平原に達すると、平行して鉄道線路が走っている。まだ列車はお見かけしていないが、伝統あるイギリスのロコモティヴの旅も魅力溢れるものがあろう。ロッホ・レーベンはアダム・スミスの生誕地であり、この辺りにはメアリー女王が幽閉されたという島がある。ローランドには土地の伝説も数多く、ガイドさんから幾つかを聞かされたが、ここでは割愛しよう。突然大きな川に差しかかる。左手に鉄道用の鉄橋が見える。川と見えるのは北海に面した入江の一部で、左手の鉄橋は、フォース湾鉄道橋と名付けられている。バスの通過する橋はクインズ・ベリー橋でこれを境にいよいよエジンバラ市に入る。7月の黄昏はいつまでも長く明るいはずなのだが、天候の加減で夕方のうす暗さである。市の中心に入るまでは、しばらく緑の多い高台の高級住宅地を通っていく。ここには市の名士、大学教授や芸術家、芸能人等が住んでいる。名門エジンバラ大学の教授の住まいも、この界隈にあるとのこと。この辺りから伝統ある古都の香りと奥ゆかしさが漂ってくる。坂を下るとエジンバラの中心市街が見え始め、我々は程なく時の流れが停止したような中世そのままの旧き都の中心に吸い込まれていく。

現在エジンバラ市の人口は約45万、金沢市に相当するくらい。城下町という点で共通するところもある。公園の前を通り、5、6階はある旧い煉瓦建てのビルに囲まれた坂道を上り詰めたところの左側、「ラディソンSAS」が今宵のホテルである。昨日とは対照的な街中のホテルである。ロビーでしばらく待たされて部屋に案内される。その間、また一雨やってくるが、程なく止んで、雲間から夕日が差し込んできたので、この時とばかりにカメラ持参で外に出て街の様子を垣間見る。まずは目に焼き付いたものは、オレンジ色に照り映えた旧きビル群、石畳の中世さながらの坂道。何といっても、それらの色合いの美しさ。低い太陽の射光によって雨を降らせた暗紫色の雲をバックにした建物の色彩とのコントラストは絶妙の限りだ。ホテルのある旧市街の十字路から新市街に出る橋の辺り、西方に黒く浮き出た尖塔（ウォルター・スコット記念塔）の眺めは何とも言えない。石畳の坂道と旧い建築物の雰囲気は規模が大きく、それだけに印象は圧倒的である。橋の下はエジンバラ・ウェヴァリー駅となっているらしい。右手先方には鉄道線路がトンネルに吸い込まれているのが見える。

ここエジンバラをはじめとして、ヨーロッパで是非とも訪れたいと思っていた街、フィレンツェ、ザルツブルク、ハイデルベルクと挙げられるが、未だに訪れていないハイデルベルクを除いて、訪れたいところは、どこも不思議なほど雨に出会っている。そのためかとかく暗い印象を受けたが、この雨後の束の間の夕景はエジンバラの第一印象として忘れられぬものとなった。夕食はホテル内のレストラン。ロマネスク風の天井や柱、白い壁にブルーの照明が当てられムード満点である。青を基調とした色彩は、あの夕景の色合いを模したものではないのか。初夏の白夜のイメージも浮かんでくる。

[3] エジンバラを観る

翌日7月4日は待望のエジンバラ観光。午前中は市内を一通り回り、カールトンヒルより全市を見渡し、一旦下ってホリールード宮殿を外から垣間見た後、核心のエジンバラ城へ。午後はフリータイム、ナショナル・ギャラリー参観後、プリンセス・ストリート・ガーデンを通り抜けて新市街を一巡、夕方は、旧市街の大聖堂でのオルガン・コンサートに臨む。まずこれが今日一日のフルスケジュール。日頃では考えられない充実した一日となる。

さて、エジンバラ在住で当地に詳しいハルミさんの案内により、ホテルからバスで新市街地へと下り、シャーロット・スクエアーの辺りを巡回する。新市街とはいえ、その辺は18世紀ジョージア王朝時代の旧様式の館が広い庭園を擁して建ち並んでおり、見るからに高級住宅地をなしている。小説『宝島』のスティーブンソンや「シャーロック・ホームズ」のコナン・ドイルの生家もバスの中から垣間見ることが出来た。しかし、それらは目印でもなければ見分けられぬくらいのビルの一角にある。同じような煉瓦造りの住まいの共通点は、台所が半地下にあることだ。近くには緑豊かな広大な公園があるが一般には利用出

エジンバラ城

来ない。会員制となっており、一定の資金を投入しなくては中にも入れない。これではゴルフ場同然だ。自然を愛する英国人でも、その恩恵に浴するには金銭次第ということになると、ちょっと首を傾げたくなる。しかし良い方に解釈すれば、愛すべき自然をよりよい状態で護るためには、裕福な人間から資金を調達し、公園管理費に充て、その見返りとして彼らの入園の権利を認めているということになる。合理的と言えるかも知れないが、一般にもより安い入園料で利用させるべきであろう。

新市街を通り抜け、小高い丘陵を上ったところがカールトンヒル。仙台の青葉城公園や秩父の羊山公園のように市の中心部が見渡せる好適な位置にある。西南の方角にはエジンバラ城が堅牢な岩山の上に蟠居《ばんきょ》している。その右手に白くて目立った時計塔と黒ずんだウォルター・スコット記念塔が見え、エジンバラ城を主体としてそれの左右を取り入れた景観には、思わずグッとくるものがある。早速カメラで何枚か撮る。浩子との記念撮影も添乗員の坂井さんに撮ってもらう。おそらくこの丘に立つことは今後二度とないであろう。眼下の窪地に沿って鉄道が走り、その南東方向に小高くかなり広い山域があって、その麓にホリールード宮殿が鎮座している。今日はチャールズ皇太子が来臨されているとか。ロンドンのバッキンガム宮殿の別邸として、時たま来臨されるそうだ。背景の大きな山域は、ガレと草ばかりの禿山だが、その上はホリールード公園と名付けられた広大な自然公園となっていて、ハイキングやサイクリングのメッカになっているそうだ。

カールトンヒルには、ネルソン記念碑や旧天文台などがあり、またギリシャのパルテノンを模した巨大な石柱碑が建っている。「北のアテネ」などと言われていることはエジンバラにとって、今や不名誉なことになっているそうだ。丘の上をぐるりと北東方向に回ると、川のようなフォース湾が見え、湾の中程に平たい島が見える。何か由来があるそうだが、割愛する。

バスは丘を下り、ホリールード宮殿に向かう。ものの僅かでゲート前に達するが、街から外れた緑豊かなたたずまいにあり、宮殿の敷地は頑丈な鉄柵に取り囲まれ、門にはガーター勲章を模した飾り付けが人目を引きつける。いつもならば、庭園までは入れるのだぞうだが、今日は皇太子のお出ましで、構内立入りは禁じられている。鉄柵の間から辛うじて宮殿の写真を撮影出来ただけで満足せねばならない。建物は13世紀創設で古く、色と外見がコーダー城に似ているが、規模は遙かに大きい。

　宮殿から旧市街を通ってエジンバラ城へと通じる石畳の道をロイヤル・マイルと称し、中世の景観がそのままに残された最も美しい一角である。それぞれ色の異なる煉瓦造りの建物は、どれも上の方が黒くくすんでいる。燃料に、石炭が盛んに使われたことと、海風の影響も少なくはない。海から遠いドレスデンにも同じような現象が認められる。そのくすんだ色合いがかえって建物の陰影を醸し出し、古都の赴きをより一層深くしている。世界文化遺産として世界の注目を浴びたのも、城を中心にこれだけの規模の大きさで旧建造物がそっくりそのまま残されているからであろう。エジンバラ大学は神学部のみ旧市街にあり、その敷地だけでもかなり広い。近くにセント・ジャイルズ大聖堂がある。エジンバラ城へは曲がりくねった急坂を上る。上り詰めたところが広場となっていて、目の前に重厚な城門が現れる。広場は観光客で賑わっているが、城の正面をやや離れた好位置から眺められる広場の一角は、観客用スタンドが設営中で写真を撮りには行かれない。「ミリタリー・タトゥー」（注4）の準備らしく、何かとせわしなく機材や器具など運び込まれている。概して治安の良いスコットランドでも人の集まるところではスリに気をつけた方がよいとのこと。

いよいよ待望のエジンバラ城への入城となる。見るからに岩山の要塞にふさわしい豪宕《ごうとう》な様相は、星の数程もあるヨーロッパの城の中でも、原型の美観をそのままに保っている貴重な存在であろう。入口の両側にはスコットランド王ロバート・ザ・ブルースとウィリアム・ウォレスの銅像がある。また頭上には4代目モートン伯ジェームス・ダグラスの紋を形取ったというゴールドに赤毛の馬が模されている。下郭の石畳の道を行くと、第二の門・おとし格子門となりそこを潜ると明るい広場が展開する。中郭に相当する場所である。進行方向右手には銃眼の見られるアーガイル砲台が城の北側の外郭を取り巻いている。中郭の広場を左方向に迂回する前方にひと棟の大きな長官邸が現れるが、長官という役職が廃止されて以来、城内病院の看護師が使用したり、長官に相当する市内の名誉職の部屋にもなったりしているそうだ。

更に上郭に向かって緩い坂道をフッグス・ゲートに向かって行くごとに、城の最古の外壁が形を変えていく。岩山のような城砦の核心にやって来たという心の高鳴りを感じる。フッグス・ゲートは17世紀後半、チャールズの時代の大々的な強化工事に伴って造られたそうだ。上郭には最古の建物群があり、エジンバラ城の、延《ひ》いてはスコットランドの宝庫とも言える。とりわけ最古の建物は聖マーガレット礼拝堂。12世紀デービットが建設し、城内で亡くなった彼の母・聖マーガレットに捧げられたという。外見は極く小さな倉庫風の建物で、この内部が礼拝堂とは誰もが信じないであろう。勿論中には入れない。上郭のやや離れた所には、軍事用の目的に使われているという割に大きな建物がある。

上郭よりも更に高く、恐らく最上階に相当するクラウン・スクエアでは、四方がそれぞれ古くて大きな建物に囲まれている。まずはグレート・ホール、16世紀ジェームズが他界する前に造られ、クロムウェル占拠中には兵舎として使われ、その後何度か修復された。天井はスコットランドでは珍しい木造となっている。次にスコットランド戦没者記念堂、最も陳列物の多い館で、戦没者一人一人の名簿が事細かに記録された膨大な過去帳がある。これにはちょっと驚きである。日本にはこうしたものがあるだろうか。その他武装した騎士や戦士の像、ガーター勲章なども陳列されている。外壁にも人物や動物の象徴的な彫刻が刻まれている。

城砦の正面入口の左手にハーフムーン砲台を前面に控えた宮殿は、城内の建物群の中で最も大きく、長い間何度も改造増築されてきたそうだ。スコットランド女王・メアリーが1566年6月19日に、未来のスコットランド王ジェームズ(イングランド王ジェームズ)を生んだのはこの宮殿の一室、実際目にしたところでは、大変狭い部屋である。英国最古であるスコットランドの宝である王冠や、ストーン・オブ・デスティニー（運命の石）、スコットランド王家の紋章など、僅かの時間で一瞥するには勿体ないような貴重な遺物が陳列されている。

以上、クラウン・スクエアを取り囲む建物群はスコットランドの生きた歴史博物館として、現在でも雄弁に歴史を物語っているかのようだ。これら薄暗い館内を限られた時間で目の眩むような思いで観て回り、広場に出た時は、束の間の歴史の重圧から解放された気持ちで思わず溜息が洩れ出たほどである。エジンバラ城については、今回のツアーでは特に重要なポイントとなっていたのでガイドさんの案内に従い、隅々まで見逃すまいと意欲を掻き立てたが、名もない廃墟の古城ならば、強いて内部を観なくてもその外観のみぼんやり眺めながら勝手な想像を巡らせていたかも知れない。その方が自分にとって気は楽である。クラウン・スクエアから正面入口の門楼に戻るまで、多少時間があったので中郭の北西側に展望の良いコーナーがあり、そこから新市街のパノラマ写真を撮る。最初のカールトンヒルの一角も目に入る。城域の右手に突き出たように出張っている黄褐色の変わった煉瓦造りは、城内病院となっているらしい。その近くには牢獄として使われた穴倉がある。嘗て魔女狩りの時代には、エジンバラ城で火あぶりの刑に処せられた魔女の数は何と約300もあったとか、そんな陰惨で血生臭い歴史もエジンバラ城は背負っているのである。嘗てスコットランドとイングランドとの攻防の巷となった波乱万丈の風雲に晒されながらも、なおも毅然とした雄姿を岩山に現している。

それは、まさに誇り高きスコットランドを象徴しているかのようだ。

再び城門入口に戻り、バスの出発を待つ。急な坂道を下った道端に愛犬ボビーの像がある。19世紀にジョンという名の警察官が飼っていた犬で日本のハチ公に似た物語の主となっている。いわば、忠犬ハチ公のエジンバラ版というわけだ。バスの中からチラリと見たに過ぎない。振り返ると、宮殿とハーフムーン砲台が異様な雄姿でせり上がって見える。昼食はこの辺りの「マーチャンツ・レストラン」で。小エビのカクテルは珍しい飲物。

食事後一旦バスでホテルに戻り、浩子との自由時間。軽装でプリンセス・ストリート・ガーデンから新市街のプリンセス・ストリートの尽きる辺りまで散策。特別のイベントでナショナル・ギャラリーの無料入館が可能なので、公園に入る前に参観する。ギャラリーは何棟かあり、入口が判明し難かったが、片言の英語で訊ねたらすぐ判った。右前方にウォルター・スコット記念塔、背後にエジンバラ大学神学部の建物を望む好適の場所。ネオ・ゴシック式の建物で、ラファエロ、ティツィアーノ、ベラスケス、レンブラント、ターナー、モネ、ゴッホなど、ルネッサンスから後期印象派に至る著名な絵画が多数展示してある。世界的に屈指の収集ということであり、無料では勿体無いようだ。じっくり観ていたらまる一日は要するだろう。つい駈け足で観てしまう。ヴェネツィアやフィレンツェで観た覚えのある画家の作品が数多くあった。

ギャラリーを辞して、市民の憩いの場・プリンセス・ストリート・ガーデンに入る。ここからのエジンバラ城は、あたかも街を睥睨《へいげい》している岩山の古城とでも言える。アーガイル砲台を前面に足下は険しく頑強な岩盤だ。緑濃い樹木の間に岩盤の城砦が隠顕《いんけん》する。エジンバラの唯一の光景であり、エジンバラの象徴そのものであろう。

公園と平行に通っているプリンセス・ストリートとの境目の花壇の所々にピンクや白の花を付けた大きなアザミが植え込まれている。スコットランドを象徴する花として古くから知られている。葉はゴツゴツしていて刺《とげ》があり、まともには触れないが、花は可憐で優しく、勇気ある騎士に抱かれた女王とでも言いたい。アザミの謂れは別にあるかと思うのだが。庭園はカレドニアン・ホテルの辺りまで続いており、左手に見上げるエジンバラ城の形が変わってくる。建物群の複雑な構造を持つ城の外形は、方角によって幾通りにも眺められるであろう。写真に撮っても、どの方角からだか見当がつかない。これが分かるようになれば、エジンバラ市の地理にも通ずるはずである。

怪しげに暗くなった空からは、ポツリポツリとやってくる。本降りにならぬうちに新市街に出て、土産物漁りでもと帰路にはプリンセス・ストリートを選ぶ。公園よりも高いので、城を見るには好適である。新市街の雰囲気は旧市街とはまた違う。そこは若い人達のメッカである。学生やサラリーマン風の姿も半数くらい見かけられる。右手にウォルター・スコット記念塔が黒く天を突いている。上にも上れるようだ。生憎今日は休日とあって閉まっているデパートが多い。雨は風を伴い本降りとなる。ホテルに近い辺りまで戻り、公園の切れた辺りからの旧市街の旧い建物群の眺めが壮観を極める。やや霧で煙ってはいたが雨を冒してパノラマ写真を2枚ばかり撮る。風が冷たく、ともかくもコーヒーで温まろうと、旧市街に通ずる橋のたもとにあるホテルのロビーに駆け込み、そこの喫茶室でほっと一息。熱いコーヒーを注文する。気温も低いので、雨に降られると寒くなる。やはり北国である。コーヒー店を出た頃には雨は小降りとなっていた。市の中心はさほど複雑ではなく、城見物を除いてはまる一日あれば十分見られるであろう。

さて一旦ホテルに戻ると、添乗員の坂井さんより、夕方6時からセント・ジャイルズ大聖堂にてパイプオルガン・コンサートがあるから是非と案内され、希望者数人と共に教会に赴く。ホリールードにあって、石畳の道とクラシカルな雰囲気に囲まれたゴシック様式。12世紀創設、宗教改革先駆者のジョン・ノックスが最初の司祭を務めたプロテスタント教会としても由緒がある。オルガン・コンサートは、バッハやヘンデル、パーセル等を予想していたが、主として現代作曲家による宗教曲、些か耳慣れぬ感もした。演奏者はマルチン・パツラッフ、終わった後、存分に愛嬌を振りまいていた。

夕食は、これも坂井さんの案内で、久し振りの日本食。エジンバラに住み着いている日本のシェフが日本人の口に合うように味付けも考えて店を出したそうで、天ぷらの上がり具合など大したもの。日本国内でも滅多にありつくことのない出来映えであった。ただ、常客には外国人が多いので、量が多く、毎回の食事のボリュームに辟易していたので、残すような破目になった。

かくしてエジンバラでの最後の夜は、由緒ある大聖堂でオルガン音楽に接することが出来たことと、久し振りのカリッとした天ぷらにありついたこと、ともに坂井さんのおかげであると感謝したい。

（注4）ミリタリー・タトゥー　毎年8月中旬から開かれるエジンバラ国際フェスティバル。1947年に始まる。

【4】エジンバラより湖水地方へ

僅か2泊に過ぎなかったエジンバラでは、あらかたの参観は殆ど終わりを告げる。昨日は多忙にして最も充実した一日となる。限られた時間で何を観るか、ということから、海外でのツアーの選び方にも自然通じてくるものがある。エジンバラについては、今回観たところでまずまず満足、もう二度と来られないだろうが、仮にもう一度来る機会に恵まれたら事前に英国の歴史をよく勉強しておく必要があると痛感する。

最後に、世界文化遺産としてのエジンバラ市の現状につき、聞いたことを補足しておこう。建物が茶褐色にくすんでいるのは煙突の煤煙の他に火山物質や排気ガスによる酸性雨と見做《みな》されている。建物自体の老朽化などもあり、家の所有者は改築を望んでいるのだが、市全体が世界遺産の指定を受けていると、ユネスコの許可が得られなければ改造は出来ない、ということで、文化遺産都市の隠された悩みを思い知らされた。

今朝は久し振りに青い空、綿をちぎったような白い雲が点々と浮かんでいる。ホテルを出発する時、ガイドのハルミさんが次のガイドにバトンタッチしている。バーバラさんというのだそうだ。ドライバーは変わらない。これから、約２６０㎞の行程、北の大いなる古都を後にして、バスは南に向かう。

離れがたいエジンバラ城も瞬く間に遠ざかっていく。再び丘陵地へと上っていくのがよく分かる。ここからはスコットランド南部の地域に入り、同じような放牧地帯を長らく走ることになる。牛はホルスタイン種、羊は体は白だが、頭部は黒の混じった焦げ茶色、スコットランド特有の種類とのこと。禿山は少なくなり、緑が次第に豊かになってくる。また雲が多くなってきた。上空は澄んでいるが、羊のような形の対流雲が多く、カメラを向ければ風景写真にもなる。大西洋を北上するメキシコ湾暖流が地上に対流をもたらすためだろう。ハイランドのような寒々とした暗さは薄れ、雲間からの陽光にも暖かさが増してきたようだ。

スコットランドにはもう一つの大きな都市グラスゴーがあり、ヴィクトリア時代に貿易や企業で栄えた旧都。独特の建築様式には一見の価値があるそうだが、ツアーでは寄らずに、一路南へと向かう。相変わらず坦々と丘陵を走り、多少下ったところで、いつの間にか小さな集落に入っている。簡素な家や周囲の開けっ広げな豊かな景観が如何にも西部劇の舞台を思わせる。グレトナ・グリーンというところだ。イングランドとスコットランドとの国境の街。ここは歴史の空白地帯とでも言える地域で、カナダ、オーストラリア、ニュージランドからの移植民が住み着いている。イギリス国内でも、スコットランド、イングランド、アイルランド、ウェールズ地方などから男女の駆け落ちもあり、彼らの結婚式の場にもなっているとか。

　物価が安いので、ショッピングと休憩。意外と陽射しが強く、空の色のコントラストが鮮やかだ。スコットランドでは見られなかった光景だ。南に来たという実感がそれとなく湧いてくる。


　ショッピングはすぐ近くのストア。ごく簡素なバラック式の建物で、キルトやタータンなどスコットランド名物を安く売っている。少しでも買うと店の人は喜ぶ。浩子の希望で、タータン一着を記念に買ってやる。これまで通用していたスコットランドの紙幣がイングランドでは使えないので、煩雑を避けるため、全てUCカードが役立った。

　イングランドとの国境は南北に長いブリテン島の中で東西間の幅が最も短いくびれたような所にあり、湖水地方へは、西のアイリッシュ海に出張った丘陵地帯を行くようになる。その方面は雲が切れて空が明るい。なだらかな起伏のあるゆったりとした光景が続く。〝羊は安らかに草を食《は》み〟聞き覚えのある或る曲(注5)の一節が脳裏を掠める。しかし、羊にとっては安らかではない。羊は羊毛採取のために繁殖させられ、大概は双子で生まれる。若くて毛の柔らかなうちに採毛され、繁殖力ある雌は残されるが、雄は食べられてしまう。のどかな風景の裏にはイングランドの生産力を象徴する非情な現実がある。

湖水地方に近づくと雲は少なくなり、空はますますその青さを深める。これまで見られなかった明るく穏やかな雰囲気である。バスはエジンバラからの主要幹線道路を外れて細い田舎道に入り、多少の上下を繰り返しながら、いつ尽きるのかと思うほど走っていく。起伏の間の細長い窪地が湖水になっていて、水は深い青色を呈している。イングランドで最も美しい地域として、昔から観光客や夏期の避暑地として長期逗留者が絶えないそうだ。大小さまざまな湖水が一体幾つあるのだろうか。山の標高こそ低いが、オーストリアのザルツカンマーグートを想わせる。やがて湖水地方最大の湖、ウィンダミア湖が見えてくる。南北に細長く、その距離は17㎞もあり、冬でも凍らないという。

しばらく湖水に沿っていくと瀟洒なこぢんまりとした街、ボウネスに着く。ボウネスは湖水地方の玄関口で、ウィンダミア湖観光の起点となっている。湖畔には遊覧船やヨットも停泊していて、若者のグループなど見かける。

昼食は「SHIP INN RESTAURANT」。午後の日程は予定が明日と多少変更になって、まずはヒルトップのビアトリクス・ポターの家を見学。次に詩人ワーズワースで知られるダヴコテージへと案内される。湖水地方の地図は分かりにくい。ヒルトップは湖水の反対側にあり、バスではかなりの回り道となる。丘の起伏を取り巻くように車道が網の目のように通じている。地形が複雑なために僅かな距離でも迂回するところもあって予想以上に長く感じられる。

なだらかな丘を越えるとエスウェイト湖がチラリと見えるちょっとした盆地になり、2階建てのこぢんまりとした白壁の家が目に入る。この他にも何軒かの民家もあり、小さな集落を形成している。ここここそがピーター・ラビットの故郷、ホークスヘッドという所。白壁の家はポターの物語にも出てくる「バックル・イート」で、元は郵便局だったとか。どこの家もテラスやベランダに花を飾り、平和そのもののように見える。ポターの家は、目と鼻の先。現在ナショナル・トラストが庭建物全てを保有管理して観光客に公開している。道路に面した地点から直接庭に通ずる小さな入口があって、草花や雑草など左右に生い茂った細い道を奥に進むと、簡素な2階建てのポターの家の玄関前に着く。すぐには入れず、よその観光客が出てから入ったと記憶する。内部撮影は禁止。ピーター・ラビットの物語は、その作者が家庭教師をしている家庭の病弱な息子のために書いた絵と文が始まりということで、作者の直筆の原稿が多数展示されている。他にポター自身の身の回り品などもある。会員制のナショナル・トラスト（本部はロンドン）が自然保護団体の一環として、貴重な文化財を守っている。ピーター・ラビットというと、世のご婦人に人気があるらしい。浩子をはじめ奥様方は熱心に展示品を見ているが、男性は家の周囲の写真撮影に余念がない。孫のための絵本などはここには売っていない。明日予定のホークスヘッドの街の土産物店にあるそうだ。

ここから程なく、詩人ワーズワースの住まいであるダヴコテージへと赴く。ウィンダミ

詩人・ワーズワースの旧家の前で

ア湖よりも北の位置にあり、ライダル湖やグラスミア湖に近いより一層緑に囲まれた自然の聖域だ。黒っぽいスレートの石垣で造られ変わった煙突を林立させているグロテスクな家々が軒を連ねる小路に入っていくと、行く手右手に白壁のごく小さな家が顔を覗かせる。背景の緑によって、白壁の家は鮮やかなコントラストをなしており、そのまま絵になるような風景だ。ダヴコテージとは17世紀初頭の頃この地方で建てられた家のことで大変狭く、如何にも「鳩の小屋」とでも言える小さな平和な雰囲気に満ちている。黒ずんだ石垣で周囲を取り囲んだ家の白い外壁は、バラやスイカズラなどが絡みついていて、本来の美しさを倍加させている。それらはワーズワースが自らの手で植えたものだそうだ。中に入ると、専任の若い日本人女性のガイドさんがおり、

10人くらいのグループに分かれて各部屋を案内する。１グループがやっと入れるほどの狭い部屋。天井も低く、ベッドは腰を屈めないと入れぬほど。ワーズワースはなりは小さかったようだが、そのために大きな部屋は必要でなかったのか。ガイドさんの説明では、住まいは殆どが借家、自然を求めてフランスやスイスなど、ヨーロッパ大陸を転々とし、ごく晩年になって近くのライダル・マウントに移り、かなり大きな家で過ごしたそうである。弁護士の長男として生まれ、ケンブリッジ大学卒、その後フランスに渡り、フランス人と結婚したが、死別された後は幼なじみと再婚した。ダヴコテージでの日常は、ハイキング、ウォーキング、魚釣りを好み、犬を37匹飼っていた。犬の名は適当につけて、友人から預かったり交換したりしていたそうである。朝食はオートミール３杯、自分で料理したり、特製のパン焼き器を考案したり、と食生活の関心も広い。暖房のために、子供部屋の壁にはロンドン・タイムズが全部貼ってある。壁には自筆の絵画などが掛けられており、親しい来客とゲームに興じたらしいゲーム台があったり、応接間の腰掛の台座は●ではなく◆であったり、居間にはワーズワースの日頃の生活が読み取れる。ヨーロッパ各地に旅する際は、出来るだけ軽装、せいぜい小型のスーツケース一個といった出で立ちであったという。また、当時この辺りでは水道はなく、水はウィンダミア湖から採取していた。ワーズワースは31才の頃、歯槽膿漏に悩まされ、使用していた特殊な歯ブラシも残されている。以上聞いたことを羅列してみたが、英文学の教科書には載っていない裏話である。

ダヴコテージのすぐ近くにワーズワース博物館があり、残り少ない時間に覗いてみる。そこには主にロマン派詩人の文学的業績や書簡類、また絵画類が展示されており、ワーズワース・ファンにとっては垂涎の至りであろう。日本でのワーズワースは明治・大正時代の白樺派作家や自然派やロマン派の詩人、更に一部の登山家の間で愛好されており、そうした作者の文章を通じて知ることが出来た。

田部重治や尾崎喜八など、特に山や自然へのロマンティックな憧憬に溢れたエッセイストの文でどれほど心魅かれるものがあったか、自分にとって計り知れない。詩集として目を通したのは僅かだが、ワーズワースの名においては、もう50年来の旧さである。時代も変わったが、現在、ワーズワースに少なくとも関心があるか、せめてその名を知っている日本人がどれほどあるだろうか。ダヴコテージは、ワーズワース財団の保有管理下にある。ワーズワースが晩年を過ごしたライダル・マウントの家は、後継のワーズワース一族の所有となっているそうだ。

博物館には関心をそそられる資料が数多くあったが、追い立てられるように、全く通り一遍に観るしかなかった。最後にダヴコテージを後にする時、浩子と一緒に、白壁の前でまたと来られない記念に貴重な一枚を写してもらった。

さて、今日一日はスコットランドから遥々国境を越えイングランドに入り、緑の別天地・湖水地方を巡り巡って、著名な二人の作者の故郷を訪れ、英国の多様な面に触れることが出来た。後はホテルに赴くのみ。落ち着き先の「ホテル・レイクサイド」は、再びウィンダミア湖畔のボウネスを経て南へと下った湖水最南端にある。地図で見れば猫の額に見えても結構長く感じてしまう。日本の足摺岬や都井岬でさえも、そこの付け根から尖端までとなると、一体いつになったらと思うほど長い。海外ならば尚更であろう。

「ホテル・レイクサイド」は文字通りウィンダミア湖のすぐ傍ら。玄関手前から庭に入る左側、ホテルの窓辺に「RUSKINS Brasserie & Bar」と黒地に白文字で書かれた正方形の看板が掛けてある。ジョン・ラスキンに関係があるのだろうか。3～4階建ての大変美しい建物だ。部屋に荷物を納めてすぐさま庭に出る。庭は湖水に面していてボート乗場もある。館は最上部の各部屋の屋根が均等に∧の形が連続してAAAAAのように形造られている光景は絶妙である。外壁は紫がかった濃褐色の偏平石で出来ており、窓枠はベージュ色に、窓と窓との間には緑濃い蔦が這っている。ボウネス辺りから見える他のホテルの建物も造り方においては共通なので、これが湖水地方の建築様式かも知れない。庭は芝生で覆われ、フラワーポットやテーブル、椅子など、適宜に配置されている。

こんな美しいホテルに2泊すれば、疲れは一遍に吹き飛ぶであろう。穏やかな青空の広がりを見ながら、夜更けてもなお薄明るい。

（注5）J・S・バッハ「カンタータNo.208」の中の一節。

[5] ウィンダミア湖の周辺

「ホテル・レイクサイド」の朝は至極気持ちが良い。早速前庭に出て写真など撮る。湖畔には鴨の群れが自生していてパン屑などばら撒くと互いに競ってやってくる。手に乗せてやると、嘴《くちばし》でうまくとらえる。ホテルには餌も売っている。人にはよく慣れた鴨達だ。浩子は餌づけに夢中になっているが、自分はそれを写真にしたり、ボート乗場やホテルの裏手の小高いところから湖水を写したりする。

ホテル内レストランのテラスがガラス張りの温室のようになっていて、食後のひと休みにも好適だ。このホテルには、周囲の環境に即した細かい配慮が施されている。ツアー6日目は湖水地方のみなので、9時半の出発、気分的にゆったりする。バス乗車前にホテルの敷地内を散歩していたら、その奥の行き止まりに遊園地らしき建物があったので、何だろうと近くまで行ってみたら、切符売場のようなものがある。やはり子供向けの遊園地だろうと思って、そのまま引き返して、後で人に訊ねたら、それは列車の駅とのこと。れっきとした鉄道が走っているのだそうだ。レイクサイドとハヴァースウェイトとを結ぶハヴァースウェイト鉄道である。湖水地方を巡る鉄道が他に2か所通っている。但し、ごく小さなトーマスのような機関車で観光を目的にしたものである。

さて、我々一行は湖畔から東へと向かって行ったケンダールのレーベンスホール庭園を見学する。ここには世界的にも珍しい300年以上の歴史を持つトピアリー・ガーデンがあることで知られている。そのトピアリー・ガーデンとは、ツゲやイチイなどの葉が密生して茂る常緑樹を、人間、動物、鳥などさまざまな形に刈り込んで、一つの形に整形したもののことを指している。なかんずくレーベンスホールのトピアリーは英国では最も大きいもの（高さ10m以上）がある。数の上では90種程。しかも珍しい形の傑作が多く、中に入ると別世界に来たようで、グロテスクな神秘感に打ちのめされる。しかし、中には日本の案山子に似たユーモアたっぷりのものもあって、思わず笑いも出るといったところ。一点一点名前がつけられており、とにかく、よく造ったものだと感心させられる。

庭のほぼ中央には歩道が十字に交差していて、そこからトピアリーに仕上げられたツゲのトンネルの向こうに噴水が眺められる。その噴水は1990年、設立300年記念として造られたという。最初に庭園の正面入口から眺められるトピアリーは、左右を同じ形に仕上げており、幾何学的なシンメトリーの美を形造っている。年間定期的な手入れは大変だそうだ。トピアリー以外では、数多くの珍種植物群など、ここにしかないという大変珍しい品種もあるが、植物名などは分からないので割愛する。敷地の縁には「ハハ」(HA-HA)と称する断崖がある。地震には縁のない国だが、日本だったらまずは地震の断層として怖れられるであろう。ヒルトップやダヴコテージでも気付いていたが、石垣は湖水地方特有の造りで、この地方で産出する偏平石を何枚も積み重ねて造っている。塔状の建物はビールタワー（防御用の塔）といって最も古く、13世紀に既に建てられたもので、主なる館はその周辺にマンションとして建てられたものである。いわばマンションの言葉の起源は、もともと貴族の館とか豪邸から発している。所有者は当時から受け継がれてきたが、1600年代の所有者がギャンブルに凝って破産し、バゴット家が後を受け継ぎ現在はその家族が住んでいる。庭園には300本のイチイの木があり、剪定だけでも約半年はかかるそうだ。英国人のガーデニングに対する配慮や奥行きの深さに驚かされているうちに時も過ぎていく。

レーベンスホールを後にして、再びビアトリクス・ポターに関係する街、ホークスヘッドに向かう。この間、びっしりと茂った原生林、低山地域とは思えない奥深さを感じさせられる。ガイドさんの説明によると、この辺りは国立公園内にあって、英国内でも最も自然が豊かで、野鳥は3000種、渡り鳥もおり、野性獣では鹿、鼠、兎など。熊はいない。全般的に動物は保護されているので狩りは禁止されている。また自然破壊防止のため高速道路は造られていない。起伏が多く、原生林と収草地が長く続くが、道路や鉄道にはトンネルが全くというほど少ない。

ホークスヘッドには正午前に着く。見るからに可愛らしい街。まず教会が目に付く。街

英国湖水地方・ウィンダミア湖

の中心部は、殆どが2階建てで、白壁に花を飾った長屋風の家が連なっている。土産物店で、まずはポターの描いたピーター・ラビットの絵や文（勿論復製品）の入った品物は数多く、どれを土産にするか、戸惑うばかり。孫の航太や佑樹に向く絵本や絵葉書、他にも女性の買物客多く、やっとのことで買い求めることが出来た。ポターの絵柄は若い女性に人気が高い。繊細で可愛らしいからであろうか。湖水地方の人気はポターに集中し、ワーズワースやラスキンは見向きもされない。これも時代の流れによるものか。こざっぱりとした建物の軒先には、店屋の看板など、カメラに収めておきたいものが幾つかあった。昨年、ドイツ、オーストリア、チェコなどのツアーでこうしたものをつい見逃してしまったので、今回はなるべく写真に収めるべく絶えずチャンスを狙っていた。昼食は傍らの「クイーンズ・ヘッド・ホテル」にて。ホテルとはいえ、ごく小さな構えの店で、デザートのラズベリーのパイとクリームがうまかった。

ホークスヘッドは10分もあれば見て回れるほどの可愛らしい街だが、ワーズワースが通ったグラマー・スクールなど、まだまだ見どころは少なくはない。買物した店の筋向かいには、ビアトリクス・ポター・ギャラリーもあって、ポター・ファンには見逃せないところ。ポターの住まいのあるニア・ソリーの田舎風景と隣合わせのホークスヘッドの街の風景とを同時に頭の中に描いてみることで、ピーター・ラビットの世界を想像することが出来そうだ。孫への土産を抱きながら、再びウィンダミア湖畔のボウネスに着く。これから遊覧船でウィンダミア湖クルーズ。幸い今日一日は最も穏やかな好天に恵まれ、湖水一面光に満ち溢れている。何と幸運なひと時であろうか。港には白鳥の姿も見られ、若い男女が短い夏のレジャーを楽しんでいる光景が受けとめられる。遊覧船とはいえ、想像していたほどのものではなく、最上川下りのような青天井の、せいぜい15~16人乗りのモーターボート。波は殆どないが、湖水中程に来ると風がある。両岸の所々に美しい湖畔のホテルが目を楽しませてくれる。ヨットを操っている若い男女の姿が近くに見られる。オーイと声を掛けたら手を振りながら何か言っている。ここはヨットレースでもよく知られている。ヨットの停泊所には数多くのヨットが出番を待っている。湖畔の森の彼方に見えるなだらかな山々の曲線、一部乳首状に見える山はこの辺では高そうだが、名前は分からない。日本では十和田湖で見られるような風景に共通するものがあるようだ。船はしばらくは北に向かって進み、適当なところで右に迂回し、南に向かい宿泊の「レイクサイド」がチラリと見える辺りまで南下した後、ぐるりと向きを変えボウネスに戻る。約50分間の湖上のひと時であった。

夕方5時を回る頃なのにまだまだ昼間の明るさである。このままホテルに戻るのは勿体ないようだが、夕食は外食なので時間も十分あり、とにかくホテルに一旦戻ることになった。これまで全てが順調に予定をこなし、心配していた体調も今は良く、ワイルド・ボアの夕食を楽しみにしていた。とは言っても、夕食はなるべくならホテル内がよい。散々見て回った後なのだから、日本流に一日の落ち着き先はホテルの方が安心である。頭の片隅ではそう思いながら再びバスに乗り、ホテルから15分というワイルド・ボアに赴くことになった。

しばらくは湖畔を走りボウネス辺りから山道に入ったようだ。この辺りかなと思っているうちに、どこをどのように通っていたかは定かではない。ヒルトップの辺にも似た丘陵地帯である。とにかく湖水地方には目立った高い山がないので目標としての方向を捉えることが難しい。東か西か方角さえも見失う。15分はとうに経っている。そのうち道は細くなり、土埃を上げるような田舎道になる。一体これはどうしたことか。辺りは家もなく、道標すらない。農道に入り込んだらしい。インヴァネス以来、ドライバーのポールさんを信頼してここまで来たというのに。ポールさんにも何か焦りの色が窺える。怪しげな道からノーマルな道へ出ようと、ますます向きになって突っ走ろうとする。道の両側には雑草や木の枝葉が生い茂り、時々バスの屋根や窓にぶつかってくる。ドライバーはそれでもお構いなく車を走らせようとする。起伏も多く、バスは上下、左右に激しく揺れ始める。危険だ！　ストップさせろ！　やっと車は止まったが、車を戻すことが出来ない。ポールさんは車から降りて近くの民家に訊ねに行ったらしい。一時は騒然となった一行は、少し気持ちが落ち着いてきた。一行の中の旅慣れている某氏は、こんな時は絶対にドライバーを怒らせてはいけない。向きになりがちなドライバーの気持ちを静めるには我々が落ち着く以外にはない。そうこうするうちに、ポールさんが戻ってきた。添乗員の坂井さんが、聞いたところではポールさんは明らかに最初ワイルド・ボアへの入口を間違えたそうで、ここからすぐ下にノーマルな道が通じている。あと僅かの辛抱でそこに出れば、目的地までさほどないとのこと。一行の中には、バスの揺れで気持ちを悪くしたご婦人もあったが、やっと皆の顔に笑みが戻ってきた。ホテル出発以来1時間半はかかってしまった。程なく道は良くなり、15分足らずでワイルド・ボアに到着。皆疲れているようだ。天気は良く、空はまだ明るさを保っている。

なおワイルド・ボアについて見聞したこと。創業は１８２９年、ギルビン渓谷の森に囲まれた一軒家。当時この辺の住民や旅人達がしばしば狂暴な猪に襲われ苦情が絶えなかった。そこでそれを見かねたリチャード・デ・ギルビン卿が、コーティング・インとしての館を設け猪の被害から旅人を救ってやったという話が残されている。その後、館はホテルとなり、レストランとしても名が知られるようになった。ボウネスまで来れば、ちょっと足を延ばしてここに来る客も多いとか。見かけはペンション・スタイルだが、奥行きはあり、客もだいぶ入っていた。バスで散々乗り回された挙句、やっと寛ぎを得た時のビールの味わいはまた格別であった。ホテルに戻る頃は、すっかり暗くなったが、ここからはノーマルな道を僅か15分足らずで無事ホテルに到着した。全く狐につままれたような気持ちだ。しかし、あの時は確かにハラハラとしたが、滅多に行かれない湖水地方の生粋の田舎風景をあれほど十分堪能出来たことは得難い経験であったと、内心密かに思っている。

〔6〕湖水地方よりストラトフォード・アポン・エーボンへ

ツアー第7日目、旅もほぼ中程になったが、英国の旅なら是非訪れておきたいシェークスピア所縁の地、ストラトフォード・アポン・エーボンへの旅を控え、朝のひと時を「ホテル・レイクサイド」の前庭で鴨の群れに餌をやりながらウィンダミア湖の清涼な朝を思い切り堪能する。この2日間で曲がりなりにも英国の最も美しい自然を地で味わったわけである。目まぐるしい見学なしで、1か月もここでのんびり過ごしていたらどうなるだろうと想像するが、英国人にとってはこのくらいは当たり前である（有給休暇は最低でも4週間、長ければ8週間、大概は家族共に夏の殆どを当地で過ごす）。こうした思いも生涯には必要だが、自然に浸り切るにはあまりにも歳を取り過ぎた。この麗しい湖水地方に別れを告げて、イングランド中南部の丘陵地帯をハワーズに向かう。今日からのガイドさんはミス・ジュディ。

「ホテル・レイクサイド」のバス出発は8時40分。バスは南へ向かい、地図で見るくびれたような地形のランカスター辺りで田舎道と別れて幅広い幹線道路となる。一帯はのどかな田園地帯が続くが、以前プロテスタントとカソリックとの戦いがあった所。晴れてはいるが雲が増えつつある。「牛が寄り添うと雨が降る」との諺通り、既に低気圧が発生しており、行く先では悪化の一途を辿っている。牛が天気予報の役割を果たしている、とは珍奇な話。

湖水地方のような小造りの丘陵ではなく、全体がスロープ状の大まかな景観に変わっていく。にわとりを飼っている農家が少なく、鳥肉は最も高価なものとされている。野性の鷹は保護されている。食用になる羊は、生まれてから1年以内、毛はラム・ウールと称して柔らかい品種があり、数は少ない。英国人は毛皮は好まない。アンゴラは羊、カシミヤは山羊、動物愛護上殺さずに毛を採取して作る方法である。

道路の行く手にはリバプールやマンチェスターといった大都市があるが、何れも立ち寄ることなく、道路標識を見るに留まる。大西洋から程遠くないこの一帯は低地帯になっていて、湧水が小川となって噴出している。冬期雨が降らなくても出水がある。時には全面水浸しになることはあるが、低地には家はなく水が出ても放っておけばいつかは退いていく。湧水を利用して運河が作られている。リバプール運河といい、リバプールへの船が往き来している。

白バラのヨーク家、赤バラのランカスター家との戦い、即ちバラ戦争の起こった所。ランカスターの毛織物工場には教会と職人による集会が催され、一つのギルド組織が形成されている。途中、インド・パキスタン系のアジア人が住んでいるキースレー（異教の地とあって白人達は敬遠している）を通り、イングランド中央部の丘陵地に入っていくと、小説『嵐が丘』で有名なブロンテ姉妹の故郷・ハワーズはもう間近い。この辺りにはヒースの茂った荒野がある。小説『嵐が丘』の原点となりうるところであろうか。やがて小高いところに共同住宅などが現れはじめる。茶褐色の煉瓦造りの建物が多く、黒味を帯びたスコットランドの色合いとは趣きを異とする。バスから降りたところは教会の近くの道が交差する所で、車の通行も結構多い。しかし落ち着いた好ましい雰囲気である。恐らく教会の建物であろうか、草花の植わった庭が道路に面していて、その庭には十字架や石碑も建っている。教会に関係ある建物であろう。

ブロンテ姉妹の住居と教会は道路から僅か5分くらい入った所にあり、現在ではブロンテ博物館になっている。細やかな字で書かれた原稿や手紙、日記の類が収められている。エミリーは、もともと体が弱かったために31才で没している。嘗てヨーロッパ大陸を襲った疫病が英国にも蔓延し、ハワーズの人口の平均寿命が26才になったという。飲料水からくる小児の死亡が極めて多く、そのため平均寿命が極端に短くなったと考えられる。ブロンテ姉妹の父は、40年間ここの教会（プロテスタント系）の牧師を務めていたという。

内部の見学はイヤホーン使用のみで写真は撮れない。建物は１７７８年ジョージ王朝時代の建築。ハワーズ在住のジェームズ・ロバーツ卿により１９２８年ブロンテ協会に寄贈されている。一部増築されたり間取りも変わってはいるが、家具も装飾もブロンテ家のも

ブロンテ姉妹記念館にて

のとして当時そのままである。
　聖職者であった父の書斎には教区に関する書類等があり、彼はここで一人で食事したり仕事したりしていた。食堂は姉妹の遊び場にもなり仕事場にもなった。カーテンの色調に真紅を好んで使っていたという。１８５４年シャーロットが夫・ニコルズと結婚して、ニコルズの書斎を改良したり、また自分の部屋を生涯の最後まで持っていた。エミリーの寝室には元の子供部屋を使っていた。ブロンテ家では、召使に至るまで各人が自分の部屋と寝室を持っている。個人の生活を重んじる風潮が行き渡っていたからであろう。エミリーはそうした環境で自らの創作に励むことが出来たのではないか。
　ボンネル・ルームには、ブロンテ牧師館の所蔵する数多くの資料、原稿、蔵書などが展示されている。そこの中庭にはジョスリン・ホーナー作のブロンテ姉妹のブロンズ像が置かれている。これを背景にして浩子の記念撮影を撮る。

40年間、ブロンテ師が勤めていたというハワーズ・オールド教会内部も拝見する。簡素な造りでステンドグラスが美しい。とりわけ十字軍を模したステンドグラスは珍しく、カメラに収めておいた。堂内はバロック式の厳めしさはなく、ロココ風の明るさと温かさがある。どこか立教大学のチャペルを想わせるものがある。

教会から外に出ると、イングランドの旗（注6）を掲げた教会の塔が11時40分を示している。路地には石畳が敷いてあり、赤煉瓦造りの塔や礼拝堂、塀の風情が何とも言えない渋い味わいを醸し出している。如何にも英国特有の味わいである。土産物など売っているハワーズの街を見て歩く。教会から僅か表に回ったところで、石畳が敷きつめられた坂のあるこぢんまりした美しい街だ。教会の石段のところに若い男女の群れが屯している。旧市街はイタリアのシエナを想わせる。規模はホークスヘッドに似ているが、家の造りや外壁の色がだいぶ異なる。バスが出発するまでまた店屋を冷やかして回る。ブロンテ姉妹に関しての資料、ありそうでないものだ。ホークスヘッドの「ピーター・ラビット」の方がここでも人気があるらしい。

さてここからは午後の行程。今日の目的地ストラトフォード・アポン・エーボンまでは大した距離ではないが、途中工事している所もあり、バスは多少迂回路を辿ることになる。しばらくはヒースの小高い原野を走り続ける。『嵐が丘』の舞台となったのは、恐らくこの辺りであるとか。目立つような目標はないが、冬は風当たりが非常に強いそうである。ハワーズを出発して間もなくドライバーのポールさんの家族と出会ったので、そこでポールさんバスを停めて束の間のなごやかなひと時を見せてくれる。ワイルド・ボアでは荒っぽい運転も敢えてせざるを得なかったポールさんだが、その後は無事にここまで来たというほっとした気持ちも手伝って、家族と出会えた喜びはひとしおであったろう。全行程の半分以上を運転してきた疲れもあるので、ストラトフォード・アポン・エーボンまでのあと一息でドライバーの交代となる。

北のハイランドから湖水地方、そしてイングランドと続く丘陵地帯は、どこを見ても草原と放牧場、それらの彼方にはなだらかな低山がうねうねと続いている。時に小川の風景も加味される。これがイギリスの田園風景である。こうした景色がいつまでも続くと飽きが来るかも知れないが、いくら眺めても飽きないのが不思議である。それは色彩的変化によるものと思われる。碧く澄んだ空に絶えず去来する羊の群れのような白い雲、時にオレンジ色に、時に黒みを帯びたり、雲の落とす影によって草原もいろいろと変化する。ガイドさんは客の退屈凌ぎにギリシャ、ローマ時代から発してヨーロッパの、それから英国の歴史を掻い摘んで紹介する。これだけすらすらと暗記して言えるのだから大したもの。改めて西洋史を復習させられる思いである。この他に、犬の学校のこと、英国の教育制度、医療や老人福祉などについても。

　高速道路は次第に車が充満し始め、渋滞も余儀なくさせられる。ちょっとした街に入る。そのうち大きなホテルも見えてくる。赤煉瓦を基調とした建築群。建物の様相から都会的雰囲気が漂う。ハワーズとストラトフォード・アポン・エーボンとの中間点ストーク・オン・トレント、古くから磁器の街として知られている。バスは、ホテルの少し手前で止まり、ホテル内のレストランで遅い昼食を摂る（14時45分）。「North Stafford Hotel」と表示されている。レストランは如何にも英国のオーソドックスな風格があり、高級感に満ちている。デザートのケーキは大きくこれだけでも一食分はある。今日は同じグループの高浜さんの誕生日というわけで、高浜さんご夫妻には特別に誂えたデコレーションケーキが差し出される。ケーキにはローソクが灯され、バースデー・ツー・ユーの歌を皆で歌い、雰囲気を盛り上げる。これも阪急交通社のプランの一つとして考えられたのであろうと思われる。なかなかよい雰囲気には感心した。

　ホテルを出てバスの所までほんの2～3分に過ぎなかったが、そこで思わぬハプニング。ちょっと小戻りして建物をカメラに収めようとした瞬間、段差につまずき、右の膝頭とカメラの標準レンズのフードとを、嫌というほど強く打ち付けた。咄嗟に、しまった！　と思ったが、カメラはフードを痛めただけで、レンズも本体も異常はなく、ほっとした。膝頭はどうか、骨でも折れていれば大ごとだが、強く打った割には痛みもすぐに引けて歩くにも支障は感じられなかった。打ち所が良かったからであろうか。人間の体は意外と強く出来ているのかも知れない。心配したのは同行の人達で、膏薬まで持ってきた人もいる。カメラについては、もしフードがついていなかったらと思うと背筋がゾーッとしてくる。まずは、不幸中の幸いと思って、これからの行動に気をつけよう。

英国屈指の陶磁器のメーカーが集まるというウェッジウッドのビジターセンターを見学、17世紀初頭には陶工のための学校が既に出来ており、18世紀からは製作が盛んに行われるようになった。その工程を見学するには時間が足りない。それよりも、ご婦人方は売場の物色に余念がない。小さくとも高価な品物。昨年のマイセンの陶磁器を思い出す。息子と娘の家庭に一組ずつ旅のしるしに皿を買って我が家宛に航空便にしてもらう。品物選びで大半の時間を費やし、会計処理、包装、宛名書きなどとやっているうちに出発時刻となる。

17時15分の出発でストラトフォード・アポン・エーボンへと一路邁進。地名からして大変長く、ストラトフォードというのが本来の地名。しかし、ストラトフォードだけだと地域が広く、余りに漠然としているので、「エーボン川の上流にあるストラトフォード」というのだそうだ。幹線道路が大変混雑しているのでバイパスM65線を経由する。途中特に注目するようなものはない。ラッシュを避け、紆余曲折の道を辿りながらも、いつしかエーボン川の川縁に来ていた。緑の木立ちが増えて、さほど大きくはないがエーボン川が緩やかに流れている。橋を渡ると公園の広場が目につき、豊かな緑に囲まれたホテル「アヴェストン・マナー」の庭園入口となる。アヴェストン・マナー、略してマナー・ハウスは、シェークスピア所縁の館であり、それを象徴するかのように、シェークスピアの立像が庭先に立っている。これまで書物の肖像画などで見てきたものよりも逞《たくま》しく無骨な風采に感じられた。マナー・ハウスは中世のチューダー王朝時代に造られた様式。正面玄関手前からの全館の外観をひと目見ただけで、均整の摂れた三角屋根の木造りに惚れ惚れとさせられた。その簡潔な造型と茶褐色の色合いは周囲の緑とよくマッチしていて、ハイクラスのティンバー・ハウスを想起させる。既に18時は過ぎており、晴れていれば明るいはずだが、夕方の暗さなのは、ボツボツ泣き出しそうな空の気配によるものである。夕食は「Mr. CHAN'S RESTAURANT」(中華料理の店)にて、今日の長旅の締め括りを堪能する。

(注6) 英国の中でイングランド、スコットランド、アイルランド、ウェールズ、とそれぞれ旗の模様が異なる。英国を代表するユニオン・ジャックは上記4国旗を総合した模様で象られている。

〔7〕ストラトフォード・アポン・エーボン観光

昨夜から降りだした雨は暴風を伴い、一晩中荒れ狂う。日本の台風ほどの強い降りではないが、風が強いことから、春一番を思わせる。『嵐が丘』の舞台も、こうしたものであろうか。嵐は、朝にはほぼ収まり、青空も覗きはじめる。ホテルの部屋は、回り廊下をズーッと奥に行った所。奥行きはあるが、至って簡素な造りで気持ちが良い。回り廊下は、全てガラス格子になっていて、外側の庭園も、内側のレストランも両方が見える仕組みになっている。朝食は内側のレストランでのバイキング方式。食事が終わって、今日の見学に移る前、しばらくロビーで休憩している時、浩子の傘がないことに気付き、まずは食堂から、昨日のバスの中から、くまなく捜し回る。黒いひだの付いた上等な傘で、浩子の大切にしていたもの。晴れていても、いつ出し抜けに降りだすか分からぬイギリスの空、「弁当忘れても、傘忘れるな」の諺通り外出には不可欠である。それだけでも傘は身から放せない。買うとなると高価だそうで、後で紛失物が見つかったら馬鹿らしい。半ば諦めてはいたが、何かと気持ちは落ち着かない。昨日までのドライバーのポールさんは、今日から別のドライバーと交替、バスも替わる。ポールさんは、再びエジンバラに戻るそうだ。恐らく今朝早く出てしまったかも知れない。そんな懸念を抱いていた折りも折り、別の一行の泊まり客からレストランの入口で傘の置き忘れがあったとの届け出があった。急いでバスターミナルの方に行っている浩子に会い、全て落着。つまらぬハプニングでひやひやさせられたひと時だった。これで、ツアー開始以来、自分の転倒も含めてハプニングは3度目、まだ2、3回はありそうな予感が漂う。外の模様、街路樹がかなりへし折れている。大きな水溜りもあちこちに出来ている。出発時にドライバーの引き継ぎ、ここからはロイさん、温厚な感じ。ワイルド・ボアでは物議も引き起こしたポールさんだが、若く見えても60代、だいぶ疲れも出たと見える。本当にご苦労様。ここからのガイドはクレドさん。

最初訪ねた所は、ロイヤル・シェークスピア・シアター、マナー・ハウスからは歩行範囲にあり、クロプトン橋でエーボン川を渡った川縁にある。17世紀スタイルの赤茶けた煉瓦造りの建物。窓枠の白が見栄えがする。シェークスピア財団が維持している。8月に劇公演がある。隣接する建物がスワンズ・シアター、同じ赤煉瓦建てで規模も大きく現在公演のボードが見出される。入口は4、5段高くなっており、そこを背景にした記念撮影は欠かせない。全員と、各自何人かで撮ったものとが、何枚もダブッて写されるほどの名場面である。シェークスピア劇場と文豪との関係は、シェークスピアの伝記や文学的業績と深い関わりがあり、紀行文の中に取り組むにはあまりにも大きいので、ここでは省略せざるを得ない。

劇場の中までは入らず、外観を見回ったに過ぎない。ここからエーボン川に沿って公園となっており、家鴨の群れや、屋根付きのボートで優雅に戯れる人達の模様を目の辺りにすることが出来た。家鴨（グース）はカナダから輸入されたもの。屋根付きのボートは、8～10人乗りの大きさで、主として金持ちのレジャーに供せられ、夏休みの1か月間約800ポンドで家族単位で貸し切れるそうだ。エーボン川の清流は川底が見えるくらいによく澄み切っていて、水面には岸辺の柳が滴るように映っている。一旦表通り（Waterside）に出て、バスでホーリー・トリニティー（聖三位一体）教会へと向かう。至近の距離ながら、エーボン川に臨んだ最も奥まった所にあり、シェークスピアの墓所がある。礼拝堂に向かう石畳は硬く、道の両側にはプラタナスが植えられており、傍らの芝生には数基の十字架が見られる。芝生と樹木の緑に囲まれた中に、落ち着きのある礼拝堂と角錐型の鐘塔とが由緒ある古都の聖域の座を保っている。我々はガイドさんの解説に耳を傾けながら、石の殿堂にぬかずくのである。

シェークスピアの遺骨は、堂内地下の霊廟に安置されている。霊廟には、この街での名誉ある人、功績ある人、著名な芸術家などが安置されている。礼拝堂内部の造りは、ハワーズの教会同様至って簡素、結婚式も勿論行われる。パイプオルガンは19世紀に備えられ、パイプ数は3470本とのこと。教会での結婚式は、ここでは神の前の誓いとして行われる。

教会を出て、街の中心から2㎞ばかり離れた所までバスで移動。シェークスピアに因んだ最初に訪れた建物は、妻のアン・ハサウェイの生家、一名「アン・ハサウェイ・コテージ」とも言われている。シェークスピアが彼女と結婚したのが1582年、アンは26才、シェークスピアは18才。シェークスピアにとってアンはいわゆる姉さん女房だったわけである。建物は1460年代に造られ、1500年代に改装され2階家となる。日本の豪農を思わせる藁屋根の重厚な造りで、旧きイングランドの素朴なイメージを漂わせる美しい景観は、周囲の緑と花々とあいまって見るものをほのぼのとさせる。波打つようなカーブを描く藁屋根と石灰塗装の白壁との組み合わせには独特の気品が感じられる。内部は外観に反して天井は低く、土間の雰囲気も日本の田舎家とはだいぶ異なる。いわゆる土間に相当する所にウェルカムベンチというものがあり、主にオークを素材にした木製の腰掛と、肉と塩とを盛った木製の食台とがあって、客の接待に使われていたらしい。アンの両親が使っていた寝室のベッドは大変短く、マットレスは固めで到底手足を伸ばして寝られるものではない。ワーズワースのダヴコテージでも同様なことが見届けられた。当時は座った状態で寝る習慣があったのであろう。トイレは内になく、冬でも外で用足ししなければならない。一風変わっているのは、キッチンの暖炉とパン焼き竈だ。暖炉の端に天井から垂らした紐があり、それに連動するように暖炉上に受皿があって、紐を引っ張ると鶏が受け皿に落ちてきてグリルが仕上がるという仕組みである。家具は16～19世紀のものが殆ど保存されており、家の梁は１４６０年代そのままである。どの部屋も天井が低いのは、暖房を有効に利かすためなのだろうか、根本の理由は分からないが。

このまま絵となりそうなアン・ハサウェイ・コテージを後にして、ストラトフォード・アポン・エーボンの市街地にあるシェークスピアの生家を訪れる。典型的なチューダー王朝様式の木組みの家で、どれも小造り。壁は塗装を施されない当時そのままの姿で保存されている。それだけに滲み出てくるような美しさが見出される。柱や屋根の木の部分は、オーク材を使い、釘やボルトを一切用いず、いわゆるプレハブ工法で組み立てられている。中世の典型的な建築様式なのだそうだ。こうしたことはアン・ハサウェイ・コテージにも共通する。シェークスピアの生家の内部については、もともと革商人であった家の仕事場には、当時の職人の加工技術などを再現した革製品や敷物、スクラップなどがあり、他に、16世紀の椅子やエリザベス1世の姪の手袋（羊革）などが保存されている。革の中でも、犬の革は金持ちしか得られない高価なものだったとか。シェークスピアの生誕の部屋と伝えられている部屋には、当時を再現した毛織りのベッド、カーテン、花柄模様の壁掛け、ベビーベッド、洗い桶、ベビー服などが置かれている。これでほぼ、シェークスピアが誕生した有様が想像される。但しベッドで寝られるのは家の主だけで、夫人や子供はその下で、乳児はゆりかごで寝るというのが当時の仕来りであったそうだ。このほかには、小部

シェークスピア生家にて

屋が幾つかあり、その中には、食料の貯蔵庫や別の台所も含まれている。家は道路に面して建っているが、それと反対側の庭から望むと、感じがまるで変わってしまう。花壇は生い茂った草花で満ち満ちている。庭の傍らにはティールームもあり、一休止も出来るが観光客も多く、かなり混んでいた。赤煉瓦造りのティールームや古い木造りの生家をバックにした記念撮影が盛んに行われる。撮影ポイントとしては最も適している。

シェークスピアに関して盛り沢山の見学を終え、午後は思い思いの自由行動。もう一度この街をじっくり見てカメラに収めておこう。昼食は、同じ通りに面した「マルロウズ・レストラン」にて。そこは、生家から10分程の隔たりでストラトフォード・アポン・エーボンの中心街。レストランをはじめ、街中の家は木組みのチューダー様式の装いで、壁は白や黄に塗装され、木組みは黒を主にしてコントラストを際立たせている。木組みを花模様に細かく模している家もある。せいぜい3階止まりで、ドイツのバイエルン地方のような背の高い家は見かけない。それだけに、街全体の均整が整っていて幾何学的な美しさがある。しかも全て地下ケーブルになっていて、店先の個性ある看板以外に余計なものはなく、街の美観が尚更引き立って見える。街からホテル・マナー・ハウスまで歩いても30分程度。街自体はこく小さいものなのだ。再びシェークスピア生家の前まで行き、生家をバックに浩子の写真を撮る。長屋式の棟続きの生家は、一部が記念館になっている。写真を撮りながら街中を何度か行きつ戻りつして、最も大きいティンバー・ハウスと見られるアン・ハサウェイ・ティールームでコーヒーを飲み、一息つく。日本から遠い英国まで来て、日本でもよく知れ渡ったシェークスピアに因むこれほど美しい街並に接することの出来た幸福を浩子とともに心から祝福するばかりである。

さて、街の見学を終えて、ホテルに戻る途中で、シェークスピアの孫娘の最初の夫であるトーマス・ナッシュの家に遭遇する。広大な庭を有する新しい煉瓦造りのその家は、シェークスピア晩年の住居となったそうで、現在は街の歴史博物館になっている。シェークスピア自身は街の名士であり、金持ちであったことは争えない。その名士の通ったというグラマー・スクールは、午前中バスから見えたはずであったが、つい見逃してしまったことは残念である。

エーボン川の大きな橋を渡る頃から雨が降りだしてくる。やれやれと思いながら、マナー・ハウスの部屋に戻り、しばらくすると、添乗員の坂井さんから今夜ホーリー・トリニティー教会でコンサートがあるとのこと、連絡が入り、早速申し込んでストラトフォード・アポン・エーボンでの最後のひと時を味わうことになった。

既に最初訪れた教会へは、エーボン川の橋を渡って公園を横切り緑の多い静かな道を20分程行った所だが、公園の辺りから本降りとなる。トリニティーとは、三位一体、即ち神と子と聖霊は共に一体であるというキリスト教の教義であって、母校の大学のチャペルでもよく耳にした言葉である。近頃は、政治の世界にもよく使われるが、本来は聖書用語なのだ。出立《しゅったつ》が遅れて教会では既にコンサートが始まっていた。コンサートは、アメリカのウィスコンシン州からやってきたワッサウ・リリック・コーラスで、1972年Wausau Lutheran Choirとして創始されたものである。専らウィスコンシン州中心に活躍していたが、そのうちロンドン、ドイツ、オーストリア、イタリー、チェコなどでも公演、今夜のコンサートはUKコンサート・ツアーの一部となっている。今宵の演奏者や歌手達も我々と同様の旅鳥なのであろう。主として宗教的歌曲、ウイリアム・バード、メンデルスゾーン、ロバート・ショーといった馴染みある作者も含まれている。シェークスピアの亡骸の眠る英国国教の名刹で敬虔なる歌声に耳傾けることが出来たという悦びは何ものにも代えがたい。

教会を出てパブ・レストラン「ダーティ・ダック」へ向かう。雨は小降りとなっていたが、街中のレストランまでは多少歩く。外はまだ明るい。レストランを出る頃は薄暗く、再び雨は激しく、風も伴い荒れもよう。ホテルに近い橋の上では傘も差せないほどだ。かくして前夜同様、一晩中雨と風の音を聞きながら二度と来られないストラトフォード・アポン・エーボン「マナー・ハウス」の最後の一夜を味わう。

［8］コッツウォルズ地方を経てバースへ

7月9日、長かったツアーもいつの間にか終わりに近づいてくる。一日一日が加速度的により速く、より短くなってくる。見て回るだけでも慌ただしい。移動中のバスの中で何も考えずぼんやり過ごしている時だけが心は休まり、失われた時間を取り戻し、再び活力が蘇ってくるものだ。

9時15分のマナー・ハウス出発前に、シェークスピア立像と、特異な造りのマナー・ハウスをカメラに収める。最初の見学場所であるブレナム宮殿まで約1時間。明け方の雨は止み、青空も出て陽の光も強さを増してくる。季節は夏である。北に位置しているイギリスとは言っても、バーミンガム以南では陽射しも強く、東京の5月頃に相当する。それに暮れるのも遅いのだから、たっぷり陽光には恵まれるわけだ。その光を隠すのは上空の雲の群れで、あたかも羊の群れの如く、白が時には暗灰色や暗紫色になったりして移動して来る。ウッドストックを過ぎると、豊かな草原と牧場がしばらく続き、森が点々と見えてくるといつしかブレナム宮殿のゲートの前に到着する。

見るからに壮大な規模を持つバロック様式の宮殿で、エジンバラのホリールード宮殿も及ばない、正面に構えた褐色の来訪者のための表門は凱旋門に似た造りで重量感がある。表門を潜り内庭に入ると時計塔を掲げた第2の門が見える。そこを潜ったところが中央広場となっており、広場を取り囲む壮大な宮殿の建物に圧倒される。建物の中で最も高いパレスタワーは地上37ｍの高さ、ローマのパンテオンを思わせる6本の大円柱は巨人を支える大巨人とでも言えそうだ。宮殿内のガイドは、英国人の夫を持ち長年住み着いてガイドを務めているという中年の日本婦人で、気品があり、毅然とした態度には寄り付きがたいところがある。いかにも権威あるブレナム宮殿のガイドを担っているというプライドが感じ取れる。創設は第11代モールバラ公爵の居宮として造られ、敷地11，500㎡、成田空港の5倍もの広さ、グレートホールは天井まで20ｍ。1705年より28年間かけて造られたという。フランスのベルサイユ宮殿を目標にしたという。公爵個人の私邸ということから維持するための国からの補助金は全くない。現在では私的財団によって賄われているという。パレスには178の部屋があり、一部が陳列室になっている。グレートホールにはスペイン継承戦争の時の戦利品と、チャーチルの従兄弟の像がある。入口の鍵の重さが6kgもある。また1820年のポーランドの地図もある。嘗ての宰相ウィンストン・チャーチルはモールバラ家の分家。若き日のチャーチルの横顔など展示写真も数多い。昨年ポツダムで見た三者会談の歴史的映像も収められている。中国の陶器コレクション、ドイツ・マイセンの食器、ヴェネツィアのグラス、元禄時代の壺、など、高価な貴重品の数々。大広間には6代目ヴィクトリア時代1845年に槲《かしわ》の木で造られたテーブルがあり、天井はドーム状で、そこにはラケール（仏）の絵が描かれている。当時流行していた鬘《かつら》は、金持ちが娘の毛を、中流が馬の毛を使っていた。1711年の戦争の織物絵（絹糸）やパノラマ絵は豪華絢爛たるもの、ルイ14世のポートレートが掲げられている。高価な陶器、ガラス製品など一部も破損することなく無事に何年も経てきているのは、過去から現在まで地震というものが皆無であることを証明している。

図書室には、蔵書が約1万冊あり、殆どが革表紙の古書がびっしりと詰まっている。1891年にはパイプオルガン（ヘンリー・ウイリアム製作と見做される）が入り、肥満型のアン女王の像が置かれている。図書室の続きになる広間は舞踏会にも使われたそうで、長椅子は幅広く、ゆったりとしている。チャーチル家の紋章も飾られている。ウィンストン・チャーチルの母はケネディ家出身のアメリカ人。米前大統領のクリントンと並んだ写真もある。ヨーロッパの一角にある英国が大西洋を隔てたアメリカと兄弟関係にあるということがブレナム宮殿の写真を通じて受けとめられる。

内部を一通り案内された後に、バルコニーに立って庭園を見渡す。さすがに広い。所々に森があり、池がある。全く気の遠くなりそうな広大な敷地である。宮殿内部の撮影は禁じられているが、バルコニーからならば構わないので、中央広場と時計塔をカメラに収めた。

宮殿のある中央広場から敷地内の森や池（むしろ湖水）との境目辺りまで行ってみると、境目には鉄柵の門と石垣とが巡らされている。やはり外敵を防ぐためなのか。これまで観てきた宮殿や古城にはどれでも色彩豊かな草花庭園が付き物だったが、ここブレナム宮殿にはそれらしいものがなく、やや無味乾燥ではあるが周辺の庭は、まさしく開け広げの大自然であり建物の重量感に比して、その尽きることのない広大さは、まさにグレートの名に価しよう。出発前の貴重な時間、急いで境界の石垣の所で記念の撮影をする。

ブレナム宮殿を後にすると、街らしいところもなく、牧場や牧舎が続く。宮殿の裏手になるのか、ちょっと見当はつかないが小さな田舎家風の「デューク・オブ・マールポロー」というレストラン。何を昼食としたのか覚えはないが、ここの味付けは良かったことだけは憶えている。

午後は英国切っての美しい地域であるところのコッツウォルズ地方を訪れる。程なく、英国の名門・オックスフォード大学近くの街の一角を掠めていく。オックスフォードは、住民の大多数が学生で占められている学生街で、街の行政も自主的に営まれているそうだ。今は夏休みなので、街の中でも学生の姿は見られるのだが、あまり人影が見当たらない。夏休みでも、学生達はアルバイトやレジャーまたは図書館で過ごし、家でじっとしていることはないそうだ。この名門大学をチラッとでも望めるならば、それに越したことはないであろうが。しかし、それも能わず、バスはコッツウォルズ地方初の街・ブロードウェイ

ブロードウェイ（はちみつ色の街並）

に着く。コッツウォルズ地方とは、ロンドンの西１２０㎞にある大きな丘陵地帯で、昔ながらの田園風景と所々に蜂蜜色の石造りの家並が中世そのままに残っている大変美しい地域。点在する街は十数か所に及ぶがそれぞれの街は小さく、ホテルと言えるものはない。ここを観光するには、近くのオックスフォードに泊まる以外にないそうだ。

ブロードウェイまでの短い距離をバスがどのように走っていったか、地図を見ただけでは皆目分からない。ドライバーのロイさんは慎重な運転で、突っ走るようなことはないが、道の分岐点ではいちいち確かめるように車を動かしていく。殆ど人家のない地域から出た突如幅広い道の両側には、黄褐色をした三角屋根の家並が目に入る。どれもがやや荒削りの３～４階建てで、均整が取れており、そのまま絵になるような景観である。ハハア、これが蜂蜜色なんだな。同じ石造りの建物でも、冷たい感触は微塵もなく、蕩けるようなほんのりとした感触である。結構大きな土産物店があり、奥様連は行くなりまずは土産物店へ。こちらは時間を惜しみながらの撮影に余念がない。ブロードウェイは昔からイングランド南東部の交通の要路。名の通り道幅は広く、ホテルの看板のある家もある。嘗てチャールズ1世とオリヴァ・クロムウェルがここに滞在したことがあるそうだ。

またブロードウェイは一年中クリスマス用品で賑わっている。クリスマスにはカードの交換が習慣づけられている。樅《もみ》の木はドイツから入る。12月26日はボクシングデーといって、箱に包みを入れてプレゼントする。サンタクロースの語源はシンタ・クロース、トナカイは北欧のイメージ。民間伝承から来ている。クリスマスには豚を食べる習慣、七面鳥はアメリカの習慣。クリスマスは1月6日まで続く。その期間は土産物店もホテルも休みに入る。日も短くなるので訪れるにはクリスマス前がよいとのこと。彼方に教会の尖塔が見える。教会を中心にクリスマスの情景が浮かんでくるようだ。

この後、更に美しいバイブリーへ。途中車窓から幾つかの小さな街を眺めながら、かなり南下していく。バイブリーは小さな田舎街。降りたところのすぐ前が「スワン」という洒落たホテル兼喫茶店。アフタヌーンでささやかなおやつ。セルフ・サービス式に、各自取りに行く。パンは独特の作り。大変うまいという評判だった。喫茶店の裏口からバルコ

コッツウォルズ地方の旧い民家

ニーを通ってバイブリーの田舎の家並みを見物する。

しばらくはコルン川に沿って木立の中を歩いて行く。日本の軽井沢にでも来たような雰囲気である。19世紀の詩人で美術批評家のウィリアム・モリスが「イングランドで最も美しい村」と絶賛した所、おそらくコッツウォルズ地方の中でも絵になる屈指の眺めではなかろうか。行く先から次第に近づいてくる旧い煉瓦造りの田舎家は、周囲の柔らかな自然とピッタリと調和していて一幅の絵画として印象づけられる。それら一連の家々は14世紀に建てられ、現在でも人が住んでいる気配がある。中には空家同然となってしまったものも見受けられる。一軒だけかけ離れた大きな家の塀に黒猫がいて、家を見守っている。飼い主がいるのかどうか。よく肥えている。動物愛護の国のことだから、誰かが面倒を見ているのかも知れない。庭には花も植えてあり人の気配もしないではない。急いでデジカメでシャッターを切る。時間が停止してしまったかのような古色豊かな2階建ての民家の壁はどれもがくすんだ蜂蜜色。ロンドンにも近い地域で、今なおこうした手付かずの中世が残っていることだけでも奇跡と言えるのではなかろうか。「アーリントン・ロウ」の表示が集落の出口に記されている。１９２９年王立学芸協会で指定され現在でも当時のままで保護されている。集落を抜けた所は、ごく自然の田園風景。コルン川の石橋の傍らには清流で戯れる水鳥や川魚の姿が目に入る。如何にもシューベルトの「鱒・五重奏曲」を想わせる風景だ。コルン川は、前日のエーボン川と繋がっているそうだ。

かくして最も素朴で美しいバイブリーにアデューを告げて、一路バースに向けて出発する。時刻は17時20分、バースまでは約71㎞、所要時間約1時間のドライブ。コッツウォルズからやや西寄りに南方向に向かって行く。まだらな雲の塊が南から去来して時々ザアッとやってくる。雲の隙間から光が射し込むと無類に美しい。これが他の国ではあまり見られなかったイギリスの空である。メキシコ暖流による適度な湿度と対流が起因するものらしい。不安定な空は、スコットランドから続いてきたのだが、それぞれの場所によって空の様相は微妙に変化していく。

丘陵地帯から次第に低域地帯へと坂道を下っていくと、家が次第に密集してくる。大きな都市に入ったかのように、均整のとれたビルが軒を連ねている。バースは単なる温泉街ではなく、国際都市と言えるほど世界各国からの来訪者が絶えない。温泉場としては日本の熱海や別府に相当するかも知れない。バスはビル街から一旦外れ、緑地帯との境目の緩やかなスロープを上っていく。どこかの宮殿の広大な庭園を思わせる敷地との境界が上り切った所で切れて、石造りの堂々とした建物の前で停車する。ここが今夜の宿泊の「バース・スパ」なのだ。広大なスロープを持った緑地は何とホテルの庭園なのである。日本ではまずは見られない広さであり、宮殿そこのけといった建物の豪華さにはびっくり仰天した次第。部屋に落ち着いた後に、表玄関の写真を撮るため外に出たら、折しも西の低い陽射しにより東方に虹が架かり、薄暮に包まれた石の殿堂からのオレンジ色の明りが何とも言えないコントラストを醸し出している。今回のツアーで、エジンバラの夕景と共に、バースでの薄暮の印象は忘れられないものとなった。

[9] バースよりロンドンへ

おそらく今回のツアーでは最も豪奢なホテル故に、俄か貴族に変身したような気分で一夜を過ごす。寝室のベッドなどゆったりしていて、施設は完備しており、雰囲気においてはインヴァネスには及ばないが、ホテルの格調は最高。まずは5ツ星ホテルといえよう。

木立の茂った庭園は、朝の散歩に好適。珍しく蝉の声を聞く。ホテルを背景にした花壇の所に白い乙女の像がある。人待ち顔に独りポツネンと立っている。それを背景に浩子の記念撮影をする。樹齢何百年になるような大木が立っている。おそらく以前は貴族の敷地であったのだろう。朝食はバイキングながらグランドピアノの演奏に耳を傾けながら、優雅なひと時を味わう。

さて今日7月10日の半日はバースの観光。専任ガイドはジャーネットさん。まずはここバースの由来から。火山のない英国で温泉はどこから湧出するのであろうか。それは幾千年もかかって丘陵地に降った雨が地中深く浸透し、高温に過熱されて再び地上に吹き出たものである。それを古代ローマ人が目をつけて、ケルト人の聖地にもかかわらず軍事道路を造って侵攻した。同時にローマ人はバースの発展にも尽くしたのでケルト人との間に融

バース・バルトニー橋

和が図られてアクア・スリスと呼ばれる街が温泉の周辺に発展していった。

しかし、伝説的には温泉の起源は紀元前に遡る。863BC、ケルトのプラドウード王子がハンセン病になり王国を追われ、エーボン川の辺りで牧畜を営んでいる時、たまたまバースの泉を知り、それに浴しているうちにハンセン病が治ってしまった。おかげでプラドウードは王位に就くことが出来、温泉の場所に宮廷を置いて都市建設に当たった、とか。

今日、街全体が世界遺産になっている。バースはオックスフォードやケンブリッジに近く、それら名門大学に入るための英語研修の場として世界中から多くの留学志望者がやって来るとのこと。

ホテルを出て坂道を下っていくと間もなく住宅街となる。ほぼ3～5階のしっかりした石造りの建造物は淡黄色を呈しており、イタリア式の造りになっている。大建築家ジョン・ウッドが築いたというクイーン・スクエアの均斉のとれた建物群の美しさは、他に類例を見ない。それの大規模なものが、ロイヤル・クレセントで、ウッドが計画中死去したのでその息子に引き継がれ完成されたものである。完成はビクトリア朝の１７７４年。

最初の見学は、まずここから、広大な敷地は丘の上にあり、敷地に入るスロープの前には華やかな花壇があって人目を引く。坂を僅かに上ったところで建物全部一望のもとに見渡すことが出来る。黄褐色の三層から成る造りは、クイーン・スクエアに似ているが、広大な芝生を前景に三日月型の弧を描くように、長大なテラスを連ねている光景はものの見事であると言えよう。余計な装飾は施されず、簡素な様相ながらも、なだらかな傾斜地を巧みに利用して均一の美観を醸し出している。芝生の中央に大きな樹木があるのみで、全体の見通しが良く、格調のある気品を感じさせられる。

弧を描いた建物に囲まれた広場はサーカスと言われている。嘗てイタリア人によって受け継がれた様式で、ローマのサン・ピエトロ寺院やシエナのカンポ広場で見受けられるものである。嘗てバースを訪れた各国の名士達の宿舎を目的に建てられたが、現在ではバース保存協会の所有で、博物館として一般公開されている。今回はごく僅かの時間、パノラマ写真を撮るだけでここを立ち去らねばならない。

次の主たる見学はローマ浴場。さすがここでは手拭い片手にやってくる日本人はいない。

浴場は街の中にあり、外見では分からない。浴場は温泉の源泉の湧いている所。その手前に大きなエーボン川の流れがあり、それがローマン・バスに通じている所に三つのめがねアーチのあるバルトニー橋が架かっている。その石橋の上には、店頭のバルコニーが連なっており、これもフィレンツェのポンティ・ヴェッキオを思わせる。ローマン・バスは赤茶けた石柱に囲まれた矩形のプール状になっており、源泉は黄緑色に淀んでいる。周囲の建物も石柱も赤茶けているのは湯の成分によるものなのか。化学分析の表示がされている。地中から湧出している坑道の入口は、その成分によってかなり変色している。硫黄泉にも似ている。ローマン・バスは見ることは出来ても、入ることは出来ない。建物は博物館として、温泉とバースの街の由来など、幾多の資料が展示されている。温泉の温もりのせいか、少なからず喉も乾いてくる。パンプルームには飲む温泉があるそうだが、今は水が止まっているとのこと。博物館の隣には、クアハウスと言われるドームのあるホールがあって、楽器の音も聞こえ、集会場に使われている。嘗てはバースの社交の場にもなっていたそうだ。そこで多少待たされたが、我々ロイヤル組は優先的に奥のレストラン「クラウン・イン」に案内され、ランチに与る。

バースには他に見るところも多いそうだが、午後はロンドンに向けての長旅があり、バス乗車までバース教会の前でフリータイムを取ったのみ。バース教会は、もともと修道院のために1500年頃創られたという。外観はゴシック末期の様式で立派である。壁面にもいろいろと彫刻が施されている。建物の色や形の上でブダペストのマーチャーシュ教会を想わせる。この辺りはバースの商店街もある賑やかな通りだが、ちょっと脇道に入ると、アーチ状の庇《ひさし》などがあって、そのクラシックな様相は格別である。その路地に入る曲り角の焼鳥屋のおばさんが、親しげに愛嬌を振りまいている。浩子が、このおばさんと一緒のところを撮ってほしいと言うので、記念の思い出にシャッターを切る。あとから考えて、焼鳥の一つでも買ってやればと思った。昨年、ハンガリーでも屋台の出店で人懐っこいおばさんに出会ったが、バースでも何かそうした共通の雰囲気が感じられた。

さて、これを最後にバースを発つとロンドンまでは２８０㎞、約5時間20分、最後の長旅となる。途中、ストーンヘンジとウィスリーガーデンに寄っていくことになっている。しばらくはエーボン川に沿って教会のトンガリ屋根やパラディオ様式の高級住宅など車窓から眺めながら、次第に丘陵地へと上っていく。バースはまた商人ギルドの街。中世毛織物職人のギルド組織が現在でも当時の集落の形で所々に残っている光景をこれまでバスの中から遠くに見ることが出来た。そうしたことに関してもガイドの説明がなければそのまま見過ごしてしまっていたかも知れない。丘陵地帯をかなり上ったところからバース全域を見渡すことが出来る。緑の中に平地から丘陵にかけてパラディオ様式の黄褐色の建物群が一望の下に視野に収められる景観は実に見事である。写真を撮るためにバスがわざわざ停まってくれたのだ。この感動はイタリアのシエナの入口で旧い建物群を俯瞰した時と同様、強いものとなった。あの時は、これから訪れる時、今度は、去る時である。峠を過ぎればバースは見えなくなる。手を振ってアデューを告げよう。

インググランドでもこの辺りはかなり南西寄りで大西洋の暖気流を受けやすく、不安定な空模様はなかなか解消されない。積雲の塊が通る度ににわか雨が降り注ぐ。かと思うと、雲間から陽光が射し込んで色彩のコントラストを一層鮮やかにする。羊の群れにも何度か遭遇する。自然の広大な原野はどこまでも広く、緩やかな曲線を描きながら続いていく。雲は切れて青空の海が広がってくる頃、行く手前方に人だかりが見える。丘陵が最も高くなった所の平らな牧草地帯、見ると巨大な十数個の石群が一か所に集中して乱立している。これがストーンヘンジという世界的にも謎の遺跡だそうだ。人だかりは観光客で、自分もその中の1人ということになる。

全く露天の入口から入り、両側をロープで仕切られた歩道を路順に従って遺跡の周辺を遠回しに一巡するようになっている。遺跡は原形を保たせるため、手を触れることは出来ない。午後の射光の効果を見ながら、幾つかの角度でシャッターを切る。そもそも、ストーンヘンジとは一体何であろうか。古代人が住居のために造ったものなのか、先史時代の代物なのか、これまで多くの学者が研究してきたが、未だに解明されていない。時代はともかく、何のために造られたのか。有力説では、日の出方向を観測するため、とするもの、

謎の遺跡・ストーンヘンジ

またはローマ支配の頃の神殿説などがあるが、何れも定かではない。北のネッシーと共に、あくまでも謎は謎にしておいた方が興味は失われまい。

ストーンヘンジの周辺は広大な牧草地帯で、放たれた羊がロープの傍までやってきて食物をねだる。ふさふさとぬいぐるみのような長毛に覆われたのと、毛を刈り取ったばかりの短毛のとがいるが、毛に何か朱色のものが塗られている。目印なのだろうか。ここの羊は人懐かし気に、こちらが関心を寄せれば寄せるほど、あちこちから寄り集まってくる。広大な草地にポツリポツリとしか見かけないところでも、羊達は互いに情報をキャッチしながら、やって来る。かくして、バスに乗る前の僅かな間、羊達との触れ合いの場を持つことが出来た。

バースを出てから、やや南西寄りのコースを経てこの場に至ったが、これからは確実にロンドンに向かって走ることになる。道も広く、スピードも出せるが、車もだいぶ増えてくる。所々に民家の集落があり、それらを取り囲むように牧場や森が点在している。英国で最もポピュラーな田園風景であり、既にここはロンドン郊外の地域でもある。

再び雲が増えてきて時折にわか雨もやってくる。ロンドンの方向に雷孕みの黒雲が屯していて、こちらにやってくる気配だったが、ウィスリーガーデン見学の際にはどこかへ消え去ってしまった。どこからがウィスリーガーデンなのか、樹林の多く繁った緑道をしばらく行き、抜け切るとちょっとした広場となる。他に何台かのバスが停まっていて、どうやらそこが入口らしい。瀟洒な建物も目に入る。

ウィスリーガーデンは正式には、「RHS Garden Wisley」と記されている。即ち、英国王立園芸協会ガーデン・ウィスリーという。１８０４年の創設で、世界最大級の規模を誇っている。レーベンスホールの広さの比ではない。植物の種類の多さは言うに及ばず、園芸技術、品種の改良、園芸デザイン等の研究活動も行っている。王立による会員制度があって、特典が認められている。

広場兼駐車場から入口に入ると、煙突と屋根が赤く、白い壁面に黒い窓枠の立派な建物が目に入る。ここの唯一の研究機関と図書館があるそうで、周囲の緑の雰囲気と見事に調和している。建物を右後方に見送りながら、芝生の広いスロープを緩やかに上っていく。

この両側には英国のみならず世界各国の珍しい花々のある花壇が人目を引く。珍しい花の名前を記録し損なったのは惜しかった。とりわけバラは相当なものである。芝生のスロープ（ウエザー・ヒルと記されている）の尽きる辺りにモダーン・デザインが置かれている。何かその場にしっくり合わない感じであった。もうこの辺で戻ろうという浩子の要望に従い、ロックガーデンまで行かず、パウレス・コーナーやコニファー・ラウン辺りを見てプール様の池のところまで下っていく。コニファー・ラウンには車椅子のお年寄り何組かが楽しそうに談笑していた。池には日本で見かける水蓮が浮いている。それが赤い屋根の研究所をバックに絵にしたい光景で、思わずシャッターを切る。水面に煙突や屋根が映じている様は格別だ。研究所の前には水生植物など栽培している水槽があり、周囲は石畳となっていて、ちょっと腰掛けたくなるような場所である。山名さんご夫妻も見える。建物を背景に撮影好適、その近くの花壇に創設２００年を記念して〈RHS 200〉と花模様でしたためられている。かくして、ごく一部を見てきたに過ぎないが、ウィスリーガーデンは、明るい雰囲気に満ちており、ゆったりとした気分を味わうことが出来た。

さて、ここを過ぎればいよいよ最後のロンドン入りだ。最も長い距離であるバースとロンドンとの間も途中見物したりして気が紛れるとさほど長くは感じられない。ロンドンに近くなると、車の往来も一段と増えて、心持ちか気忙しくなってくる。専ら田舎回りに終始した今回のツアーであっただけに、最後の大都会入りに対して多少緊張感もないではない。しかし、最北のネス湖に始まって英国の玄関であり首都でもあるロンドンに来たという安賭感は否めない。天気だけが不安定である。ロンドン名物の霧は専ら冬に多いそうだ。7月はスッキリと夏になり切らないために、温度差のある大気が混じり合わず、対流が発生しやすい。雲はますます厚くなる。ロンドンは我々の来訪を歓迎していないのではないか。大きなグリーンベルトの中にスッポリと入るウィスリーガーデンが既にロンドン郊外にあるとは信じられないが、程なく住宅街となり、いつの間にか繁華街に来てしまっている。大よそ南西側から入ったことになる。途中降りることなくホテルまで直行する途中の窓辺から幾つかの名立たるクラシカルな建物を目撃した。その一つ、ヴィクトリア・アンド・アルバート博物館には、何か特別な催物があると見えて、一人の女性の顔を大きく写した垂幕が正面入口に掲げられている。若い男女が入口に屯している。建物の雰囲気から、急に19世紀に戻ったかのような赴きになる。車の数に比して郊外の道が広かったのに対して、旧市街の道は狭い。伝統的な都市の美観を損ねぬために旧い建物をやたらと造り変えたりしない、道も広げない、しかし車は規制しない。そこにロンドンの矛盾と悩みがあるように思われた。

到着するまで添乗員さん、我々ロンドンへのお上りさんのために、注意事項など話してくれる。市内観光にはバスもあるが、経路が複雑なので慣れない人にはタクシーが最も安全。ドライバーのライセンスが高く、客に対していい加減なことはしない。箱形の車で5人まで乗れる。乗る時は、窓から自分でドアを開け閉めする。乗る前に自分の行く先をはっきりと示す。大きな荷物は荷物入れに置かせてもらう。追加料金が要る場合もある。

また、地下鉄については、2回以上乗る場合、1日のチケットの方が便利。ロンドンは物価が高い。暴力はないが、スリや置き引きの被害が増加している。ショッピング、レストラン、ホテル内でも油断は禁物。ホテル内の掃除は2人で行っている、等々。これまで無事だったからなどと、気の緩みが思わぬ災難を招くことがある。

バスは明日通る予定のトラファルガー・スクエアを一瞥して、ケンジントン・パークの傍のホテル「ロイヤル・ガーデン」の前に到着する。大よそ18時、雨模様だがまだ明るい。4階か5階の寝室から、市街地が一望出来る。夕食は中心の繁華街にある三越ロンドン支店で久し振りの日本食。長年住み着いている腕利きの板前職人で、カリッとした天ぷらの揚げ方は堂に入ったもの。日本でも滅多にありつけない口当たりの良さには感心した。腹もかなり空いていただけに、ビールと天ぷらは格別のご馳走だった。これが遥々とロンドンに着いた日の第一印象と言えば、ちょっと意外なことかも知れないが。

〔10〕ロンドンにて

旅も最終段階に入り、今日7月11日はロンドン市内観光、午後はフリータイムで、土産物など物色に費やす。「ロイヤル・ガーデン」は東京で言えば日比谷に相当する。即ち近くに公園緑地のあるビル街に面して建っており、規模は大きいが、これまで泊まってきたそれぞれのホテルに比べると、あまり特性はない。最大公約数で宿泊客を迎えるには適している。

もはやバスによる長い移動はなくなり、ロンドン市内の主だったところのみ午前中のうちに見てしまおうというのだ。ガイド嬢はミス小山、ドライバーはデシャン氏。9時頃ホテルを出発し、ケンジントン・パークに続いて有名なハイド・パーク入口の表示を目にして、昨日通った市の中心に入っていく。初めて見るロンドンの街の第一印象は、東京に比べて狭いということ。大英帝国を誇りに思っている英国人にとっては耳障りかも知れないが。狭い上に車が警笛を鳴らしながら立て込んでくる。その中を名物の2階建てバスが走っていく。時には馬車も見かける。恐らく観光用かも知れないが。昨日通ったトラファルガー・スクエアを今日も窓から眺める。広場とはいえ繁華街の十字路に記念碑があって、いやに人だかりがしている。バスから降りてみたところで特別に見られるものはなさそうだ。ウエリントンの凱旋門も車窓から見たが、パリのナポレオンの凱旋門を模して造られたようなもので、ローマにもあったのを記憶している。

ナショナル・ギャラリーやウェストミンスター寺院も車窓から眺める程度だが、ウェストミンスター寺院だけは、中には入れなくとも、せめて写真くらいはの希望もあり、ドライバーの機転で写真に好いところで降ろしてくれた。幸い正面の時計塔と、それを背景に浩子の写真を大急ぎで写すことが出来た。しかし正面からでは二本の時計塔だけが前面に出て教会の建物がそれらに隠れてしまっている。その後バスで方向が変わると、ゴシック式の本堂の屋根が見えてくる。建物全体のボリュームがよく分かる。正面のみからでは想像されない。全容が捉えられる撮影が望ましいが、限られた時間ではやはり無理である。当寺院の地下霊廟には幾多の名士の霊が眠っているが、その霊域に訪れることなしに大英博物館へと赴く。

途中地図も見ていなかったのでどこをどのように通ったのか分からなかったが、まずは目の前に立ちはだかる巨大な石の殿堂に驚かされる。正面には古代イオニア式の石柱がズラリと並び、ギリシャ神殿やローマのパンテオンを想わせる。石柱の上の庇にはギリシャ風の彫刻が施されていて建物全体が堂々たる威風を放っている。中心部では屋根がドーム状になっていて、窓の壁面にも細やかな装飾が施されている。建物自体が博物館的な価値を有するものであり、一朝一夕にして建てられたものではない。

さて我々は解説のイヤホーンを持って中年の日本女性ガイドに従って中へと入っていく。既に創設250年の歴史を持ち、世界最大級のコレクションを持っていることで知れ渡っているが、昨年250年の記念事業に当たって、中庭部分にガラス張り天井の大ホールが建てられた。来館者はこのホールを通って旧館に行き着くわけで、外見の古めかしい建物とは裏腹に、大ホール内は、近代的な明るさに満ちている。最近世界的にテロの突発が懸念されており、荷物のチェックは厳重だがカメラ撮影は許されており、珍しい写真を撮ることが出来た。大ホールには古代エジプトの騎士と貴婦人の衣装が展示されているくらいで、これというものは置いていない。そこから隣接された旧館に入ったところがロゼッタ・ストーン、大きなホール状の展示室は次の3室とともに古代エジプトのもので満たされている。第2室にラムセス2世（エジプト王）の胸像が部屋の中程に置いてある。部屋の周囲の壁面には古代エジプトの歴史や生活を刻んだ絵巻彫刻が施されている。嘗て災害を避けてここ大英博物館に寄進されたもので、壁画彫刻の中でも潜水して魚を捕っている光景は、当時の潜水技術の有様が分かって、大変珍しくも貴重な彫刻とされている。ミイラのコーナーには、王族等の大小さまざまのミイラがあるが、犬や猫のミイラまであるとは驚きである。永遠の生命に対する家畜への思いやりが古代人にもあったのだなと改めて思いやられる。内部参観はせいぜいこの4室で終始する。館全部を見るとなると4～5日

ロンドン・テームズ川よりビッグベン

はかかるのではないか。ごく断片に過ぎない参観だが、ここの一角に足を留めたことだけでもラッキーと言えるであろう。

さてバッキンガム宮殿の衛兵交替時刻に間に合わせるべく、宮殿前までバスで行き、そこで下車する。さすが方々からの観光客の寄り集まるところなので、かなりの人で一杯だ。バッキンガム宮殿は周囲に緑を配した広い庭園を有し、ベルサイユ宮殿を想わせる格調高い建築美を放っている。中には入れないが、外観を見ただけで十分である。衛兵を見る場所は特に決められてはいないが、時々移動して最も見やすい場所に陣を構える。後方の樹木の陰にチラホラと赤いユニホームが覗いて見える。そのうち楽隊の準備練習の音が聞こえ始め、10人、20人とまとまりかけて、その一部は別の方に移動していった。残りの隊に後から20人、30人と加わり先頭の楽隊に足並みを合わせてやってくる。一頭の犬が先導の役割を演じながら、整然と行進してくる姿は、如何にも英国の伝統そのものと言えよう。黒の帽子と赤のユニホーム、黒のズボン、背景の緑ともよく調和している。急いでデジタルカメラビデオで撮影したが、ほんの僅かな時間で行進は過ぎて行ってしまった。こうした行事は、毎日繰り返し行われているのであろうか。宮廷のためというよりも、観光客のためにとでも言えそうだ。観光客こそ王様なのである。交替は終わり、車が動き出し、人も歩き始める。

晴間が出たり、黒雲が密集したり、とかくロンドンの空は変わりやすい。それでも雨に遭わぬだけでも幸いである。バッキンガム宮殿を辞して、再びウェストミンスター寺院の前を通り、テームズ川を渡って対岸に赴く。テームズ川を隔てて眺めるビッグベンと国会議事堂は余りにも有名な風物であり、珍しいものではないが、ロンドンに来れば是非このシーンを写真にしたい。これは、誰しも抱く情感であろう。自分もその一人に違いない。これもドライバーの好意で、十分時間をとって我々の撮影に時間を割いてくれた。大概のツアーならここで一発記念撮影となるところだが、今回のツアーでは、珍しくも一回も記念撮影はしない。各自、自分のカメラで自分達の写真を撮る。時にガイドさんや添乗員さんに手を借りることはあっても、押しつけがましい商売人による余計な撮影はない。参加者の中には、かなりの旅のベテランもおり、こんなところで今更記念撮影でもあるまいと思うだろうし、ズブのお上りさんである自分でさえも、強いて集団写真までは撮られたくはない。その代わりにビッグベン、国会議事堂、ウェストミンスター大聖堂の屋根等をテームズ川を前景にパノラマで写し、浩子の記念写真も撮る。現在我々が撮影している場所は、ウェストミンスター・ブリッジの東岸・ロンドン水族館の辺りで、ビッグベンなどの被写体は西の方向になる。これまで写真で見ていた同じ方向は、川の北岸から見た南方向になると思っていた。従ってテームズ川は向かって左が下流、右が上流と思っていたが、調べてみたらそれは逆になる。水源はバイブリーの辺りに端を発してかなり蛇行しながらリッチモンドよりロンドンの東南部を東方向に流れロチェスター付近で海に出る。ほぼ方向だけは掴むことが出来たようだ。

さて、目の前にはロンドン・アイの大観覧車が回っている。高さ１３５ｍで世界最大級とのこと。これに乗ればロンドン市内が一望されるが、テームズの景観とは何かチグハグな感がする。近くにはウォータールー・インターナショナル駅があり、ヨーロッパ各国の直通列車が発着しているが外見では分からない。テームズ川を隔てて北に目を向ければ、ハンガーフォード・ブリッジの彼方に、宮殿らしき立派な建物がある。恐らくコヴェント・ガーデン辺り（?）の建物ではないか。ロンドンには、ほかにロンドン塔をはじめ観るべきものが沢山ある。僅か2泊では到底無理であり、最初から期待していたわけではない。明日は、いよいよ帰国の途に就くので、午後は専ら市内で土産物あさりに費やさねばならない。バスは再びテームズ川を渡り、ウェストミンスター大聖堂を脇に見て、再びトラファルガー・スクエアから繁華街に入る。昼食はどこで摂ったか憶えはないが、添乗員の坂井さんの記録によれば「ＰＩＡＦ」というレストラン。昼食後は、初めて市内の目抜き通り、ピカデリー・サーカスやリージェント・ストリートの店頭を覗きながら散策する。むかし読んだヴァージニア・ウルフの名作『ダロウェイ夫人』にしばしば現れてくるこうした地名に触発されながら。小説『ダロウェイ夫人』はロンドンの中心街の24時間を通じて、夫人の心の中の意識の流れを描写した20世紀の名作である。しかし現実に見るここの景観はどこにもありうる車のラッシュである。ウルフの頃とは格段の違いであろう。赤い色の2階建てバスがどうやら昔の景観を保っているくらいだ。

ピカデリー・サーカスは緩やかに湾曲した街路に沿って建物も湾曲して造られている。リージェント・ストリートとの交差点、まさに繁華街の中心とでも言える。サーカスとはサークル、すなわち半円形の広場という意味からきている。三越はピカデリー・サーカスより多少戻ったリージェント・ストリートにある。同じ支店でもローマよりはずっと大きい。日本の英国との関係の旧さがその場で読み取れる。夕食までは自由行動ながら全くの単独か夫婦一組だけでは買物するには心許ない。スリについては各自気をつければよいが、実際ものを買う段階で店員との交渉をどのようにするか、やはり言葉の問題がある。結局単独の行動は出来ず、添乗員を頼るか、多少馴染みになった人達とグループで、ということになる。孫から頼まれた大事なみやげ。機関車のトーマス。発祥は英国なのだからそれが沢山置いてある店はどこか、と訊ねたら添乗員さんがすぐ教えてくれた。旅慣れた女性は店にも強い。三越からは幾らも離れていないが、似たような入口の多い町中では、頭上の看板目当てに探すより他にはない。待ち合わせ場所と時間を決めて、浩子と自分がそれぞれ別々に探して見付かったら待ち合わせ場所に戻り、何れかが戻ってくるまで待機している。人混みで互いに逸《はぐ》れてしまったらおしまいである。時間厳守でやれば逸れることは絶対にない。結果は自分が店を見出して浩子に知らせ、一緒に店に行きどのフロアーにあるか訪ねたら、2階だという。そこで2階に行ったがトーマスらしいものがない。また訊いたが、同じく2階という。偶然同じ店で物色している海外経験豊富な某氏に訪ねたら、それは3階とのこと。英国のみならずヨーロッパでは、我々日本人の1階が0階、同じく2階は1階、同じく3階は2階ということになる。考えてみれば、この方が合理的だ。グラフの縦座標Yが横座標Xと交差する点を0、上に1目盛でプラス1、下に1目盛でマイナス1、1階は上でも下でもないのでゼロ階。なるほどこれを基礎とした階数は慣れれば分かり易い。

　恥を忍んで訊ねたことが、思わぬ知識の収穫となった。おかげでトーマス君は日本方式の3階で見出すことが出来た。そこは流石にトーマスの本場らしく、数も種類も多い。孫の航太も居合わせたら、さぞ喜ぶだろう。それだけにセレクションは容易ではない。かく

ケンジントン・パレスパーク表門（故ダイアナ妃への哀悼）

して大きな買物は終わり、一応見るだけで王室御用達のハロッズ・デパートに寄り、雰囲気を味わう。それだけならただでも出来る。まだ店を冷やかして歩いてみるというご婦人方と、早くホテルに戻って休みたいという男性組のグループに分かれて、自分は一足早く、ホテルに戻る。ロンドンでは初めてのタクシーで、７～８人は乗れるミニバスといったもの。乗車前に行く先をはっきり言えば、あとはＯＫ、年配の信頼の持てる感じのドライバーで、安心出来た。英国では国家試験級の厳しい関門を通らないとタクシーのドライバーにはなれないとか。料金は降りてから払う。

浩子が戻るまで、まだ時間もあり、何もしないでは勿体ないので、近くのケンジントン・パークを散策する。ビル街に隣接する公園に一旦足を踏み入れると、そこは緑の楽園。花は少ないが、一面の芝生に覆われ樹木が適宜に配置されていて、涼風が公園内を吹き抜けていく。市の中心部にありながら、街の騒音一つとして聞こえてこない。少年達が芝生でサッカーに興じている。それが少しも邪魔にならぬだけのゆったりとしたスペースがある。奥行きは深く、ハイドパークにも続いている。公園の尽きる辺りに鉄柵の塀があり、その奥に赤煉瓦の宮殿らしき独立した建物が見えてくる。近寄ると、鉄柵の門には「ENTRANCE TO THE PALACE」の表示が掛けられ、それを取り巻くように、事故死にあった故ダイアナ元皇太子妃のポートレートの写真や飾り付け、手紙など、ところ狭しと飾られている。ロンドン市民のダイアナ妃に対する深い哀悼の気持ちが読み取れる。このケンジントン宮殿は３００余年の歴史を持ち、長らく王宮として使われており、嘗てはチャールズ皇太子と故ダイアナ妃も住んでいたことがある。故ダイアナ妃を慕う信奉者はなおも後を絶たないであろう。

公園から5階建てのホテル「ロイヤル・ガーデン」がよく見える。公園を出て途中官庁街を歩いていると、あるホテルから山高帽にモーニング、ステッキ姿の中年の紳士が出てきた。こうしたスタイルにお目見えしたのは、やっと二人目。35年前、父がロンドンを訪れた頃には、ざらに見られたというが、今日では英国でも珍しいスタイルとなってしまったのであろう。

ホテルの部屋に戻ってから、程なく浩子も帰ってくる。４階の部屋からは表の街路が見渡せるようになっており、向こう側のビルやバスの発着もよく分かる。街路はあまり広くはなく、街が谷底のように眺められる。旧い建物の中に新しく造り替えようと改築中の建物もあり、統一した美観は損われている。

さて、今宵は英国ツアー最後の晩餐とあって添乗員の機転で、コナン・ドイルの「シャーロック・ホームズ」パブレストランへと案内される。こんな機会など滅多にない。タクシーを仕立ててレストランへ直行。どの辺まで行ったのか皆目分からないが、テームズ川に近い辺りか。ごく狭い場所だが、その一角に「The SHERLOCK HOLMES」と黒地に金文字で書かれた表示のある瀟洒なレストランがそうだ。中に入ると、かなり混んでいる。予約はしてあったので、何とか座席は取れた。評判の店というよりも、19世紀からの常連客に親しまれている特別な店という印象が強い。エンジ色の分厚い緞帳やテーブルと椅子、オレンジ色の壁、赤味を帯びた暗褐色のカウンターなど、恐らくコナン・ドイルの好みの色をふんだんに使った部屋の雰囲気。壁にはドイルの肖像写真や好みの絵などが掛けられている。高級ホテルや貴族の館風なレストランとは異なる居酒屋的な雰囲気が漂っている。それもドイルの好みでもあったのかも知れない。それぞれメニューを持ち寄って注文する。とりわけサーモンのムニエルがうまかった。これが最後の会食でもあり、とにかく予定通り無事に旅してこられたことを改めて祝福する。自然にアルコールのメートルも上がってくる。

　レストランからホテルに戻り、いよいよ帰国するための荷物の整理のために大分時間を費やす。浩子は自分よりも早く床に就いたが、さてこれでよし、やれやれと思いながらベッドに入ろうとしたその時、けたたましくブザーが鳴り響く。一体何だ⁉　すぐ電話口に出たが、ツーツーと鳴っているだけで一向に通じない。ブザーはいつまでも鳴り止まない。異常を感じ、ブザーの音も気付かずに眠っている浩子を起こし、ドアを開けたら、他の泊まり客も廊下に飛び出ていた。ブザーは館内全部で鳴っている。何だ！　何だ！　パジャマ姿に素早く上着だけ引っかけてパスポートなど貴重品を身に着けて出られるようにする。そのうち、添乗員からの伝言で、火事らしいからすぐロビーに下りるようにとのこと。何といっても寝しなを襲ったとんだハプニング。寝入っていたらどんなことになっただろうか。廊下でホテルの従業員に会い、非常口から0階ロビーに駆け下りる。ロビーや玄関入口には、既に多数の宿泊客が来ており、玄関前には消防自動車が止まっている。その周りにも通りがかりの野次馬連が屯している。どこから出火したのだろうか。煙は全く見られない。上からツアー同行者が続々下りてくる。某氏は裸足でシャツ1枚だ。ホテルの客へのアナウンスや誘導など全く手薄なのには呆れた。せめて電話応答くらいはあってもよい。人だかりからの様子では、どうも誰かの悪戯か、ブザーの誤作動らしいという。小火でもないことは確かだ。そのうち、部屋に戻ってもよいとの指示がホテルから出される。原因はまだはっきり掴めていない。ツアー最後の晩に何たることか！　と一杯食わされた気持ちで部屋に戻ったが、浩子は眠れなかったようだ。自分も僅か一睡したに過ぎない。

翌朝になって添乗員の話では、インド人の宿泊客が、就寝前の祈りの習慣でお香を焚いてその煙でセンサーが作動したのだそうだ。あまりに完璧な安全装置が敏感に働き過ぎた結果でもある。こんなことがやっと今頃になって分かったのだろう。慌てて出ることもなかったのではないか。それも後で言えることである。センサーの作動で直ちに消防車が駆けつけたのは、やはり安全第一の英国らしいところではある。こんな思わぬハプニングが折角のロンドンの、そして今回の海外ツアーの印象を台無しにしてしまうのではやりきれない。笑話で済まされればそれに越したことはなかろうが。そのショックたるや、余りにも大きかったと言わざるを得ない。

[11] ロンドンより成田空港へ

長いようでも、後半に入ると瞬く間に時間が過ぎてしまった。いよいよ帰国の日となる。昨夜の騒ぎが同行の間での大きな話題となる。

ヒースロー空港に向けての出発は10時と予定されているので、その間、まだ見ていない浩子とケンジントン・パレスまで散策する。飾り付けのある門の前で写真を撮り、改めてダイアナ妃を追悼する。朝の公園は至って閑散。通勤前のウォーミングアップをしている人、犬の散歩をしている中年婦人。後は、ツアーの何組か。忙しい時間帯は日本と変わらないが、それでもどことなくイギリスらしい悠然とした雰囲気が漂っている。空はどんよりと曇っているが雨の心配はない。これでロンドンを去るのは惜しい限り、せめてもう一泊ならばロンドン塔くらいは見られたであろう。ロンドンならまたの機会もあるという楽観的な意見もある。インヴァネスとかエジンバラならともかくも、ロンドンならまだ行けると思うかも知れないが、片道航空路の12時間を賭してまで再び行けるだろうか。自分にとっては、これが最初で最後だと思う。

ヒースロー国際空港まで西に向かって約30分、空港内には多くの店やレストランもあり、

13時40分の出発までは十分時間もあり、土産のチョコレート、機内用のウイスキーなどを物色する。高級ブランド品なども揃っているが多少は高くなる。生粋のスコッチウイスキーはピトロッホリーの醸造所で買えば遥かに安かったが、まだ旅の始まりで買うような気分にはならなかった。いよいよこれが最後だと思うと不思議なもので、急に欲しくなるものだ。近頃はウイスキーは殆ど飲まないので、機内での嗜み程度にジョニクロのポケット瓶一本に留める。

テロ対策に乗客のチェックは厳しく、顔写真も撮られる。長い廊下を搭乗口までトレーラの便もある。帰路も同じく、ブリティッシュ・エアウェイズのBA005便（機種B747―400）シベリアコースだが、かなり北寄りを通るので、絶えず低い空に太陽を見て飛ぶのだから外界が暗くなることはない。それでも窓は閉め切って灯りまで消してしまうのは如何なものか。手元の灯下では本も読めない。相変わらずナビゲーションで気持ちを紛らわす以外にない。機内食は欠かさずに出る。空港で買ったジョニクロのポケット瓶は不覚にも手荷物収納棚に仕舞い込んでしまった。取り出すことも面倒なので、とうとう着くまで開けず仕舞いになってしまった。機上で一夜が明けてナビゲーションのシベリア大陸から離れて日本海に出た時はホッとした。これは一昨年の旅から毎年同じように経験してきたことである。帰路は偏西風に乗って成田までは11時間30分で到着する。新潟辺りから日本上空に入る頃、右手南西方向に異常に盛り上がった雲の塊が見えた。その時は殊更何も思わなかったが、帰宅してテレビのニュースで下越地方が猛烈集中豪雨に襲われていた時が、丁度機上から雲を見た時間と場所にほぼ一致していることに改めて驚かされた。

さて成田には無事に到着。降りたら途端にムウッとする空気が感じられた。暑い日本に戻ってきたのだ。ここでまたやれやれを連発しなければならない。冷房の利いた快速急行で新宿に降り立った時の目の眩むような猛暑。何とこの日は37度を記録していたのである！


〈後記〉

以上、長々と記してきた英国紀行、今になって顧みれば何と束の間である。思い出しても定かでないことが多いが、強いて記そうとすると忘れていたことが甦ってくる。記憶というものは不思議なものだ。再び旅行しているような気持ちになる。スコットランドからイングランドと、ブリテン島を北から南へと縦断したことになるが、想像していた以上に変化に富んだ充実した旅となった。

この紀行を記するに当たって、添乗員の坂井さんの記録をはじめ、ＪＴＢのポケットガイド「イギリス」及び、各見学場所で入手したガイドブックなどを参考とした。

（２００４・７・１〜13　記）

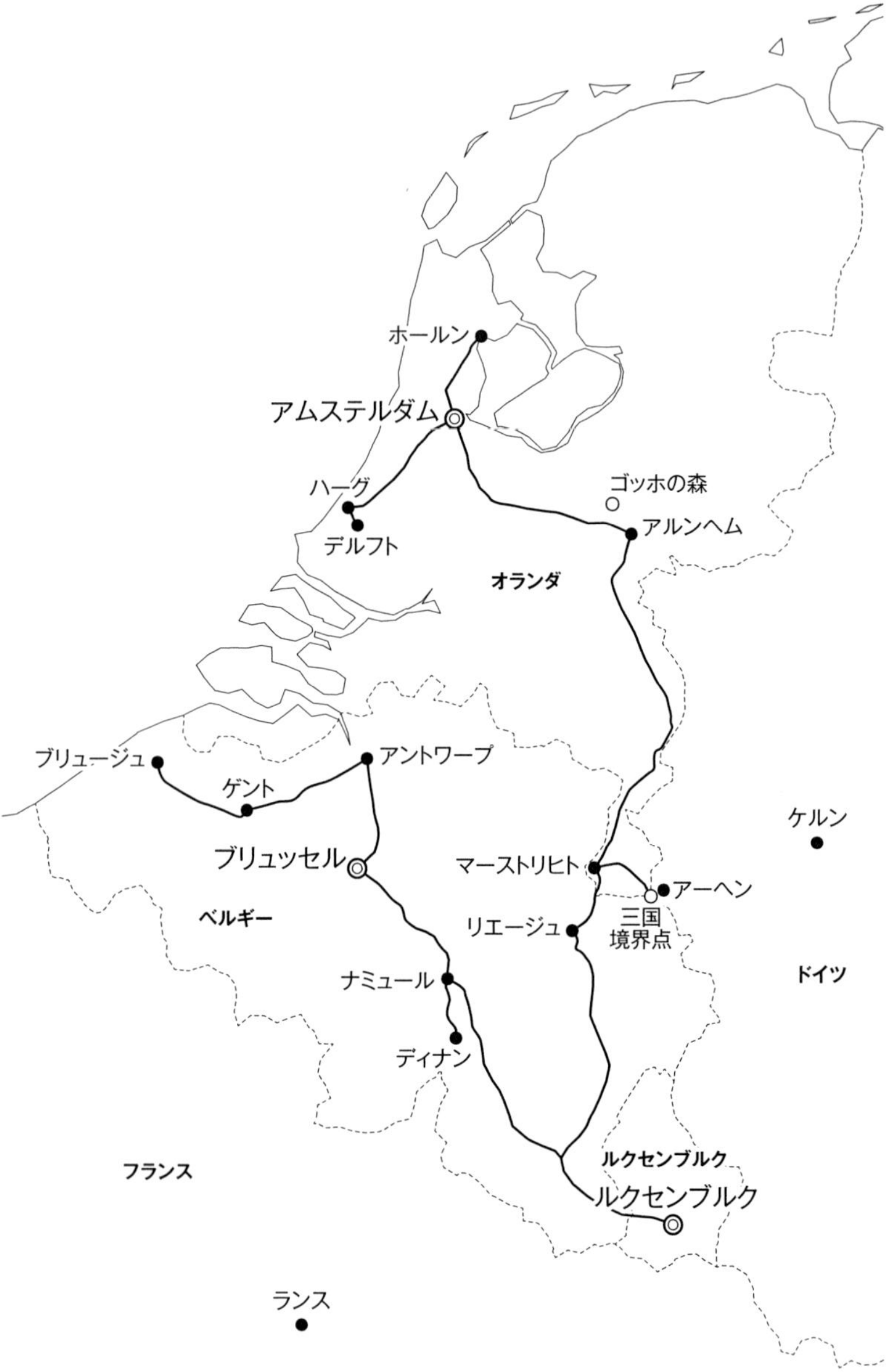
ホールン
アムステルダム
ゴッホの森
ハーグ
デルフト
アルンヘム
オランダ
ブリュージュ
アントワープ
ゲント
ケルン
ブリュッセル
マーストリヒト
アーヘン
三国
境界点
ベルギー
リエージュ
ナミュール
ドイツ
ディナン
ルクセンブルク
フランス
ルクセンブルク
ランス

ベネルクス三国紀行

第四編　ベネルクス三国紀行

ベネルクス三国紀行コース概略（ベルギー、ルクセンブルク、ネーデルランドの順）（2005・5・11～23）

5／11　午前：成田空港発（8：10）スイス航空にてチューリッヒ・クローテン空港着（15：55現地時間）同空港発（17：35）スイス航空にてブリュッセル着（18：55）バスにてブリュージュへ
ホテル：クラウンプラザ泊

5／12　午前：ブリュージュ観光：ブルグ広場、マルクト広場、ノートルダム（聖母マリア）教会、運河クルーズ、ベギン会修道院
午後：鐘楼展望台、救世主大聖堂、マルクト広場、ブルグ広場の夜景
ホテル：前日同様

5／13　午前：ブリュージュよりゲントへ：聖バーフ大聖堂、ギルドハウス、フランドル伯の城
午後：アントワープ観光：ステーン城、マルクト広場、ノートルダム大聖堂
ブリュッセルへ　ホテル：メトロポール泊

5／14　午前：ブリュッセル観光：サンカントネール公園内の軍事博物館、独立75周年記念門、王立美術館、市内繁華街、小便小僧の像、グランプラス
午後：グランプラス、イロ・サクレ地区（食べ物横町）付近
ホテル：前日同様

5／15　午前：ブリュッセルよりナミュールへ：モダーヴ城
午後：ヴェーヴ城、ディナン：ロープウェイにて山上要塞より展望、ナミュール：シャンポーの丘より展望、
古城ホテル：シャトー・ド・ナミュール泊

5／16　午前：ナミュールよりアルデンヌ地方を経てルクセンブルクへ
午後：ルクセンブルク観光：憲法広場、ノートルダム大聖堂、大公宮殿、聖ミハエル教会、ポックの砲台、ギョーム広場　オランダ最南端のマーストリヒトへ
ホテル：クラウンプラザ泊

5／17　午前：マーストリヒト観光：聖ピーターズベルグの洞窟、ペストハウスと地獄門、聖母マリア教会、フライトホフ広場、マース川周辺
午後：ベルギー、ドイツとの三国国境・ドリーランデンプント往復、マーストリヒト駅、聖セルファース教会付近
ホテル：前日同様

5／18　午前：マーストリヒトからアーネム郊外へ
デ・ホーへ・フェルウェ国立公園
午後：同公園内のクレラー・ミュラー美術館、セントフベルトウスの狩猟の館
ホテル：クレイン・スイッツァーランド泊

5／19　午前：アムステルダムへ
アムステルダム観光：運河クルーズ、ホテル・オークラにて昼食

午後：国立博物館、アンネ・フランクの家、ダム広場、音楽の名門アムステルダム・コンツェルト・ゲボウを下見
ホテル：NHホテル・アムステルダムセンター泊

5／20
午前：アムステルダムよりキューケンホフ公園へ、キューケンホフ公園散策
午後：デルフト工房、デン・ハーグ、ビネンホフ、マウリッツハイス美術館
ホテルで夕食後、アムステルダム・コンツェルト・ゲボウにてコンサート鑑賞
ホテル：前日同様

5／21
午前：ザーンセスカンスの風車観光へ、ホールン〜メーデンブリック間のミニSL列車に乗車
午後：アムステルダムに戻り、シンゲルの花市、市街散策
ホテル：前日同様

5／22
午前：ホテル出発（6：30）アムステルダム・スキポール空港へ、同空港発（9：35）スイス航空でチューリッヒ・クローテン空港着
午後：（11：05）、チューリッヒ発（13：05現地時間）で成田へ

5／23
午前：成田着（7：55日本時間）

【1】ブリュージュ、ゲント、アントワープ、ブリュッセル

ヨーロッパ旅行もこれで4度目、今年は行けるかどうか、阪急さんの案内が来ても、すぐには気乗りせず、とにかく申し込みだけはしておいた方が、といった気持ちで、いよいよ出発が明日に迫るまではキャンセルの危機にも直面した。身体の不調はさて置き、いろいろな精神的な不調が浩子にも付きまとい、すっきりした気分にはなれなかった。しかし来年はどうなるか分からない。海外旅行もこれが最後かも知れない、やはり一旦決めたことなのだからキャンセル料（5割）まで払って思い止まる理由がどこにあるだろうか。

ギリギリの時点で踏ん切りをつけて、手荷物持参で家を後にした時は、きれいさっぱりホッとした気持ちになった。出発までの戸惑いはどんな旅にも多かれ少なかれ付きまとうものだが、一旦家を後にすればペースはこちらのもの、不快な戸惑いは自然に解消されていく。

11日は成田エクスプレスで定時通り空港第2ビルに到着。阪急ロイヤルの窓口に行くと、ピンシャンした若々しい添乗員が笑顔で迎えてくれる。最初から帰国の最後まで面倒をみてくれる池沢さん。一見しただけで楽しくなるような彼女の振る舞いにホッとしたものが

感じられた。

今回のツアー、一行は全13名、殆どは老齢者で、夫婦カップルは6組、他に中年の男性1名で、昨年のイギリスと大差はない。行く先はベネルクス3国、これも耳慣れない名称だがベルギー、ネーデルランド（現在のオランダ）、ルクセンブルクの頭文字をとってくっつけたに過ぎない。日本では、一般にオランダと言っているが、当地では、ネーデルランドと称されている。一口にヨーロッパと言えば、フランスとかドイツとかといった大国中心になりがちだが、これら大国に挟まれた小国（地理的に見てもヨーロッパの中心に位置する）でありながら歴史的文化的にも複雑で奥行きの深さが予想される。

チューリッヒでの航空の乗り継ぎは同じくスイス航空の小型機。多少雲はあっても天気良く、高度を上げると、眼下にボーデン湖らしき細長い大きな湖水がよく見え、後方に目を移せば雲の上にアルプス連山が連なっている。そのうち一段と抜きん出て天を突く鋭峰を目にした。恐らくマッターホルンではなかろうか。山岳の規模と隔たりにおいて、あたかも上信国境から槍ケ岳を眺めるような感覚である。チューリッヒまで来ておりながら今回も見送らざるを得ないのは心残りである。アルプスは更に西に連なり、雪を冠したボリュームのある山はモンブランか。一度はアルプス山中でそれらの壮観に接したいものだが。下界は既に緑のじゅうたん、束の間のアルプスはますます遠ざかり、なだらかな起伏の彼方には水平線が午後の光でキラキラ輝いている。これから訪れるフランドルの仄かな香りが漂ってくるようだ。
　最初足を踏み入れたブリュッセル空港。長時間の飛行を終えてやれやれといった気分になる。昨年スコットランドのインヴァネスで降り立った時の気持ちである。専用バスで最初の宿泊地・ブリュージュまでは1時間余り、時差からくる睡眠不足が多少祟ってくる。空港を離れると坦々たる平地となるが、楡やポプラの並木なども目に入り北海道に似た風景となる。ブリュージュ(注7)に入る頃から運河や水門が現れ、まだ新緑浅い明るい背景にそれらがよくマッチしてそのまま絵になるといった情景だ。ブリュージュはベルギーでもかなりフランスに近く、北海へも僅かの距離、第一印象として、旧様式の建物はどれもが明るく感じられた。まだまだ明るい時間、夕食は機内で摂ったので、あとは寝るだけ。ホテル「クラウン・プラザ」は街の中心マルクト広場の隣のブルグ広場に面したところ。見るべきものは殆ど徒歩で回れるので、次の日に控えて、ベッドに潜り込む。夜中まで明るいせいか、戸外の若者達の声が騒がしく、時々睡眠が妨げられる。

　翌日（12日）は素晴らしい好天。今頃のベルギーは天気が変わりやすく、傘は必需品だそうだが、雨の不安など一遍に吹き飛んでしまった。空気はひんやりしていて、大変快適。ホテルの真ん前が「ブルグ広場」、左手に鮮やかなゴシック様式の市庁舎、その右手に鮮血礼拝堂、左手奥に古文書館、マルクト広場へと通じる小路の脇に高さ88ｍの鐘楼が見え

ブリュージュ・運河風景

る。何しろ目白押しに旧き文化遺産が建ち並んでいる。屋根のないギャラリーと言われているほど街全体が建築美の粋を提供している。市庁舎は15世紀のブリュージュの繁栄を物語っており、内部は見ずとも、外観だけで十分推測される。鮮血礼拝堂は、フランドル伯が持ち帰ったというキリストの本当の血が祀ってあり、丁度それを拝受出来るご開帳に当たっていた。本当の血かどうかは分からないが、どこかお呪《まじな》いめいたものに感じられた。

ブルグ広場から裏手の運河に出ると、大きな魚市場に出くわす。こうした風景は思いも寄らなかったが、もとは湊町で栄えたところだけあって当然であろう。振り返って眺められる赤煉瓦の建物の美しさは絶品である。橋を渡り、運河沿いに行く途中で、偶然NHK撮影スタッフ数名と顔を会わせる。6月にN

HKのBSで放映する予定という。運河沿いのダイバー通りを行くと、ボビンレースの店「ロココ」に行き当たる。中に入って緻密極まりない手作りの工程に見惚れる。2階の出窓にある動く人形の後ろ姿が、余りにも生きた人間に似ていて、最初見た時はびっくりした。

運河と旧い煉瓦建てとがよくマッチしていて一幅の絵画となる。白鳥の姿も随所に見かける。鐘楼の周辺をグルリと歩いてマルクト広場に出る。マルクトとはマーケットの意で、主としてドイツ語圏に数多くある。ベネルクスも、北欧にもある街の広場の共通語であり、人の集まる中心街でもある。ここにあるものは、西フランドル州庁舎、鐘楼、郵便局、レストラン等、州庁舎は市庁舎と同じゴシック様式で大変美しいが、外見はあまり変わらず柱の数で市庁舎と区別出来るくらいである。

ノートルダム教会（＝聖母マリア教会）へはマルクト広場から徒歩10分程。高さ122mある塔は運河の随所から眺められ、街の美観に一役かっている。近くに最も旧いとされている教会付属の聖ヨハネ病院、その続きのメムリンク美術館など中世そのままの姿の建物群の美しさは、さすが文豪ビクトル・ユーゴーがヨーロッパで最も美しいと激賞しただけのものがある。マリア教会は13～15世紀に建てられたロマネスク様式、天井は高く、明り採りの窓によってソフトなムードが漂っている。ミケランジェロの聖母子像が置かれており、また願いの叶うマリア像も見どころ。何と言ってもステンドグラスの美しさは格別だ。

　聖ヨハネ病院の傍の橋のたもとが運河クルーズの出発点で、一時間足らずながら、緑に恵まれた街の様子を船から楽しむことが出来た。最も旧いギルドハウスで4階建ての木造の古びた館が目にとまった。火災防止のために、木造は昔から禁止されていたが、たまま残されている大変珍しい建物だそうだ。蔦の絡まった旧い石橋の下を潜り抜けると、水は澄んで青く、傍らには白鳥の姿も見られるようになる。この眺めは、正しく絵画そのものと言えよう。同じ運河クルーズでもヴェネツィアとは随分異なるものであると思った。

　クルーズを終えて、世界文化遺産となっているベギン会修道院を訪れる。緑に囲まれた敷地内に白壁3階建ての均整のとれた建物。大学のキャンパスを想わせる。ここは、映画「尼僧物語」の舞台となったことで知られている。清楚な尼僧達が構内を行き来している。構内を一瞥しただけで裏手に出ると、中世の美観を存分に添えている修道院の煉瓦のゲートが殊更美しく、運河沿いに広がった「愛の湖公園」の緑とあいまって落ち着いた雰囲気に満たされている。この辺りは、中世には港だったが、それを水門で仕切って湖にしたそうだ。

　ベルギーの名物は何か？　というと、まずはチョコレート、それを造っている工場があるので見学する。試食もさせてもらう。どろどろに仕込んだ原液を型にはめ込んで冷やして固めると仕上がり。ごく薄く板状にしたものもある。滑らかで口当たりが大変良い。

ブリュージュの家並・鐘楼から

近くの「ビバルディ・レストラン」で昼食。再びマルクト広場に戻り、そこからは自由行動。まずは、鐘楼、エレベーターはなく、徒歩で366段の螺旋階段を上っていく。こんなところで尻込みしては損だ。5ユーロ払ってでも展望を楽しみたい。階段が狭いのでしばらく待たされたが、上り始めれば何とか行ける。浩子もがんばって上る。途中に3か所休憩所があり、鐘楼の構造が分かるようになっている。風の音がしきりとする。遂に展望台に到着。ブリュージュ市は一望のもと、北海までも見渡せる。風が強いので、展望写真を撮るのに四苦八苦する。全体を見渡しても家々の美しさは格別だ。オレンジや黄褐色を基調とした切妻型の屋根はメルヘンの世界を繰り広げる。その中に所々に教会の尖塔がそそり立ち、なかんずくノートルダム教会と救世主大聖堂の塔が目立つ。眼下にはマルクト広場、とブルグ広場の一角が見え、市庁舎と州庁舎があまりにも壮麗だ。だいぶ隔たった所の緑は「愛の湖公園」か。こうして見ると、ブリュージュも結構広く感じられた。フリー・タイムではブリュージュ最古の教会・救世主大聖堂を垣間見る。ゴシック様式のどっしりとした外観、ステンドグラスは、精細を極め、キリストの弟子達の物語が描かれている。パイプオルガンも古い様式。柱廊は二重に造られており重量感に満たされている。

夕食はベギン会修道院近くのレストラン「ラ・ペンテリエーレ」にて。まだ十分に明るく、土産物なども物色したような憶えもあるが、せいぜい絵葉書くらいしか記憶にはない。浩子は、テーブル掛けをどこかの店で選び、多少寸法には満たなかったが、模様が良かったので我が家の食卓にと1枚買ったように記憶している。果たしてブリュージュでだったろうか。

ホテルに戻り、明日の移動に備えて、早く床に就く。広場の周囲の建物がライトアップされるのをぜひ写しておきたかったので、ソッと自分だけベッドから起きて、外に出てみる。市庁舎、州庁舎、鐘楼等がオレンジ色のライトをあびて、その趣きはメルヘンの世界にでも迷い込んでしまったかのような感に打たれた。辺りはまだ薄明るく、澄んだ空の色が実に美しい。マルクト広場の他の建物も黒いシルエットを描いており、まさに版画の世界を出現している。美しきかなブリュージュの夜、三脚を立てて撮影に取り組んでいる人も見かけられた。明日は、ここを離れることになる。

昨日は一点の雲もない快晴だったが、今日(13日)は雲も出て、変化の兆しが現れる。「クラウンプラザ」の前で最後の記念撮影。9時にホテル前を専用バスで出発。ドライバーは年配の紳士アンドレさん。それでも元気いっぱい、ウォーミングアップして見せてくれる。これから約1週間バスと一緒のお付き合いである。

フランドル州を西から東へ、古都ゲントへと向かう。ゲント[注8]は旧くから毛織物業と貿易で栄えた都、園芸も盛んで花の市も有名、日本の金沢市と姉妹都市。ブリュージュを出ると、しばらくは市を取り巻く運河沿いに行き、水路の塞き止め口に水車と小さな城を目にする。あとは坦々たる道を47㎞、約1時間で街の中心部に入る。降りたところは、新市街の路面電車の乗場、整然とした街並だ。そこから旧市街の方へと徒歩で行く。

橋を渡り、路面電車の道に沿っていくと旧市街に入り、行く手に教会と塔が見えてくる。くすんだような旧い建物が左右に迫り、古色蒼然とした様相、ブリュージュのような明るさはない。それだけ歴史的には旧く、ワーテルローの発祥の地であり、また神聖ローマ皇帝・カール5世の生誕の地でもある。街中をスヘルデ川とレイエ川とが交差し、他にも小さな運河が市内を流れている。行く手の背が高くやや白味を帯びた教会とすぐ後にある鐘楼とが重なって一つになって見える。またその奥にも別の塔が見えるというように、塔が多いので、歩いていくうちに見間違ってしまうほどだ。

まず最初に目にした聖バーフ大聖堂に入る。聖堂の天井の高さは33mにも及ぶゴシック様式、1274年に400年がかりで造られた。1700年代には会衆が多かったので説教台は一段と高くなっている。石柱は高く壮麗な感、全体としては素朴だがパイプオルガンなど威厳を放っている。大きな見ものは、ルーベンスの絵が数点飾られている。エイク兄弟の音開きのフランドル絵画）をはじめ、ファン・エイク兄弟作の「神秘の小羊」（観絵は、兄と弟では描き方が異なる。特に人物の表情に違いがあるという。エイク兄弟の共通した理念は、キリスト教の教義ではなく、全ての人が神の子として生まれてきたというところにある。絵にはその信念がよく表現されているそうだ。ガイドは若い日本人で、フランドルで流行しているブルーのラッパズボンをはいていて、外見は如何にもイカレポンチのような風采に見えるが、ゲントの街や教会の歴史的な由来、「神秘の小羊」の内容につき、その実に詳細を極めた解説（到底記録不可能）には脱帽せざるを得なかった。知識自体が完全に身に着いている証拠なのだなと思った。大聖堂を出て、コーレンマルクト広場から振り向くと鐘楼が天を衝いて聳えている。高さ91mあるそうだ。街中を行くと右手にレイエ川が流れており、それに沿って16世紀頃のギルドハウスが軒並み残されており、最も旧い石造りのものもある。肉屋のギルドハウスも当時のままで、中に入ると木造の天井から腸詰めに入った生ハムが数多くぶら下がっていた。ギルドハウスはなおも使われているものもあって、車の出入り等で活気づいている。昔の取り引きの場面が目の当たりに見えるような雰囲気である。

ギルド街を通り抜けフランドル伯の城（現在博物館）の前で路面電車を待つ。城は石造りの古城で堂々としている。10分程してやって来た路面電車には、Moscow 行と表示されている。まさかモスクワでもあるまい。地名にはいろいろと連想させられるものがある。乗車して10分程市内を半周して、新市街の元の乗場に戻る。

ここからアントワープへ。北を目指して約57㎞、1時間20分程。かなりオランダに近く、スヘルデ川が北海に注ぎ込む河口に面したベルギー第2の都市だ。湊町であり世界最大のダイヤモンドの町として16世紀以来繁栄を極めていた。そのためか経済的に裕福な人が多く、文化的にも水準が高い。絵画は勿論、音楽史上、イタリアと比肩しうるフランドル楽派の頂点を築いている。一方、ニューヨークに次いで正統的なユダヤ人が多く、彼らはダイヤモンドの取り引きに関わっているという。

バスから降りたところは、スヘルデ川沿いの駐車場。一見殺風景な船からの荷物の集積場を通り過ぎて川沿いに行くと、左手に白亜の城らしきものが見えてくる。ステーン城といわれ、おとぎの城といった感じだが、現在は海洋博物館。中世には要塞として利用されていたそうだ。その近くの「デ・ピールデスタール」にて昼食。デザートのルーベンス・アイスクリームが珍品。

アントワープのステーン城

マルクト広場周辺には、軒並みに4〜5階建ての煉瓦や石造り、どれもが旧いゴシック様式で、殆どがギルドハウスとなっている。中世の肉屋のギルドハウスでは肉の解体から販売まで同じハウス内で行われていたという。丈の高いブラバン・ゴシック様式の建物の間を通り抜けると、三角形をしたマルクト広場(注9)に出る。そこは市の中心で、市庁舎はじめ、ノートルダム大聖堂、ギルドハウスなどに囲まれ、中央にはブラボー青年の像が立っている。昔、古代ローマの兵士・ブラボーという名の青年が、スヘルト川の巨人の手（ANT）を切り取って投げ捨てた（WERPEN）という伝説が、アントウェルペン、即ちアントワープの由来となったそうだ。4階建ての市庁舎は窓ごとに色とりどりの旗に飾られており、華やかだが、他のギルドハウスはどれもがくすんだ暗褐色か暗灰色をしたいかつい4～5階建ての石造りである。古めかしさに圧倒的な威厳を放っている。フランダース様式の十字窓が使われ、1500～1600年代のものと思われ、歪みをなくすために、建物間のスキ間はなく、階と階との間には楔が打たれている。

さて最後に最大の建造物・ノートルダム大聖堂の中に入る。巨大なゴシック様式で、天井が無類に高く（27ｍ）、全体として明るく、柱が大変多い七柱廊、ヨーロッパで最大の幅（17ｍ）、鐘塔の高さは123ｍに達する。1352年に建築が始まり、完成は約200年後。堂内にはルーベンスの作品「キリスト昇架」「キリスト降架」「聖母被昇天」「キリスト復活」等が掲げられており、あたかも大画廊と言いたい。また大オルガンは壮麗極まりない。恐らくここのオルガンでフランドル楽派のスウェーリンクやオケゲム、ほかに大バッハやヘンデルなどの曲にでも接する幸運が得られれば、申し分はないであろう。

この聖堂を有名にしたことに『フランダースの犬』の物語がある。ネロ少年が感動していたルーベンスの絵があることがその発端だが。この物語は、日本では普及しているが、ここアントワープではあまり知られていない。どこの馬の骨かといった有様だそうだ。物語の本拠はここから少し離れたホーボーケンという村で、ネロとパトラーシュの住んでいた所。観光局の前に犬の銅像が造られたそうだ。

ノートルダム大聖堂を後にしてバスに戻り、一路ブリュッセルへ。約51㎞、1時間30分の行程だが、ベルギーの首都に入ると、車も混んでくる。多少の交通渋滞に巻き込まれるが、ほぼ予定通りにホテル「メトロポール」に着く。ブリュッセルは人口約100万、現在EUの中心地として国際的役割を担っている。オランダ語とフランス語が併用して使われている。

「メトロポール」は街の中心にある最も旧い5ツ星ホテル、アールヌーヴォー様式のロビーや食堂には豪華なシャンデリアやステンドグラスなどあって、宮殿を思わせる。まず部屋に行くのにエレベーターを使うが、ドアは手動。堅牢な造りだが蛇腹《じゃばら》式のカーテン風のドアは重く、開け閉めに一苦労、下手すると指を挟まれそうになる。

特産ムール貝の料理で有名なレストランにて夕食。人の集まるグランプラスを通り、食べ物横丁のイロ・サクレ地区に入ると、露天レストランで一杯だ。最も日の長い今頃のヨーロッパでは、どこに行っても露天のテーブルでビールを楽しんでいる風情が見られるが、ここは路地一杯に足の踏み場もないくらいに人で溢れている。

ブリュッセルの小便小僧と言えば昔から有名だが、それとは別に小便少女(ジャンケネ・ピス)というのがある。イロ・サクレの途中の壁面に小さな黒い像が鉄格子のなかに納められている。そのリアルな姿、花束が一束置いてあるだけで、誰も見向きもしない。そんなのがあることさえも気付かない。盗難防止のための鉄格子が鉄の牢屋に似て、誠に不遇な存在だ。

さて、レストラン「ラ・ムール・サクレ」では、白ワイン蒸しのムール貝が山のように出た上に、えびのコロッケ、フライドポテトなどで腹一杯になる。海外の旅も3日目を過ぎれば、全く自分のペースになるもので、「メトロポール」の一夜もよく眠ることが出来、疲れも日々に解消していった。

翌14日はブリュッセルを終日観光。天気も薄曇りながら安定していて頗る快適。午前中は、山の手の王宮、最高裁判所、政府官公庁街やEUの本部機関の辺りをバスで一巡、世界各国の車とその標識が随所に見られる。この辺はほぼ新しいビルが多く、整然とした街角に街路樹が美しい。市内から隔たっているサン・カントネール公園入口近くに王立軍事歴史博物館がある。18世紀より第二次世界大戦に至るまでの武器、軍服、甲鎧、軍用機80種が陳列されている。軍用機には、ミグ、カーチス、グラマン、メッサーシュミットはあっても日本の隼、ゼロ戦は見かけない。搭乗気分を味わうために、順番待ちで狭い操縦席に搭乗。そのところを記念にパチリ。こんな狭苦しい操縦席で敵機と闘うのだから想像に絶する。ベルギーは英、仏、独の大国に挟まれた小国。始終周りからの圧力を受け、神聖ローマ帝国やフランク王国などそれぞれの時代の影響を受けた苦渋の歴史が刻み込まれている。その歴史の縮図ともいうべきものが、この博物館に詰まっている。限られた時間では所々割愛して見るほかにない。一旦屋外に出て、爽やかな外気を存分に吸う。堂々たるアーチ状の石門、１９０５年にベルギー独立50周年を記念して建てられた門で、パリの凱旋門を模しての作だが、この方が立派そうだ。パリの門はまだ見ていないが。少なくともベルリンのブランデンブルク門よりは立派である。周囲は美しい並木のあるサンカントネール公園（独立50周年記念としてレオポルド2世によって造られた）。門の前後は大きな広場となっていて、下に地下の自動車道路が走っている。門を左右の端まで入れて写真を撮るにはパノラマにしないと入らない。

今日の最大の見ものは、ベルギー王立美術館所蔵の巨匠の作品だ。記念門の隣にある王立美術歴史博物館とは区別して、やや離れた王宮のあるロワイヤル広場に面した所にある。15世紀にブリュージュからブリュッセルに宮廷が移動したことによりここが文化の中心となり、もとより市立美術館の所にフランス占領時、ナポレオンの政策でルーブル美術館の分館として再建されたとされている。この辺は、市庁舎などがある繁華街とは鉄道線路を隔てて離れており、公園などもあって最高級地域と言えよう。また美術館の多いのにも驚きである。王宮は19世紀に建てられ、後にレオポルド2世がルイ16世風に改装、現在は迎賓館として使用されているそうだ。

さて、一行は王立美術館に入館。天井がガラス張りで明るい。ガイドさんの説明を聞きながら主要な作品、このうち、二、三点カメラを向ける。

★ハンス・メムリンク「男性肖像画」、「聖セバスチャンの殉教」

★ジェローム・アーケン・ボッシュ「聖アントニウスの誘惑」

★ジョアキム・パティニル「聖ジョンが洗礼の説教をしている光景」1524年　一応宗教画をテーマとしていながら、人物よりも背景の自然描写に傑出したものがあり風景画の草分けとされている
★ピーター・ブリューゲル「イカルスの失墜」「堕落天使」「ベツレヘムの戸籍調査」スペインのフィリップ2世の重税にあえぐ農民の姿を描いたもの。徴税の館に、ハプスブルク家の紋章が描かれているが、当時としては大変危険なことである
★ピーター・ポール・ルーベンス「リーヴェンの殉教」他
★ハーメンツ・ヴァン・ライン・レンブラント

実際目にした絵画はごく僅かに過ぎない。サーッと一瞥したに過ぎない展示室もあり、丹念に見ていったら10日はかかるだろう。せいぜい所蔵作品案内で見直してみたいほど。

美術館を後にして、グランプラスへ。昨日は「小便少女」を見たが、今日は待望の「小便小僧」のジュリアン君に会える！　昔、幼少の頃、「マネケンピース」の名前（これが本名）で小便小僧の像が描かれた絵本を見たことがあった。絵本には大きく等身大ほどに描かれていた。期待感を抱きながら、人出の多い横丁に入り、店のショウウインドーを見ながら歩いているうちに、これが「小便小僧」のジュリアン君です、とガイドさんの声。どこにあるのかと辺りを見回したら、何と小さい黒いものがチョコリと街角の石垣を背に立っている。なんだこれは、と言って通り過ぎていく者もいる。このジュリアン君が国の

グランプラス

守護神とも言われている由来は、ベルギー本国でよく知られている。それにしても期待は裏切られた。ガイドさんいわく「ヨーロッパの三大ガッカリ」は、ライン川のローレライ、コペンハーゲンの人魚の像、それにこの小便小僧。何れも期待外れということからきている。ちょっとした物語や小説などで、その知名度だけが独り歩きして有名になったものは、まずガッカリとみるべきであろう。

グランプラスに戻ると、丁度結婚式を終えて市庁舎の前で記念撮影しているカップルが目に入った。見ると若くない中年のカップルで、これもガッカリ。ここグランプラスはブリュッセルの中心で最も賑わうところ。周囲は壮麗な建物に取り囲まれ、空が曇っていると東西南北が分からなくなる。広場の南側一角に英雄セルクラースの像がある。触ると幸せになると言われている。世界文化遺産にも登録され、既にビクトル・ユーゴーが「世界一美しい広場」と称したその周りには、高い尖塔のある市庁舎と王の家（現在市立博物館）、ブラバン公の館とギルドハウスとがそれぞれ相対峙して建っていて、ブラバン公の館と市庁舎との間にはビール博物館がある。市庁舎はブリュージュのそれに似たネオゴシック式の造りだが、谷間のようなグランプラスからはその尖塔までカメラでは捉えにくい。広場では花の市もやっており、家族連れののどかな雰囲気が漂っている。昼食は、「オラサ・デ・ペキン」という中華料理店。いろいろのメニューを選り取り見取り、久し振りの米食に満足させられた。

午後は自由時間、その間、特に何かを見に行ったり、聴きに行ったりしたような記憶はない。ベルギーの土産物を買っていくにはここが最後となるので専らそれらを物色する。再びグランプラスに出向き、添乗員の池沢さんの案内によりチョコレート店で幾つか買い求める。幸いホテル「メトロポール」は、グランプラスまで15分くらいの至極便利の良い所。そこへの途中にも堂々たる白亜の殿堂もどきの証券取引場があり、道に迷った時にはよい目標になる。旅の最後の宿泊となるアムステルダムにて名門オーケストラ・アムステルダム・コンツェルト・ゲボウ演奏会のチケットも池沢さんに手配してもらったお礼に、「メトロポール」のロビーで直売しているチョコレートを家内がプレゼントしてホテルの喫茶室でしばらく彼女と語り合う。茶目っ気たっぷりの池沢さんだが、これまでいろいろと経験を積んできた裏話なども聞かせてもらう。添乗員としてどんなに苦しいことがあっても、いつも笑顔で客と接する。それをモットーとしてやってきた。特別な場合を除いて、まず自分が旅を楽しむこと、そうでなければ客にも楽しんでもらえない。しかも気配りはいつも絶やさない。無条件に客に楽しんでもらうというのが彼女のプリンシプルなのだ。海外ツアーの楽しさも、まさしく添乗員次第ということになる。「メトロポール」のチョコレートは、日本ではまず手に入らぬ貴重なもので、質的にはゴディバを凌ぐものだそうだ。

さて、話しているうちに時間は経つもの。池沢さん提案の聖ミシェル大聖堂に希望者があればバスでということだったが、ほかに希望者がなく、取り止めとなった。夕食レストラン、これも希望者ということで、「Vieux Brusels」のアスパラガス料理が有名とのこと。これには全員希望。やはり食い気が先行する。

「Vieux Brusels」へは「ギャラリー・サンチュベール・アーケード」を通っていく。白アスパラガスのフランドル料理などでボリュームたっぷり、うまかったが、途中で注文の数が合わないなど文句が出て、店の方では間違っていないなどと言い、引っ込みがつかなかったところ、池沢さんが店員にうまく取り成したら不足の分を持ってきてくれた。これも添乗員の功績である。帰りの道筋、池沢さんがキャンデーに似た妙な味のするしゃぶり菓子をくれた。ベルギーにあるドロッペというもので、小便小僧の形をした黒くて甘いような苦いような変わった味がする。うまいものではないが、何かの薬として昔から愛用されているものだそうだ。

（注7）ブリュージュ　西フランドルの州都。ブルッへ（橋）を語源。50の橋があることから付けられた。北のヴェネツィアとも称せられる。

（注8）ゲント　東フランドルの州都。地図によれば、ヘントまたはド・ガンと記されている。ガンタ（川と川との出会い）を語源とする。

（注9）マルクト　広場といえば地域に四角形が多いが、元フランク王国であったドイツでは三角形。嘗てその支配下にあったアントワープでは三角形になっている。

[2] ワロン地方、ナミュール、ルクセンブルク

ブリュージュとブリュッセルでそれぞれ2泊したのち、ツアーもいよいよ中盤に入る。ブリュッセルについては、ほんの表面を見たに過ぎず、数多い博物館などまだまだ観るべきもの知るべき事柄は多く残されているが、今日（15日）は主要都市を離れて、ベルギーも内陸ワロン地方に入っていく。一帯はブナの樹木が多いアルデンヌの森と言われ、明るい高原状の緑豊かな所であり、歴史上の興亡の舞台として古城の数も多く、至って興味深い地域である。

ブリュッセルを9時には出発、目的地であるナミュールまでの途中、モダーヴ城、ヴェーヴ城、それに城砦（シタデル）の街・ディナンにも寄ってナミュールの城館ホテルまでは約70㎞の行程。起伏は緩やかで道は頗る良い。高速道路は無料、照明完備、但し運転マナーはドイツ人が最もよく、ベルギー人が最も悪いとのこと。専用バスのアンドレさんは、アムステルダムの人で関係はない。ベルギーが一つの国として独立したのが1830年、それまでは「ヨーロッパの揺籃の地」と言われたほど複雑きわまりないもので、フランク王国や神聖ローマ帝国のカール大帝、時にハプスブルク家の支配下にもあったりして落ち

モダーヴ城（ベルギー・ワロン地方）

着く暇がなかったが、19世紀に入ってから新教徒のオランダの進出に対して、カトリック信奉のフランドル地方とワロン地方の領主達が結束して立ち向かい独立を宣言した。ワロンはベルギーの南大半を占めていて、群雄割拠した領主の領域だった証拠に今でも城館（シャトー）が多く散在している。今日の宿泊となるホテルも「シャトー・ド・ナミュール」と名付けられている。

さて、いよいよ最初のモダーヴ城が近くなる。これまでのなだらかな道から一変して、山あり谷ありの狭い道で、あと僅かと言いながらなかなか着かない。道にでも迷ったのかと思ったほどだったが、程なく谷から抜け出して小高い広場に出ると、そこがモダーヴ城。正面から見ると瀟洒な宮殿といった感じで、立地も全く平坦な場所に見える。城門の左右には外郭の建物が巡らされており、一旦中庭に入って見ると、厩であったり、倉庫であったりする（ほぼ17世紀に建造）。周囲が素晴らしい緑に囲まれていて、城の主は、居ながらにして折々の四季の変化を存分に堪能していたのであろう。敷地は約４５０ヘクタール（１３５万坪）あり、本館の前には噴水のある丸い池があり、建物との美的調和が実にしっくりとしている。最初城が建てられたのは13世紀。17世紀になってジャン・マルシャン伯爵が修復改造したため、最初の中世の面影はなくなり、17世紀のフランス様式に変化した。現在はブリュッセルの水道局の管理下にある。

館内ホールは、衛兵の間と呼ばれ、天井に騎士の紋章が彫られており、壁には家系図が張られている。城主・マルシャン伯の趣味か、ビリヤード室があり、天井にはヘラクレスの彫像、ヴェルビューの職人による家具類、日本の寺からの寄贈品、フランツ・リストが弾いたグランドピアノ、などがある。家族の間にはシンボルの魚のマークが見かけられる。ここの城で結婚式を挙げる日本人が多いそうだ。

バルコニーに出てみると、正面からでは分からない城全体の立体的な立地条件がよく分かる。裏を覗くと起伏のある深い谷になっており、一本の水路が迂回していて、正面からは2層に見える本館は、裏の谷筋からは垂直に4層の高さになっている。中庭から本館正門に向かって左手に回り、左側面から本館を眺めると、そのことがよく分かってくる。年代を経て改造を重ねてきただけに、新旧両方が混じり合っている部分もあり、見掛けによらず複雑な造りである。

さて、ワロン地方には、それぞれ使用目的の異なる古城が数多くあるそうだが、実際見て回るとなると、せいぜい1日に2～3か所ということになる。マイカーで、ごく外観だけならば、もう少しはいけるかも知れないが、一般のツアーではまず無理だ。モダーヴ城だけでも半日はかかるので、ヴェーヴ城は午後になる。昼食は、ヴェーヴ城の近くのセルという小さな村のレストラン。そこに降り立った途端、古い教会のある田舎じみた雰囲気にとりつかれる。教会は11世紀に建てられた素朴な石造りで、聖アドラン教会という。簡素な半円形の窓、風見の付いた尖塔。「ル・パル・ジョリ」というレストランはそのすぐ傍にあり、建物も石造りで、また別に蔦の絡んだ古い石造りの倉庫風の建物とあいまってそれらが教会のある風景とよくマッチしている。また道を隔てたなだらかな丘の上にも、似たような教会の建物が見える。

緑の中庭を持つレストラン内部の雰囲気もよく、アルデンヌの生ハムとメロン、ポークフィレコロッケやチョコレートムースなど大変うまかった。

ヴェーヴ城はごくこの近く、これまで写真などで見て、如何にも西洋物語の魔法使いの城とでもいうようなロマンティックな外観である。城の歴史は古く、原形は685年頃であり、カール大帝にも関係するが、その後火災で消失したりして記録にもない。17世紀に改修の設計図が作られ、実際大改修されたのは1969年～75年である。主に内部の改

ヴェーヴ城

修であろう。最初は戦闘を目的とした城だったが、17世紀以降は居住を目的として使われた。現在の城主はアドラン・ド・リードケルク・ボーフォール伯爵。住まいはイギリス。日本の皇太子（現在（令和）の上皇）が訪れた時の写真も飾られていた。

石と煉瓦で造られた内部も、小さいながら暖房も備えられており、華やかなモダーヴ城とは対象的にこぢんまりとした静けさがある。壁にはモダーヴ城にあったような紋章や、兵士の服装のカタログなどもある。円筒状の上部の螺旋階段を上っていくと、十字架を備えた狭い礼拝堂があり、小さな窓が見張りの役を兼ねている。裏側階段の脇にごく狭いトイレがあり、下の排泄孔に汚物を放つと、そのまま外壁を伝わって外に排泄されるという。勿論今では使っていないが、外壁は汚物のために黄色く変色している。野蛮な時代の名残りも、この城には留めている。

城の周辺には民家はなく、緑の丘陵に囲まれた窪地となっているが、ヴェーヴ城は少し坂を上がったところにあるので、手前から見上げた姿が最も迫力がある。丘陵の上の樹木の間には廃虚と化した「ノワジ城」が密かに建っている。規模はヴェーヴ城よりも大きく、如何にも幻想的な感じである。

以上、ワロン地方の代表的な二つの城を見たが、他に庭園の美しいフレイール城、男性的な荒々しさのあるブイヨン城なども見逃せないが、ツアーでは諦めざるを得ない。

さて、宿泊のナミュール城館ホテルまで、もう一つ見逃せない城塞の街・ディナンがある。小さな窪地を出るとなだらかなムーズ川流域となり、周囲は牧場となっている。ガイドさんいわく。牛は音楽が好き。特にモーツァルトが。しかしベートーヴェンだと肉質が硬くなる。川に沿ってしばらく行くと、行く手にやや古びた建物の街が見えてくる。最初に目立つのは、川の右岸の灰色のゴツい岩山だ。その岩山の下に、黒い玉葱型の尖塔を持つ大きな教会が見え、岩山と教会とが一風変わったコンビとなって強く印象づけられる。街に入り、行く手に教会が見えてくる辺りでバスから降りる。中心街は険しい岩山の下に細長く続いているので何か狭苦しいが、川の対岸は緩やかな丘陵地でゆったりしている。教会の前は小さな広場となっていて、左手に対岸に通じる橋が見え、右手にはシタデルへのロープウェイ入口が見えている。茶褐色の壁と、黒い屋根の建物のせいか、街全体がく

ディナン城砦より

すんだように見え、圧迫感さえも感じられる。これも地理的な条件にもよるのであろう。

　ディナンは、第二次大戦中最も戦禍を蒙った街であり、ナチスドイツ軍によって毒ガスの攻撃にも曝《さら》された。そのためか、街の人のドイツに対する憎悪は根強く、今でもドイツの旗を見るだけでも嫌悪の念が高まってくるそうだ。橋には、EU連合の旗が掛かっているが、数年前までドイツの三色旗は除かれていた。2000年にドイツが正式に過去の謝罪を示したので、三色旗も掲げるようになったそうだ。シタデルには戦争の爪痕を物語る陳列品があり、博物館にもなっている。ロープウェイで僅か5分で山上に着くと、まず展望は申し分ない。ムーズ川に沿って細長いディナンの街が全て見渡せ、対岸中腹の修道院らしき建物もよく見える。ムーズ川の橋と、黒いノートルダム参事会教会、右から出張ったシタデルの一角を取り入れて、展望写真のよい対象となる。展望台から続く歩道をシタデルへと辿ると、アーチ状の石門があり、そこを抜けると、幾つもの塹壕の洞窟に囲まれた広場に出る。古い戦車や大砲などが陳列されており、壕の中には戦争体験というコーナーがあって、銃弾の炸裂音や機関銃の射撃音が渦巻く中を、傾斜した洞内の暗い石段を登降するといった仕組みになっている。その中を歩くこと20分ばかり、まず身体の平衡感覚を如何に保つか、それだけでも精一杯というのに、実際に生死の境の戦場ともなれば、想像を絶するものがある。洞窟内には、戦う兵士の姿のマネキン人形や、日常に必要な生活用具などが展示されている。戦争の生々しさを改めて感じさせられた。ガイドさんいわく、第二次世界大戦でディナンが廃墟化して以来、半世紀以上経って今日ある姿になったのも、気長な努力によるところが大である。ヨーロッパ人の息の長さから日本のひと昔は一〇年、ヨーロッパのひと昔は一〇〇年という言葉があるそうだ。

塹壕から出た所の広場には、売店や喫茶店などもあって、キーホルダーや絵葉書、人形の類も売っている。ムーズ川は、地図で見る限り曲がりくねった小川のように見えるが、この展望台からは、なかなか堂々としている。どちらが上流か下流か、見当がつかない。ディナンはフランス国境にも近く、ナミュールからはだいぶ南寄りになる。周囲はアルデンヌ高原に囲まれていて、古城巡りの根拠地にもなっている。ロープウェイで下界に下り立ち、対岸の景観もカメラに収めたかったが時間がなく、程なくディナンを後にする。

ブリュッセルから発してモダーヴ城、ヴェーヴ城、そしてディナンと巡り巡った今日の旅の終着駅はナミュールの古城ホテル。ムーズ川に沿って北に向かうと上流からの合流点に出会う。恐らくフランスに水源のあるザンブル川であろう。その川と川との出会いに開けた街がナミュールであり、「ムーズ川の真珠」と讃えられている。またディナンと同様にシタデルの街でもある。川に沿って左手がシタデル、右手にムーズ川に架かるジャンプ橋、街の中心はまだ先になるが、バスは直接シタデルの坂道を上っていく。城砦はディナンよりも大きく、頑強な石垣でなおも城の外壁を留めている部分が見られる。シタデルの丘に上ると、そこは樹木鬱蒼とした自然の楽園。一帯が公園になっており、丘の上はナミュールの街とザンブル川とムーズ川とが見渡せる好適な展望台、シャンポーの丘という。テーブルとパラソルを広げた野外レストランには、柔らかな陽射しを浴びながら談笑する若いカップルや家族連れの姿が印象的だ。宿泊のホテル「シャトー・ド・ナミュール」が奥の小高い山頂に見える。18世紀の城をホテルにしたもので、嘗てアイゼンハワー米大統領が連合軍本部を置いたとか。もとは貴族の館としても使われていた。本来の城は半ば廃墟と化したシタデルにある。展望を楽しみながら歩いて行っても大したことはない。ホテルまでバスで連れていってくれたが、案外の回り道になった。自然環境に包まれた雰囲気は最高。建物も立派である。ホテルを取り囲む自然環境は、昨年のインヴァネスやバースのホテル周辺に匹敵しよう。敷地内を歩くと、西洋しゃくなげらしきつつじに似た花が咲いている。案内された部屋は、もともとホテルとして造られていないので、それぞれ大きさが異なる。我々の部屋が最も広く、設備満点。この部屋だけについては、まさしく五ツ星。しかし、レストランのホールは、飾り物一つとてなく、無味乾燥。ウェイターは、ホテル学校の研修生達。ガランとしたホールの利用客は我々のほかには利用客なく、閑散を極めている。城館としての旧さと設備の真新しさとが同居しているといった感じである。飲物には必ず地ビールが出る。ベルギーの地ビールは４００種もあるそうだ。即ち、シメイ、ラガー、サクランボ、キイチゴ、甘口の修道院ビール、など。白ワインも舌触りが良いというので、今宵はそれを嗜む。

夕方の城館の周辺を散歩する。天気は良く、空気はヒンヤリとしていて気持ちが好い。ドライバーのアンドレさんも、独りで悠然と散歩している。明日の最長の行程を控えて、気持ちにゆとりを持ちながら、軽いウォーミングアップを試みているのであろう。黒い影となった樹木の下には、先刻見たばかりのしゃくなげが仄かな紫色の光芒を放っている。

16日の朝は全面的に白い霧にとざされ、幻想的である。それも程なく霽《は》れてナミュールの街が見渡せる。東から南にかけて広がるアルデンヌの森。ベルギーには70程の古城があり、その大半はアルデンヌの森に集中している。それでも、散在している城と城との間隔は離れているので、隈なく回るには1か月はかかるであろう。

さて、今日は今回のツアーでの最長コース、ルクセンブルク大公国を経て、オランダ最南端のマーストリヒトへ。走行距離約320㎞。出発は30分早くなる。ルクセンブルクでは、昼食と見学である程度の時間も確保しなければならない。地図で一見しても、ベルギー、フランス、ドイツに囲まれ、何れの国から見ても水源の奥地に位置している。バスは一旦ナミュールの街を掠めて高速道路に入り、あとは緩やかな丘陵地帯を坦々と走っていく。周囲はウィーンの森のように深い緑の連続。所々に牧場も見える。もくもくした雲も多くなる。ナミュール州を過ぎ、リュクサンブール州に入る。左に鉄道線路も見えてくる。嘗てはルクセンブルク大公国に入っていた地域だが、後に大公国は縮小され、現在は神奈川県くらいの広さになってしまっている。それには複雑な歴史の経緯がもたらされている。

とかく退屈を感じがちな長いバスの道中で、ナミュールから同行のガイドさんが、ワロン地方に伝わる魔女伝説や十字軍と関係のあったヴィヨン城（17世紀作曲家リュリのオペラ「アルミーノとルノー」にも登場）のこと、ウサギ料理のうまい世界一小さな美しい街・デュルビュイのこと、ワロン地方の冬の積雪は2mにも達する、そのためか、労働時間は厳守、残業もない。管理職にとってはきつく、企業家は減っていく。日曜日の青空市場や鳩のレース（もともと伝書鳩の発祥地）などのレクリエーションもあり、夏休みは2か月くらい。フランス、イタリアが人気旅行地、2週間で10万円程使う。また、遠くに旅行するよりは、のんびり読書などで過ごす人達も多い。税金は高く、税率40~50%（社会保障を含む）は、ちょっと高い。

　ベルギーの最後の街・アーロンではマーストリヒトからの道と合流して程なくルクセンブルク国に入る。別にパスポート点検はない。ベネルクス3国内の出入国は自由に認められている。いつ国境を通過したのか、それさえも分からない。

　程なく市の中心街に着く。空はますます澄み、陽射しは強くなる。世界で7番目に小さな国の首都[注10]というイメージから、旧市街は古色蒼然としたものと想像していたが、予想に反して街は明るく、垢抜けしている。小国でありながら、現在はEUの中心地、その存在は大きい。各国のナンバーを記した車も多く見られる。初めて降り立った所は、憲法広場。明るい広場には、黄金の女神像を先頭に戦没者記念塔と、ノートルダム教会の尖塔。また、広場の一角から眺められる深い川の流れ、対岸の小高い丘には、塔のある国立銀行（最初、宮殿かと思われた）、対岸に架かる大きなアドルフ橋（高さ48m、長さ78m）。以上が、ルクセンブルクの第一印象。それにもう一つ、忘れられないのは婦人ガイドのアントワネットさん、名実ともにふるっている。

　さて、まずは昼食。レストランはフランス風の「LA TAVERNE」。奥行きのある室内の螺旋階段の天井には、色鮮やかなステンドグラスが張り合わせてある。デザートのカラメルクリームがうまかった。

ルクセンブルクの主要言語はフランス語、英語だが、ルクセンブルク語もあり、学校ではドイツ語、フランス語、英語の順に学んでいる。銀行は200行あり、ロンドン、チューリッヒに次ぐEUの中心的役割を担っている。1867年に国として独立、人口約42万、国民の生活水準はヨーロッパではトップの座にあるという。

遥か過去を探れば、西暦963年、ジークフロア伯爵がルシリンブルク城を築いたのが始まり、14世紀には神聖ローマ帝国の領地となり、15世紀にはフランスの支配下にあり、19世紀には再びスペイン、オーストリア、フランスの支配を受け、1815年ウィーン会議で大公国となった。「北のジブラルタル」の異名を持つ難攻不落の強国として独立した（1867年）が、第二次大戦でドイツ軍によって痛手を蒙った。ベルギーと同様、外敵からの痛手を度々受けていただけに、今日では平和共存に徹したEUの活動に積極的である。スポーツではサッカーに人気がある。標高250～380mの丘陵地にあり、モーゼル川のベトリウス渓谷の景勝地を抱き、モーゼルワインの産地にも近い。名実ともにヨーロッパの中心と言えよう。

前置きが長くなったが、まずは最初にノートルダム大聖堂を訪れる。二つの尖塔を持つゴシック様式。16～17世紀のパイプオルガンがあり、ステンドグラスは華美なものではないが清楚な美しさがある。祭壇背後のステンドグラスは青味を帯びて一層奥深い感が漂う。ここには代々のルクセンブルク大司教の墓があり、大公の結婚式もここで行われるとのこと。入口近くには、本年亡くなったローマ法王・ヨハネ・パウロ2世の葬儀の写真が飾られていた。

次に大公宮殿前の広場から宮殿の外観を見る。大聖堂の続きと言えるくらいに、官公庁の建物が密集しているところにあって、もとは市庁舎に使われていたそうだ。そのためか、とりわけ厳めしい宮殿らしき外観はなく、黄白色の明るい外壁と黒みがかった尖塔のある屋根の建物には、こざっぱりした爽快さが感じられる。中には大公の執務室と迎賓館があるが、今日は国旗が出ておらず休暇中とのこと。宮殿を取り巻く役所の建物も、殆どがクリーム色の3～4階建てにすっきりした黒の屋根。その色彩的取り合わせは見事である。ルクセンブルクには、過去それぞれの時代に支配した国々によって、いろいろな建築様式が取り入れられ、まさしく建築様式の見本市とまで言われている。もう一つの教会、プロテスタントの「聖ミハエル教会」は、特にステンドグラスが美しい。結婚式に人気があるそうだ。

旧市街のごく主要な建築物を一瞥した後で、いよいよ城塞国・ルクセンブルクの本領が発揮されるところのボックの砲台を訪れる。地形的にルクセンブルクの街がどのようになっているか、ボックの砲台まで来てみて初めて分かった。一昨年の中欧ツアーで、チェコのチェスキー・クルムロフで目にした城下町と規模は異なるが、構造的によく似たものがある。ルクセンブルクでは、かなり複雑である。地図と相談しながら見ていかないととん

ルクセンブルクの岩の砦

でもない見当外れをやらかしてしまうのだ。

市内を二つの川・ペトリウス川とアルゼット川が流れていて、ペトリウス川はアドルフ橋で金融機関センターや中央駅のあるキルシュベルクの丘と宮殿やノートルダム寺院のある旧市街とを分けている。一方アルゼット川は、ペトリウス川との出会いから大きく湾曲し、摺り鉢の底のようなグルンド地区を取り囲むようにしてトリアー門の辺りから鉄道橋の下を突き抜け、更に左へと迂回して再び鉄道橋を潜り抜けて三つの塔門の傍をシャルロット橋の方に流れていく。ボックの砲台からの眺めは、黒い尖塔のある教会、黒いピラミッド型の屋根を持つ旧兵舎跡と老人ホーム、国立自然史博物館などがあるグルンド地区が中心で、ここには全く別のルクセンブルクの顔がある。何か童話の世界にでも迷い込んだかのような不思議な感覚に囚われる。地区の左手には荒々しい岩壁の城砦が連なっており、難攻不落の自然の要塞を形造っている。旧市街の縁に沿って更に奥へ、シャルロット橋から旧市街を大きく取り巻くように続いている。周囲の三国から見ても小高い丘陵地の中心にあって、核心は二本の谷川を巡らせた貝殻状の隠れ家、どこからも攻撃されにくい自然の利を叶えた要塞の構造が一見して分かる。旧市街と金融街のあるガレ地区は高台だが、グルンド地区のみが谷間に在ってあたかも隠れ家のようになっているのだ。この地域には、個人住宅らしきものも何軒かある。川沿いに道もあるので、そこまで下りて歩いてみたい誘惑に誘われる。砲台近くには、眼鏡状の水門もある。対岸には鉄道の長い眼鏡橋がアクセントを添えている。

1時間程ルクセンブルクの核心を眺め渡すことが出来たが、別のあるツアーでは、ここで2泊してドイツとの国境に近いエシュテルナッハ渓谷に赴くそうである。更に奥まったところにあるヴィアンデン城くらいは見たいものだが、今回はマーストリヒトまで遠走りすることになっている。なおルクセンブルクには70の魅惑的な古城が散在しているそうだが、よほどのゆとりがなければそれらを訪ねるのは無理であろう。地域の奥深さを改めて感じ入るばかりである。丘の上のノートルダム教会の二本の尖った塔と、グルンド地区のメルヘンの世界にしばし現世を忘れ、再び憲法広場に戻り、名残り惜しみつつバスに乗車、ルクセンブルクを後にする。

（注10）世界最小国の順位　バチカン市国、モナコ、サン・マリーノ、リヒテンシュタイン、マルタン、アントラ、ルクセンブルク。

[3] マーストリヒト、デ・ホーヘ・フェルウェ国立公園

さてマーストリヒトへは約165㎞、2時間30分の道程となる。E25号線を行くので再びベルギーに入り、アーロンを過ぎた辺りから右折し、森林や牧場など見ながら緩やかな丘陵地帯を上り気味に走っていく。ベルギーのワロン地方、ルクセンブルク北部、ドイツのラインラントにまたがる広大なアルデンヌの森を一本の高速は遮るものとてない。ドイツ側にアルデンヌの一部としてアイフェル高原といった可愛らしい地名のところがある。

途中トイレ休憩。レストランを兼ねた土産物店があるくらいで、周囲には何もない。行き交う車の音だけが虚しく聞こえてくる。停車している2台の小型トラックの後に2～3台の自転車がくっつけられている。サイクリングが目的なのであろう。さすが自転車王国である。見渡す限り牛の背のような大らかな起伏の連続。北海道十勝地方を思わせる。道も広く、サイクリングには快適であろう。デュルビュイやスパなどの標識が目に入る。スパは温泉地で知られている。道は心持ち下って行くと、教会や住宅の建ち並ぶ地域に入っていく。リエージュは錚々たる古き都だ。降りてみればいろいろと見どころもあろう。またここは交通の要路でもある。リエージュを過ぎる辺りから丘陵地帯が切れて次第に平地にな

っていく。ベルギーではムーズ川と言われていた川がマース川となって程なくオランダに入り、その取っ付きがマーストリヒトなのだ。そこはアルデンヌ高原から下ったところにあって、東はドイツ、南と西はベルギーに挟まれて北のみがオランダに続く盲腸のような国境の街。嘗て周辺諸国から20回以上の戦禍に見舞われた。リンブルフ州（地図によればリンビュルフ州と記されており、ベルギーにも同じ州名がある）の州都。同じオランダでも、アムステルダムやハーグ辺りからでは遠い異国の街と見做されている。

オランダでは137ユーロ以上買うと免税となる。物品税は17・5％、免税では13％戻る。車はメーター制、チップは10％、一般的にオランダは、質実剛健、料理も味付けは大まかだそうだ。ベルギーのフランス嗜好の料理に慣らされてきた者にとって、口当たりはどんなものだろうか。マーストリヒトという長い地名は、マース（ベルギーではムーズ）川を渡る（リヒト）という意味。マース川は隅田川くらいの川幅で街の中心を流れているが、ダムの段差で水管を調整しているので、未だに洪水はないとのこと。人口15万、交通の要路。マーストリヒト条約調印により、ＥＣからＥＵへの発展の契機ともなった。リンブルフ大学のある大学町であり、嘗て古代ローマ人によって創られた中世色の濃いオランダ最古の町でもある。周囲にはワイン用の葡萄畑が広がっている。ルクセンブルクに近いドイツモーゼルワインの原産地トリアと類似するものが連想される。右手に鉄道線路、左手にボンネファンテン博物館を目にすること間もなく2泊予定のクラウンプラザホテルの玄関口に到着する。博物館の辺りはまだ真新しい建物があったが、ホテルの入口近くは急に古めかしい建物がコの字型に並んでいる。その中央には三本の旗が立っている。古めかしいとはいっても、すっきりした感じで、どことなく国際色が漂っている。ルクセンブルクも確かにそうだったが。マーストリヒトは小さい街ながら、なおさらEU意識に満たされている印象を最初から受けた。

ナミュールからマーストリヒトまで直線距離にしてはさほどではないが、ルクセンブルクを経て来れば三角形の二辺を通る距離となり、実感としては遥か遠隔の地に来たような気分になる。ホテルはマース川の辺りにあり、夕食はホテル内レストランということで、長旅にやや疲れを覚えた身には大変助かった。レストランは明るく、マース川を目の前にして対岸に双耳状の尖塔を持った教会の眺めは格別、バラ色に夕映えがかった西空を背景に双耳塔の黒々としたシルエットが浮かび上がり、ごく僅かな時間ながら、簡素なうちにも絶景に触れた心地よさが感じられた。ひと口に絶景といっても、単に景色が素晴らしいのみならず、その時点で最も心に叶った風景もまた絶景と言えるだろう。マース川の夕景はまさにこれに当てはまる。食後も涼みながら時に往き交う船に見とれながらしばし時を忘れる。オランダでは最も異彩を放つ街・マーストリヒト主要観光は明日一日のみである。

落ち着いた一夜を過ごして、朝食は昨夜と同じレストラン。光の加減か、朝の川面はま

マーストリヒト近郊の聖ピーターズベルグの洞窟壁画

た違う。教会のある対岸が旧市街の中心に当たり、セルファース橋を通って行くのが最短距離だが、今日はまず公開している聖ピーターズベルグの洞窟を訪れる。ガイドはケティーさん（愛称・キティーちゃん）。機会がないとなかなか見られない代物なので、運良くその機会にありつくことが出来た。バスでマース川に沿ってボンネファンテン博物館の周囲を回るようにしてJ・F・ケネディ橋に出る。なぜ元アメリカ大統領の名前がつけられたのだろう。近くにMECC国際会議の建物がある。国際色を殊更意識してケネディの名を付けたのであろうか。マース川の対岸から、川から離れて2～3㎞南へ行った所が草深い丘陵地。マーストリヒトの郊外の高台といったところで、野菜や葡萄が栽培されており、その向こうに教会の塔が何本か見える。ガイドさんがそこの休憩所の管理人から洞窟入口の鍵を借りて雑草の茂る道をしばらく歩き、洞窟入口に達する。雨が降ってくる。携帯傘がはじめて役に立つ。入口は一見して外からは分からない。細い脇道に入ると昔の防空壕のような穴があって、そこが入口なのだ。中に入ると、寒いくらいに涼しく、鍾乳洞のように左右天井ゴツゴツした露岩が突き出ている。最初は天井が低く、背伸び出来ない箇所もあったが、そのうち天井も高くなり、ホール状の空間や分岐した枝道も出現する。ガイドさんのライトで足下は確保されてはいるが、所々に段差や凸凹があり、転ばぬよう慎重に歩いていく。それにしても、何のためにこんな巨大な洞窟が造られたのだろうか。古代ローマ人の時代に遡るが、地中海沿岸から北海沿岸までのライン川以西の地域が彼らの勢力範囲にあった頃、教会や闘技場などが盛んに造られた。たまたまこの地方に産出されるマール石という黄色がかった岩石が建材となり、盛んに発掘が行われた。その後神聖ローマ帝国時代にも引き継がれ、採掘跡が巨大な洞窟になったのである。第二次大戦中は、秘密の城塞として、兵士の隠れ家や夥《おびただ》しい食糧や武器の貯蔵庫としても使用されたとか。壁面には、地図や落書き、芸術的な絵画まで刻み込まれている。おそらくここに屯していた兵士や採石に関わった坑夫達が退屈しのぎに描いたとでも思われる。一般の観光客が記念に彫ったり書いたりしたようなものもある。ホール状の壁面などまさに洞窟のギャラリーとさえも言いたくなるような傑作も見出される。窟内を一時間も歩いただろうか。まだまだ全長の5分の1に過ぎないというのだから、規模の大きさには驚き呆れる。掘りかけで止めてしまったような坑道の跡、換気のために作ったと思われる下の坑道に通じる空気孔。壁面の謎のような記号文字。古代ローマ人が彫り付けたのだろうか。まだまだ遭遇する壁画には謎に満ちたものや、時代に相応しいアンティークなものまで多様だが、遭遇する度に古代から集積された歴史的時間の重々しさを痛感させられるばかりであった。

往路とは別の路かどうか、やや上り気味に辿っていくと、壁画は少なくなり、天井も次第に低くなる。行く先に一点の光！「もうすぐ出口です、お疲れさま」とガイド嬢の声。やれやれと嘆息が漏れ、ガイド嬢の声が天使の声にも聴き取れたかも知れない。急に目眩むような明るみに出て深呼吸する。幸い雨は止んでいた。入口とは別（手前か先か）の、これも外見は分かり難く、人知れず通り過ぎてしまうような場所である。鍵を借りるために立ち寄った管理事務室の付近には、人気のないお粗末な喫茶店があり、街が見渡せる小さな広場には次のような見出しの標示板が立っている。「VERZAMELPUNT GROTTEN」それに続いて細かな字で何か書いてある。おそらく聖ピーターズベルグの洞窟についてであろうが、残念ながら判読出来ない。語学力の不足を痛感させられる。

さて見学を終えて、マーストリヒト旧市街に赴く。ケネディ橋の近くでバスから下車、そのまま旧市街に入ると、旧い城門が見えてくる。周辺には樹木も多く、安らぎの場に見えるが、往時はそれどころではない恐るべき所。この辺りは石垣の模様から嘗ては城砦の

マーストリヒト　朝のマース川、ノートルダム寺院

あった所だが、古めかしい石垣の一角にアーチ状の潜り門があって、それを地獄門という。中世のペスト患者が当時隔離された所で、患者は門を通って白壁の建物に隔離されたそうである。その建物は現在は劇場となっている。疫病としてヨーロッパ中で恐れられていた当時のことだから、かくせざるを得なかったが、嘗てのハンセン病患者と同じような処遇ということでは、人権無視も甚だしい。地獄門がどれほど恐れられていたかの証拠であろう。

そこを抜け出るとノートルダム教会（聖母マリア教会）。ホテルからマース川を隔ててよく見えた二つの尖塔のある教会である。創設は10世紀と旧く、中に入るとマリア像のところだけロウソクが灯されていて、あとは殆ど明かりがない。祭壇の奥のステンドグラスから仄かな光が差し込んでくる以外は、真っ暗闇、無気味ささえ嵩じてくる。ロウソクでライトアップされたマリア像のみが神秘的に心の深層に迫ってくるようだ。暗闇の世界から逃れて、フライトホフ広場に向かう途中に、パンを焼く香ばしい匂いが漂ってくる。空き腹にはちょっと堪えるが、店の脇に11世紀に造られたという水車が回っていて、小麦を挽いているところ。見学がてら中を覗いてみる。普段見られないパン作りと水車の動きをもの珍しげに見入ったひと時であった。

フライトホフ広場は旧市街の中心、マーストリヒト初代大司教聖セルファースの骨が祀られている聖セルファース教会の塔がよく見える広場だが、今日は移動遊園地で賑わっており、教会をバックにした写真は期待外れになった。聖セルファース教会と隣り合って高さ70ｍの赤い塔を持つプロテスタントの聖ヤンス教会が建っている。何れも中には入らなかった。昼食はこの界隈の「レ・クラーへ」にて。アスパラガスとスモークサーモンサラダとが名物料理。フライトホフ広場でも、路地の裏街でも大よそのレストランには、籐《とう》を原材としたテーブルや椅子が戸外に並べられている。手軽に出来て移動も簡単、丈夫であることが特徴。華美を求めず、簡素で実用的であるのはお国柄か。市庁舎など行政区画のマルクト広場にも露店が出ていて、写真の対象にはなりにくい。現在、新市庁舎が建設中である。マース川に架かる一方の石橋・聖セルファース橋は13世紀の産で、オランダ最古の橋である。この下を割と大きな船が往き来している。その度に橋桁が上下して交通が止まる。橋の対岸からホテル側にスッキリとした教会の尖塔が見られる。写真のよい対象になるが、地図には載っていない。

　午後は自由行動だが、ドライバーのアンドレさんの好意で、約1時間の往復で行ける三国国境を案内するとのこと。希望者があれば、ということだが、一組を除いて殆どがＯＫ、絶好の機会を得ることが出来た。三国とは、ドイツ、オランダ、ベルギー。一般の地図にはないが、ドリーランデンプントという。マーストリヒトから約30㎞。ホテルを出てボンネファンテン博物館から東へ向かう278号線に入る。道は頗る良く、丘陵地帯を緩やかに上っていく。所々に小さな集落があるが、殆どは畑と牧場、のどかな田園地帯である。ベートーヴェンの田園交響曲を思わせる風景。ボン生まれのベートーヴェンにはフランドル人的気質も備えていた点で、この辺りの風土の影響も頷ける。地図で判断しても、国境地帯はボンやケルンと至近距離にある。殆ど国境の街と言えるそれぞれの街は、ヘールレン（オランダ）、ベルビエ（ベルギー）、アーヘン（ドイツ）というところだが、とりわけアーヘンは、ドイツの最古の街、歴史的にも神聖ローマ帝国のカール大帝と密接な関係があり、そうしたことを想像しながら国境に立つことは意義のあることである。着いた所は、新緑爽やかな小高い丘。行く手に一本の展望塔とレストハウスがある。展望塔の入場券売り場手前、樹林に囲まれた一コーナーにはドリーランデンプントの記念碑と三国それぞれの三色旗が掲げられている。一帯は自然林の広い公園になっており、三国共通の場として提供されているようだ。

さてリフトで塔に上れば、さすがに周囲の広大さに息を呑む。早速パノラマ撮影に取りかかる。東側には、密集したマンションと住宅、それに何本かの教会の塔が見える。これぞドイツ最古の都アーヘンの街だ！　その向こうに一本の煙が昇っている。その一帯は煙でくすんだように見える。今や工業化されつつある大聖堂の都・ケルン、更にデュッセルドルフも恐らくあの方向であろう。思いは遥かライン川一帯に馳せるが、その辺りもここからならばひと足と言いたい。ブリュッセルやルクセンブルクなどに比べれば遥かに近い位置にある。目をぐるりと移していくと、足下を鉄道が通っている。ベルギーのベルビエを経てアーヘン、ケルンへと向かう線であろう。あとは、眼下のレストハウス以外に見えるものは深々とした森林帯のみ。地図では分からないスケールの大きさを再認識させられる。ナミュールからいつの間にか通り過ぎてしまったアルデンヌの森の最北の一角と言えるところだが、オランダとしては海抜３２５ｍの最高地点。ハイカーやサイクリングの好適地でもある。しばし展望を楽しんでから、下のレストハウスでコーヒーを飲む。以前は、領主達の狩猟の館だったそうで、ウッドハウスの天井や壁面には猟銃等の狩猟用具が飾られている。当時の情景を思い浮かべながら嗜むコーヒーの味はまた格別である。

小さな峠からの下りは早く、たちまちクラウンプラザに着く。途中急ブレーキがかかり、ヒヤリとした。自転車に乗った少年が、前を横切ろうとしたためだ。少年は、恥ずかしげに、苦笑いしていた。添乗員の池沢さんは、同じ阪急のツアーの添乗員が急に体調を崩し、急遽入院することになったので、代わりの添乗員が来るまで、そのツアーの面倒を見ることになり、今夜遅く戻ることになる。しばしの別れである。

自由行動なので、夕食はどこの店にするかとひとまず考えたが、勝手が分からず、ホテルのレストランが気に入っていたので、一応予約を取っておいた。この街で残された時間をゆっくりと街を散策するのも悪くはあるまい。まずマーストリヒトの玄関口である中央駅に行ってみる。この辺は新市街地に入り、街は整然としているが、駅舎は12世紀の建造で古めかしい。改札口には僧院の内部のようなアーチ状の柱が並んでいる。通勤の帰りか、改札口から大勢降りてくる。ホームには発車間際の列車を見送る人がちらほら屯している。ここでは、緩やかに流れていく時間が感じられた。

オランダであって、ベルギー、ドイツに挟まれた盲腸のようなマーストリヒトは、ルクセンブルクのようにどちらにも付かない特異な地域である。大戦中は、ドイツによって痛めつけられ、遥か神聖ローマ帝国の時代には、ライン川との交流が盛んであった。現在ではEUでの働きかけは積極的である。

再び旧市街に入る。マース川を挟んで、新、旧の街の並びは分かりやすく、後で地図を開いて、どこをどう回ってきたかと思案することがない。午前に通った聖セルファース教会のあるフライトホフ広場に行ってみたら、イベントの屋台で一杯になり、なおさら人が殺到している。どうしても、聖セルファース教会を写真にしたかったので、人出を避けるようにして広場から脱出し、ぐるりと正面入口に赴くと、正面全景の写真を撮ることが出来た。浩子にとって、ここまで来ることは厭わしかったが、まあ我慢して同行してくれたことには感謝している。

再び広場の賑わいを通り抜けて、幅の狭い繁華街をセルファース橋へと向かう。税務事務所のある市の役場の細長い建物も好適な目標。昨日とは一味異なる橋から見た眺め、教会の尖塔を見ると何か心の落ち着きを感じる。長々とした貨物船が悠長に橋桁の下を潜って行く。昨日にまさる今日の夕景。夕映えにでもなれば、そこはもう版画の世界である。日暮れは遅く、いつまでも残照が川面を照らしている。レストランからの変わらぬ眺めも時々刻々微妙に変わっていく。旅も半ばを過ぎて気分も落ち着き、じっくりとこの雰囲気に浸ったひと時は何よりも忘れ難い思い出となろう。

さて、マーストリヒトの2泊を過ごした後は、去るに忍びない爽やかな朝を迎える。マース川と対岸のノートルダム教会、それに行き交う船が泰西の絵画を出現する。まずは二度と見られない風景を写真に撮り、9時には、多少は慣れ親しんだこの旧き街を後にする。

ここから北へ約200㎞、広大な自然に囲まれたデ・ホーへ・フェルウェ国立公園の中の通称「ゴッホの森」へ。

マーストリヒトを出れば、あとは坦々たる平原の道。しばらくは、ドイツ国境とも程近いリンブリュフ州を北に向かって走っていくが、どこが境目か目標の山さえも見えてこない。もうこの辺りは西のフランドル地方から東のドイツ・ウェストファーレン州を含めて、北のユトランド半島に至る広大な平地を形造り、その中の中小都市が発達した交通網によって密接に連携し合っている。しかし、自然は豊富で、平地ながら深い樹林帯が所々に出現する。日本とは大きな違いだ。途中二度ばかり休憩所でウォーミングアップ。外の空気が至極澄んで気持ちが良い。抜けたような青い空には、初夏の白い積雲が鮮やかに沸き上がっている。駐車場の辺りには背の低い松に似た植物が生い茂っている。一本の標識には、次のような文字が記されている。

AC Restaurant VENRAY Tunnel

国境の街・ベンローから僅か北へ、A73号線上にある小さなレストラン。マース川は、道路の右手を南北に流れ、一部はドイツ国境にも接してバール川となり、アムステルダムの辺りで北海に出る。ナイメーヘンは大学でもよく知られた街だが、周辺を掠めてアルンヘムへ。Hを発音出来ないオランダではアーネムという。ここまで来ればデ・ホーヘ・フエルウェ国立公園は間近い。地図では分かりにくいが、アーネムの北、オッテルローの東側に広がる５５００ヘクタール（三宅島と同じ位）の森林公園だ。オランダでは最大の広さを誇り、熊を除いた野生動物の宝庫でもある。

バスは公園入口で一旦停止、最初に公園をぐるりと循環して「DE KOPEREN KOP」

というレストランで昼食をとった後で、クレラー・ミュラー美術館を見学するという段取りである。公園の入口で、しきりにはしゃいでいる外国人のおばさん達を目にした。身なりからも軽装で、恐らく地元のハイキンググループであろう。

　我々は早速バスで園内を通りながらレストランに行くが、公園の広さには驚かされる。起伏は殆どないが、森林も大きく種別されている。針葉樹林が続いたと思ったら、闊葉樹《かつようじゅ》林となるように。時には樹木がなく、全くの荒れ地同然といった所も、また一面の草原も出現する。植林はかなり計画的に造られたようだ。鹿がいるというので、振り返ったら、茂みの蔭で草を食べている子鹿の姿が目に入った。日本では、日光などで自然を食い荒らす鹿対策に頭を痛めているが、ここでは、鹿も人間も安心して生活を営んでいる。野性との共存を意図としているが、ヨーロッパでは人を襲う熊は早くから絶滅されている。猿はどうか？　リストアップされていない。こうなると、狭い日本の方が、野生動物には恵まれていると言えよう。

　歩いたら半日はかかる距離をバスで30分程で通り抜け、ウッドハウスのレストランへ。そこでは、幾つかの珍しい食材があって各自自分で皿に取り、クレープ様のパンケーキに包んで食べる。パンケーキは分厚く、一人前でも二人分はある。オランダでは、パネクックと呼ばれポピュラーな食物だそうだ。のども乾いたのでビールも大ジョッキを注文したので、腹一杯となり、眠気さえ催してくる。こんな調子で午後の美術館巡りが出来るだろうか。食後の気分転換に森の中を適宜歩きながらバス乗場まで行く。

午後の最大の見ものは、クレラー・ミュラー美術館。最初はゴッホの森美術館と聞いていたが、それは阪急さんの通称で、ゴッホと特に関係はない。実際ここにあるゴッホの作品点数は３００点くらいで、あとはアムステルダムのゴッホ美術館にあるとのこと。

20世紀初頭に、ロッテルダム出身のアントン・クレラー氏とドイツ・エッセン近くの出身の夫人ヘレン・ミュラーさんとが共同で設立した美術館、ヘレンさんの父はデュッセルドルフに船舶会社を持っていた大富豪、二人は１８８８年に結婚し、既に所有していた、また資金で集めたオランダや、ベルギーの名画を後世に伝えるために美術館建設を計画し、20世紀の抽象画も意欲的に集めて、コレクションとして残した。クレラー・ミュラー美術館は、芸術に熱意を示した夫婦の愛の結晶である。１９３８年に開館したが、夫人は惜しくもその翌年に他界した。ガラス張りのモダーンな造りの建物は、簡素を極めており、緑したたる森の中で、調和あるたたずまいを保っている。敷地にクレラー氏の立像があるが、等身大とすると、背は低かったと見える。

さて館内は、種別ごとに小ルームに分かれていて、それの指示板に従って鑑賞する。写真は構わないがフラッシュは使えない。早速、取っ付きのレンブラントらしき大きな絵があったので、デジタルでパチリとやったら、自動的にフラッシュが利いてしまい、係員に咎められた。フラッシュなしでは、まともに撮れない。中の写真はきっぱりと諦める。ゴッホの作は、「種まく人」、「夜のカフェ・テラス」「糸杉」、珍しいものでは、「じゃが芋を食べる人達」など。他に、セザンヌ、モネ、ピサロ、ルノワール、ゴーギャン、など。へレン夫人の絵画思想によって分類もされている。これまで、ヨーロッパでは、概して古典的なギャラリーで、中世の宗教画やバロック、ルネッサンス絵画などを観ることが多かったが、ここでは、ガラリと趣を変えて、現代的な建物で、中味も大半は現代的な抽象画。しかし、ここでは単に収集された絵を観るにとどまらず、クレラー・ミュラー夫妻の趣向と更には二つの異なる絵と絵との取り合わせなども窺い知ることが出来る。そうした点で、大変ユニークな美術館であると言えよう。

館内見学の後で、奥のデ・ホーヘ・フェルウェ国立公園に続く庭園を歩く。池の周辺や、所々にモダニズムの彫刻が飾られている。ノグチ・イサムの彫刻に類似するものが2、3点あったようだ。緑豊かな庭園を奥へと進むと、白いブロックで迷路が出来ており、子供連れにはよい遊び場となっている。またつつじか、しゃくなげか、ひとまず西洋しゃくなげとでも言っておこう。それが、緑と好い対象をなしていてお見事という以外にはない。ぶなや楡の大木も繁っていて、初夏の光に輝く新緑の瑞々しさは格別である。この素晴らしい自然環境の真っ直中に美術館を設立したクレラー・ミュラー夫妻の着想の素晴らしさに感嘆しながら美術館を後にする。

国立公園の北の一角に、セントフベルトウスの狩猟館があり、公園の管理を兼ねていた貴族夫妻が生活していた館である。展望塔が聳え立ち、池のある広大な庭園に囲まれている。池を前景にした館を角度を変えて撮影する。庭園を一周するだけでも1時間はかかるであろう。庭園から館の入口に出ると、すぐ横がサイクリングゲートになっていて、有料で貸し出している。全長距離は40㎞、但し自転車にはハンドブレーキが付いていない。これがオランダ式のサイクリング用の自転車なのだが、日本式自転車に馴れた身には大変乗り難い。同行の年配の某氏がそれを上手く操ったので拍手喝采。馴れれば結構乗りやすいとのことだ。この辺りにも、西洋しゃくなげが満開だった。

デ・ホーヘ・フェルウェ国立公園から今夜宿泊のホテルまでは、幾らもないが、どこで公園から抜け出たのか、地図で見てもその境界などは分からない。アーネム郊外のヒールスムの街にあるというが、街らしいところも目には映らなかった。樹林帯と田園が続くうちに、別荘風の家がチラホラと見えてくる。緑に囲まれた雰囲気は北軽井沢の別荘街を思わせる。そのうち、整備された並木道に出て、そこから曲がった所が「クレイン・スイッツァーランド」という別荘風ホテル。正面玄関の感じが、規模は小さいながらシェークスピア所縁の「マナーハウス」によく似ている。自然環境は上々。ナミュールのような高台ではないが、かえって落ち着いた味わいのあるホテルである。階段にホテル創設（1918年）当時の、また改築当時の写真がそれぞれ額に入って飾られている。玄関の前にテラスがあり、中がレストランになっている。

ホテルの周辺にも瀟洒な別荘風の個人宅が数軒あり、それぞれ個性的な造りで、スイスにでも行ったら見られるような可愛らしい家々である。ホテル周辺も、ぐるりと歩いてみたが、境界にはごく簡素な杭が立っているくらいで、まさに森の中のパビリオンといった感じだ。レストランは、狩猟の館の雰囲気が漂う。茶褐色の煉瓦の壁面に水車が掛けられている薄暗い雰囲気はスイスの山小屋を連想させる。ジョッキ一杯のビールを傾けるには、最高の雰囲気である。

このベネルクスツアーも残すところはアムステルダムの都会となれば、緑のオアシスで泊まるのもこれが最後である。いつまでも残る黄昏の中を小鳥の声を聞きながらホテル周辺を散歩する。至極平凡ではあるが、オランダの穏やかな自然を満喫したひと時、これも忘れられぬ思い出となろう。

〔4〕アムステルダム、キューケンホフ公園、デン・ハーグ、ザーンセスカンス

一夜が明け、ひんやりとした曇り空。今日（19日）は、いよいよアムステルダムへ。思えば初めてヨーロッパの地に足を踏み入れた時の空路乗り継ぎの場がアムステルダム・スキポール空港だった。この由緒あるオランダの古都に未練を残しながら、早速ミラノに向かって旅発ってから早くも3年になろうとしている。未練を永遠に残すまでもなく、今度は是非と思ってこのツアーを選んだのである。最終の3日間は、アムステルダムとその周辺を見て回ることになる。出発までの僅かな時間、「クレイン・スイッツァーランド」とその周辺の写真を撮っておく。

さて、ここからアムステルダムまでは約80㎞、1時間半の道程。次第に車が多くなり、渋滞に巻き込まれやすくなる。田園から都市景観へ。大学で有名なユトレヒトも知らずのうちに過ぎてしまう。また、ユトレヒト近郊のレハール城には、日本の有田焼の壷、中には徳川の紋章入りのものもあるという。とりわけ見るべきもののない高速道路走行中では、ガイドさんも、場をとり持つように、オランダと日本との国交の旧かったことから、聞き

慣れている外来語の多くがオランダから入っていることなどを説明する。多少耳新しい実例のみ挙げておこう。この他にも、どんな言葉があるか、思いつくものから挙げてみるのも退屈しのぎになるであろう。

インク、ドロップ、ペンキ、ヨット、ラムネ、カステラ、レンズ、ピント、ガス、オルゴール、サーベル、マドロス、コレラ、ハムなど。

杉田玄白の『解体新書』にも多く見られる。日本のオランダとの400年の交流を物語るものである。

道路に沿って鉄道線路も数が増えてくると、いよいよオランダの首都圏に入ったという感が高まる。何度か地下道を通るうちに、海抜ゼロメートル地帯に下がっていく感覚に囚われる。全く平べったい空間が周囲を取り巻き、このまま海に入ってしまうのではないかと思われるほどだ。アムステルダムは海抜ゼロメートルの都市であるとともに、運河の街。市内見物は運河からでも可能なので、まずはクルーズの乗船場へと急ぐ。程なく行く手に、赤煉瓦建ての何か見覚えのある建物が見えてくる。これこそ、東京駅のモデルになったアムステルダム中央駅舎なのだ。当駅舎の三角屋根の部分は、東京駅ではドーム状に造られているという違いはあるが、煉瓦の色彩、デザインはほぼ共通する。中央駅は、海に面した市の最も北辺にあって、海抜ゼロメートルよりも低い。

クルーズ乗場は、丁度中央駅を正面にしたところで、煉瓦建て駅舎の撮影には持ってこいの場所。しかし生憎工事中、折角の美観も台無しである。工事は地盤沈下修復のためだそうだ。放っておけば、この由緒ある駅舎も沈んでしまいかねない。駅を他の場所に移すという話もあり、かなり緊急を要する工事であることは確かだ。海に面したところにも、鉄板の防波堤があって駅舎の外観を損ねている。こうしたアムステルダムの玄関を後にして、港湾を一周していく。中央駅のガード下を潜って海上に出ると、多数の船舶や、観光のために残された昔の帆前船、船の形の科学博物館など、望見しながら運河に入っていく。ブリュージュと異なり、水はきれいとは言えない。水門を通り、ゴッホの絵にあるようなハネ橋を目にする。古い石造りの眼鏡橋。クルーズの船が擦れ違う。運河には２５００のボートがある。つい両岸の建物景観の撮影に夢中になり、折角のガイドさんの説明も耳に入らず、だいぶ聞き逃したところもあるので、目にしたものなどいちいち記述は出来ない。それらの中には、宿泊中に知り得た建物も幾つか目にとまる。

約1時間くらいでクルーズの終着点も同じアムステルダム中央駅前。船から降りてバスを待つ僅かな時間、辛うじて別の角度から駅舎の全景を撮ることが出来た。昼食は、ホテル・オークラ内の「YAMAZATO」にて久し振りの日本食。バスは大きな半地下のガレージに乗り入れる。我々は豪奢なロビーを通って「やまざと」に落ち着く。日本料理店らしく、和装姿のウェイトレスが我々を快く迎えてくれる。ヨーロッパの一隅にあって、そうした彼女達に接すると、日頃日本では感じられない郷愁を感じさせるものだ。そろそろ日本への郷愁が湧いてくる頃としては丁度よいタイミングと言えよう。丁度、「ホテル・オークラ」にはマレーシアの高官が来ており、ロビーには赤じゅうたんが引かれていた。多くの警察官も来ており、物々しい雰囲気が漂っている。それに、ロビー入口に格別大きな猫がいる、ということだったが、ここを出る頃にはその影さえも見えなかった。

さて、午後のガイドはヒロキ・ミチ子さん。国立博物館へ向かうバスの中で、オランダとアムステルダムについてのごくプリミティヴな事柄につき、話を聞く。ベネルクスの起源は殊更言うに及ばず、今では三国の経済同盟が成り立っており、三国相互の国境をなくすという運動もあるとのこと。

アムステルダムは運河の街として16~17世紀に繁栄し、人口約74万、175か国の人が住んでいる。特に、トルコやモロッコの労働者が多い。オランダはベルギーなどに比べて、いわば質実剛健の国。政府は自転車を奨励、通勤でも使っている。道には自転車の往復専用路があって、ゴーストップも別。その専用路にうっかり入ってぶつけられても責任はぶつけられた本人にある（ドイツ、オーストリアでも同様）。また、自転車泥棒も多いとのこと。国民は、概して締まり屋で、ダッチカウント（割り勘主義）。飲み屋でも長居せず、公平で個人主義的。身分には関係しないオープン式である。ダイエットでは最近日本食に人気がある。ビールでは飲みやすいハイネッケンに人気集中、ほかにロイヤルダッチ、ブレザー、ジュネーバー（地酒）など。ジュネーバーは、イギリスに渡ってジンとなる。ダッチは利尿剤の意。

海抜ゼロメートル地帯に建ち並ぶビル群は、年代を積んで前に傾いている。地震がないこと、ゼロメートルにも耐え得る建築技術が発達していること。そうした利点でまだまだ耐えていかれそうなのだ。アムステルダムではあと10年を目標に、中央駅はじめ街の景観が一新することになるという。

ホテル・オークラから、バスは中心部を外し、緑多い地帯から国立博物館の前に駐車。目の前に「RIJKMUSEUM」の白い文字を浮き上がらせた赤煉瓦の素晴らしい建物。中央駅設計者と同じ、ペトルス・カイパースの傑作。古風な庭園と凱旋門のような強靭な石の門。そこを潜って館内に入るだけでも伝統的な芸術の深奥に接する胸のときめきが感じられる。この世にあってこれ以上の贅沢がどこにあろうか。古今泰西の最高の名画に接することの出来る瞬間、その時は無我夢中だが、後になって二度と得られない機会であることを再認識させられた。写真撮影は構わないとのことで、レンブラントの諸作品：「ユダヤの花嫁」「レンブラント夫人の肖像画」「夜警」「布地組合の見本調査員達」、ヨハネ・フェルメールの「牛乳を注ぐ女中」、ヤコブ・ファン・ロイスダールの「ヴェイク・ベイ・デユールステイデの風車」等。ガイドさんの解説を頼りに観たものを十把ひと絡げに挙げることは古典芸術に対する冒涜かも知れないが、旅の紀行としては止むを得ざる方法である。

国立博物館を出て、アンネ・フランクの家に赴く。フランク一家が、ナチスの追跡から

アンネ・フランクの立像の前で

逃れて隠れ家としていた住居であり、両側の建物に挟まれた狭い空間で、当時の状況について、何よりもアンネ・フランク自身の、また父親のオットー・フランクの手記によって知りうることが出来る。『アンネの日記』は、世界各国語に翻訳されており、案内所のパンフレットも8か国語に翻訳されたものがある。肉筆の手記や日記、書簡類も展示されており、何れも細かな字で丁寧に書かれている。外部の密告者に気付かれぬよう、声高に話すことも出来ない状況下、暗い燈下でしたためられた日記には、彼女の冷静な平和への願いが熱く込められている。狭い部屋の窓から見えるマロニエの樹には、当時を物語る何かを現に告げているかのように見える。アンネ・フランクが亡くなった収容所は、アウシュビッツではなく、ベルゲン・ベルセンであったという。何れにせよ、二度とあってはならない恐るべき歴史的事実である。

アンネの家のすぐ傍に、聖母マクシミリアン教会（プロテスタント）があり、その前に、アンネ・フランクの立像がある。アンネが通っていた教会で、レンブラントの墓もあり、市内の東教会に対して西教会と言われている。教会は国立博物館に似た赤煉瓦造りで、堂々としたもの。白い窓枠も見事である。傍らをプリンセン運河が通っており、バスは市内を取り囲む幾つかの運河の橋を渡ってダム広場へ。ここは、アムステルダムのほぼ中心地、傍に王宮、新教会、マダム・タッソー蝋人形館などあり、更に中央駅に向かっていく中間帯は、飾り窓地区と言われるいわば赤線地域。飾り窓は、外からでもよく分かる。うっかり誘われて中に入ったらとんでもないことになる。十分お気を付けて、ということだ。

さて、今夜から連夜3泊の宿となる「NHホテル・アムステルダムセンター」は、市の外縁を巡るシンゲル運河に面した所。ライツェ広場やフォンデル公園にも近く、割と緑も多い好適な場所。ホテルも大きく、ツアー最後の落ち着ける場として何となくホッとした思いになる。

夕食は外のレストランだが、明日夜に予定しているアムステルダム・コンツェルト・ゲボウへの道順を地図で確かめたが、やはり添乗員の池沢さんに聞くのが早いと思い、ちょっと訊ねたら一緒に案内してくれるというので、散歩がてらに同行した。地図で見ただけの雰囲気とは異なるが、徒歩20分、十字路を一つ曲がれば路面電車の通る道を一直線、至極分かり易い所。帰りはフォンデル公園の中を通ったら割と早く着いた。アムステルダム・コンツェルト・ゲボウは、ウィーンフィルやベルリンフィルと並んで、ヨーロッパ音楽界の伝統的大御所。第一級揃いの楽員達が腕を競っている。オケは重厚燻し銀の味わいで知られており、バロック音楽でも錚々たる顔振れで最近の活躍は目覚ましい。建物自体は、ウィーン国立オペラ劇場のような華やかさはないが、実にどっしりした造りで、庇前面には彫刻が施され、屋根の頂上には竪琴をあしらった金の飾り付けが置かれている。暗くなるとライトアップされるそうだ。国立博物館もミュージアム広場の向こうによく見える。この辺りは、銀行、会社などのビルも多いが、緑地や公園もあって、落ち着いた雰囲気が漂っている。音楽の名門に相応しい場所だ。入場券を手配して、道案内もしてもらい、池沢さんの厚意には感謝の至り。

まだまだ明るい時間、夕食はホテル近くのレストラン「レ・レンデス・ヴォウス」にて。アスパラガスがうまかった。

一夜過ごして、今日（20日）はキューケンホフ公園へ。朝から雲が多く、外に出るとちょっと肌寒い。海岸が近いので風があると寒さを感じるから、セーターの一枚くらいは用意した方がよいということ。準備は怠りなくやっておく。

今日のガイドは上条さん。70才になるというが、まだ50才がらみに見える。アムステルダム市内に並び建つ4～5階の旧建築では、荷物の上げ下げに使うフックが各階のベランダに付いている。中の階段は狭い螺旋型なので、荷物の出し入れは外からやるしかない。こんな不便を凌いでも、ユネスコでは、旧市街を文化遺産として残しておく。旧市内の楡の街路樹を抜けて高速道路に入る。程なくスキポール空港。そこをトンネルで抜けるが、ゼロメートル以下でも海水は塞き止められて入らない。スキポールとは、船の難所という意味、以前座礁が頻発したそうだ。現在は、航空機が30分置きに発着するヨーロッパの玄関口。KLMと記されたスカイブルーのオランダ航空がシンボルマークとなっている。

さて、キューケンホフ公園までは坦々たる道。海まで見渡せられるような低地帯に牧草地か水田かと見紛う平坦地が広がるが、実は、4月ならば花一面、既に花の終わったチューリップ畑と聞いてびっくりする。これなら、満開時だったらどんなにか素晴らしいだろう。時期が過ぎれば、花の付け根を切ってしまうのだそうだ。来年に備えるために、無駄に栄養を浪費させないためだそうだ。これを「首チョンパ」という。池沢さんのユーモラスな造語。全く、どれもこれも首チョンパ。オランダに行くには変わりやすい気候と寒さを気にしなければ、4月がよいということだ。

樹木さえもないだだっ広い平原の行く手に砂漠のオアシスのような樹林帯が見えてくる。

そこが名立たるキューケンホフ公園。おとぎの国にでも来たようなロッグウッド造りのゲート。そこを入ると傍らにSouvenirsと記された土産物店がある。入ると、池、手入れされた芝と花壇。園内ガイドに従って一巡する。キューケンホフ公園はもともと王室お抱えの庭園業者の展示会場だったが、50年前に一般に公開された。キューケンホフとは、15世紀頃、ここの敷地がヤコバ・ファン・バイエルン伯爵夫人の領地であった頃、夫人が台所（クーケン）の庭園（ホフ）として使っていたというのがその名の由来。チューリップの種類は1000種以上、5月を過ぎれば、大半は首チョンパにしてしまうが、観賞用に一部は残してある。全く観賞にならないほどではない。しかし写真にするには、やや時期を逸した感がある。平原のオアシスは、今や緑の楽園。楡、ぶな、白樺も混在した園内には、色彩的配色の好い花壇や池が適宜に配置されていて、名立たる植物公園の美観が余すことなく発揮されている。入口で目にした池は公園を取り巻く水路から引かれたもの。植物の生育には水路の働きが如何に大切なものであるかが分かる。ほぼ中央部に、アレキサンダー・パビリオンがあり、各種の蘭が展示されている。ほかにパビリオンと称するコテージが3か所ばかりある。園内で飼っているきじが奇声を発している。如何にも地上の楽園とでも言えそうだ。遅咲きチューリップの花壇の傍には四阿《あずまや》風のコテージがあり、小さなレストランになっている。奥に行くと、風車が1基あって、中から展望台にも行ける。チューリップの見頃には、一面のチューリップ畑が見渡せられ、それはまた壮観だそうだ。風車のすぐ横に、オランダ名物木靴の飾り物を売っている店があり、実物大ではちょっと大き過ぎるので、木靴の付いたキーホルダーを土産に買っておく。店の前に、人一人乗れる木靴をあしらった乗物があり、浩子が乗ったところを記念に1枚写す。休憩所を兼ねた木造のベアトリクス・パビリオンがあり、そこの中を通って、楡の大木の並木道に出る。それに平行して、左右、中央が花壇となっており、チューリップも大分残されている。楡の並木は見事、圧巻である。樹木の分布も北海道に相当するのではないか。これは初めて知ったことだが、オランダのツアーが春に多いということは、キューケンホフと関係がある。日本の公園と違って、1年中やっているのではなく、開園期間が限られている。本年は3月24日から5月20日まで。何と我々は間一髪、一日遅れたら入れなかったわけである。この期間中に、いろいろとイベントが催され、アレキサンダー・パビリオンでの蘭の展示会もその一つなのである。

かくしてSouvenirsのある入口に戻り、嵩張らない花の種などを買って思い出の公園を後にする。しばし運河沿いに歩いたところでバスに乗る。運河の水は澄んでいて水浴しているカルガモの姿にしばしば見とれる。

花の名前について、知り得たこと。チューリップはもとはタルプ。トルコ人のターバンに似ているから。タンポポはハーデンベルグ、馬が運ぶ花の意、西洋しゃくなげは、ロード・デンデローズ、これは面白い名前で、すぐに覚えられる。想えば、日本にもこれとよ

キューケンホフ公園にて

く似た尾根の名がある。そこはしゃくなげの花の咲く奥多摩の天平（デンデーロ）尾根。名付けの親は誰だか知らないが、しゃくなげのことを、オランダ語で知っていたのだろうか。おそらくタイラの地元方言（デーロ）によるものと思われるが、何とも不思議な偶然である。

キューケンホフ公園のあるリッセからデルフト郊外の公園の中のレストラン「デ・シュアプスクイ」にて昼食。如何にも田舎田舎したところで、牧場もある。レストランの窓越しに、馬、牛、羊、山羊、などが同じ広場で戯れているのがよく見える。人間も中に入ることが出来る。不思議と喧嘩もせず仲良く過ごしている。餌の時間になったらしく、飼主が何かで合図したら、みんな挙《こぞ》って小屋の方に走り寄っていく。どの動物も、人間の言葉をよくのみこんでいるらしく、居ながらにして人と動物との和が感じ取れた。

バスの乗場に可愛らしい姉、弟らしき二人の子供がいたので、思わずパチリとやった。自分としては、外国人の子供を写すことなどあまりないが、デジカメの気軽さもあってか、ついシャッターを押したわけである。

デルフトはフェルメールの故郷として、またデルフト焼きとしてもよく知られたところ。フェルメールやレンブラントの風景画にあるデルフトは、嵐の前の荒々しい雲行きの光景で印象づけられているが、今日のデルフトは雲はあっても至極穏やかだ。今回のツアーでは、初日から今日まで幸い天候には恵まれた。

まずは、中庭のある落ち着いたクラシカルな建物の中の王立ポースレン・フレス社にデルフト工房があり、見学を兼ねて購入も出来る。工房はそれほど広くはなく、焼き上げは男の仕事、絵付けは女の仕事。近くで見たのは、絵付けの実演で、その繊細さは天才的とさえ思われる。デルフト・ブルーで知られる陶器。その深みを湛えたブルーが何とも言えない。模様の感じからは、かなり東洋的で、日本の伊万里焼もモデルとして使われたとのこと。焼き窯は17世紀伝来のものだそうだ。息子や娘達にも記念としての品選びも、値段と相談する。フェルメールの「青いターバンの少女」の描かれた皿などは、目の飛び出るほどの高額である。せめて写真にだけは撮っておく。

デルフトはプロテスタントの王室教会のある旧い街だが、新しいことにも取り組んでいる斬新的な街でもある。デルフト工科大学ではオランダのエネルギーの3割を占める風力発電の技術研究が積極的に行われている。いわば国際水力学の街である。

デルフト近辺のレンブラントの生誕地・ライデンは大学街として旧くから日本と交流があった。司馬遼太郎の『街道をゆく』の中にも記されている。江戸時代に来日した外科医のシーボルトは意欲的に日本の書画・骨董、植物などをオランダに持ち帰り、日本の文化を本国に伝えた。ライデン大学にある大学付属植物園にはシーボルトが持ち帰った植物が多数あることで知られており、逆に日本から学者が研究のため訪れたりするそうである。今日ではベアトリクス女王の森の館として保存されている。

程なくデン・ハーグの街に何となく入っていくが、昔はオランダの首都として政治や行政の中心であり、各国大使館、国会議事堂や国際司法裁判所などがあって、ベアトリクス女王もここに居住しているとか。マウリッツハイス美術館のあるビネンホフの語意は内庭ということで、国の中枢を司る機関の集まった所。周辺の住宅は緑も豊富、敷地は広く高級感も漂う。ビネンホフには、西側の門から入っていく。左手前方にはどっしりした教会風の三角屋根が現れるが「騎士の館」と称せられている。女王の別館とされているノールダインデ宮殿など、主要な建物は、どれも2~3階で均整がとれている。壁面や屋根の色合いは、英国ブロードウェイの蜂蜜色を想わせる。中庭の広場を通り抜けると白地に焦茶の施された近代的なマウリッツハイス美術館の建物が見えてくる。鉄柵が施されて正面に

デン・ハーグのビネンホフ

オランダの旗が立っている。横の門を潜り、館内に入る。今回の数多い美術館巡りも、いよいよこれが最後になる。

マウリッツハイス美術館の前身は、ロイヤル・ピクチャー・ギャラリーと呼ばれており、18世紀に絵画の収集家であった公爵・ウィレム5世によって築かれ、息子の時代にオランダ政府に寄贈されたもので、1822年以降、この館に最初に住んだヨハン・マウリッツ伯爵に因んで名付けられたという。ギャラリーには、15〜18世紀のネーデルランド絵画の美が充満しており、どこから見てよいかと戸惑うばかりだが、一応ガイドの説明に耳傾けながら、幾つかの名画と対座した。まずは、ヨハネ・フェルメール「青いターバンの少女」、大きなパッチリとした目に特徴があるが、どこか憂いを帯びて虚ろな表情、同じくフェルメール「デルフトの眺望」、ポッターの動物の絵、レンブラント「テュルプ博士の解剖学講義」「自画像」など。フラッシュを利かせないようにして5、6枚写真に撮る。どれも黒みがかった重厚な味わい。各部屋の色調が黒と茶褐色が主調となっていて、一層クラシカルな雰囲気に包まれる。

ビネンホフの中庭広場を通って西側から美術館に入った一行は、建物の東側が運河に面しているなどとは夢にも思ってはいなかった。運河の対岸から美術館はじめ、ビネンホフの各建物群が総まとめの形で水に映る光景は絶品であるそうだ。その光景が、帰りのバスからチラリと見えたくらいで、カメラに収めることは出来なかった。再び同じ中庭広場を通ってバス乗場に戻る途中、結婚式のカップルに出会った。オランダの嘗ての都・デン・ハーグは、海を隔てて英国にも近いせいか、建物はどこか英国に似ている。ビネンホフもその例に洩れない。街中を少し歩いてみたかったが、銅像のある広場でバスに乗る。

ここからは、アムステルダムのホテルに直行する。バスの中でガイドさんのゴシップ。ブラジル総督となったマウリッツ公が植民地を支配して砂糖でかなりの財を獲得したこと。「砂糖王」とも言われている。ベアトリクス女王は、気さくな人柄、普段は一般の人と変わらない生活である。日本の小池大使はワセナーの森に住居を構えている。バーナード殿下は80才にして飛行機の操縦桿を握る逞しさ、しかし怪我も多かったそうだ。ユリアナ嬢はロッキード問題に引っかかり、82才まで公務に出ず92才で没した。オランダの母として慕われた。またゴッホの生涯について、ゴーギャンとの芸術論争、弟・テオの援助のこと。最後の作品「ドビニーの庭」は2作ある。一つは暗い荒れた絵、他方は穏やかな絵で、前者はよく知られているが、後者が本当の最後の作とのこと。アムステルダムの近く、セント・ルーカス病院が取り壊しになるという。築地の聖ルカ病院と関係があるのだろうか。第二次世界大戦中、ハーグにナチス本部が置かれ、アムステルダムには支部があった。そのためか、爆撃はひどく、ロッテルダムは壊滅した。断片的な話題に耳を傾けているうちにアムステルダム市内に入り、程なく、NHホテル・アムステルダムセンターに着く。ここで、バスの名ドライバー、アンドレさん、今日までということで、名残惜しい限り。ブリュージュを起点に走行距離はどのくらいだったろうか。何よりも安全運転での心地よい旅を満喫させてくれ、またフリータイムに三国国境まで案内してくれたことなど、本当にご苦労様。

さて、今宵は待望のアムステルダム・コンツェルトヘボウ演奏会。池沢さんが早々と手配してくれたチケットで、世界的名門コンサートを聴くことが出来る。演奏種目や指揮者の如何を問わない。場内で生の演奏に接することだけ出来れば、それに勝るものはない。7時半の開演に十分間に合う。会場内の撮影は禁じられているので、絵葉書数枚を買う。旧い写真で、往年の大指揮者、トスカニーニが当時のマネージャーと写っているのが異色的な1枚。最前列から2番目の席、演奏はさすが感動に満ちたものである。プログラムが

名門アムステルダム・コンツェルト・ゲボウ会館

残っていないので、ごく大まかなところのみ記憶に残っている。曲目はプロコフィエフ「交響曲No.6」、作曲者晩年の曲と思われる。演奏会でもNo.5に比してあまり取りあげられない。チェロなど低音が充実しており、深みと力強さで圧倒的である。指揮者の棒の捌きと楽員の弦の捌きとがピタリと一致して、一糸乱れることがない。聴いていて気持ちがよい。プロ以上にプロ意識に徹した演奏であり、これが名門アムステルダム・コンツェルト・ゲボウの本領ではあるまいか。演奏中は表情も厳しかった指揮者は、演奏が終わると、愛嬌たっぷり、楽団員にもにこやかにねぎらいの言葉を投げかけていた。久し振りに虚飾のない芯のある演奏に接した悦びは、このツアーでの最後の感動的なクライマックスとなる。

会場を出た時は午後9時半も過ぎていたが、

まだ薄明るい。日本では宵の口であろう。人通りも絶えず、ホテルに無事に着くことが出来た。この一日もフル回転、日頃は近くのスーパーに行くのさえも億劫なくらいなのに、海外では、一日見聞しても疲れを感じない。全ては新しい好奇心が働くからではないか。不思議なくらいである。いよいよ、それも残すところ僅か。時間の経つのがますます速くなってくる。

ＮＨホテル・アムステルダムセンターの第2夜も過ぎ去り、いよいよ最後の一日となった。予め申し込んでおいたオプショナルツアーに参加。ガイドは中年男性の古川さん、ドライバーはヤンさん。市内から30分程、キューケンホフ公園よりも北に位置するザーンセスカンスの風車村を訪れる。一帯は北海に面した低地帯、いわば最もオランダ的な風景がそこに残っている。空模様は灰色のもくもくした雲が羊の群れのように屯して、フェルメールの絵を思わせる。時々日も射してくるが、雨は降りそうでいて降らない。何も遮るものがない牧草地の彼方に2～3基の風車が見えてくる。申し訳ほどしかない風車の眺めは、寒々しくさえもある。以前は５００基もあったそうだが、現在は観光用に僅かに残されているに過ぎない。風車の目的は、灌漑用として水路調整、産業用として動力源にあったが、今は他のエネルギー源に拠っている。この偉大なる老兵でも、現に稼動しているのが2～3基はあるという。風車村の入口は水上公園とでも言えるように、運河が張りめぐらされ

ザーンセスカンスの風車

ている。丁度、日本の水郷とでも言った方がピッタリする。童話にでも出てきそうな、可愛らしい赤い屋根の木造の民家も何軒かある。入口近くの小さなレストランでは、店員が窓ガラス拭きに余念がない。ベルギーでもそうだが、レストランは勿論のこと、ショウウインドーや一般民家の窓ガラスはよく拭かれている。ガラスは心の窓とでも言えるのかも知れない。

小さな橋を渡って、風車の近くまで歩いていく。近寄って見ると結構大きい。この辺は西風が強く、風向きによって羽の開き方が異なる。風車の伝来はトルコに始まる。そのアイディアを十字軍が持ち帰ったと言われる。

赤い屋根の民家と風車が写真のよい取り合わせになる。ここに赤い頭巾で頬かぶりしている少女でも現れたならばよいシャッターチャンスになったかも知れない。こんな写真が撮れるのもいつ頃までであろうか。葦の生えた運河の湾曲した入江には屋根のない遊覧船が1隻、人待ち顔に控えていた。アムステルダムやロッテルダムに近いハーレム近郊にあって、如何にも田舎染みてのんびりした空気に満たされている。日本の首都圏ならば、場所的にせいぜい多摩川か荒川の河口を連想するが、そこには風車村のようなのんびりしたものはない。

さて、ここからミニSLの乗場までは、ほんの目と鼻の先、歩いて行ってもいくらでもない。正規の鉄道と平行して走っている観光用のSLだが、近くを往き来する一般の客も交通機関として利用しているようだ。車体は、普通の客車と変わらぬ広さ、造りが旧式というだけで、10両程の編成である。牽引しているのが弁慶号もどきの旧い蒸気機関車。ホーレルンからメデムブリック間のみを往復走っている。乗場は、線路を渡ったところの屋根なしホーム。出発までの僅かな時間、ホームにある信号操作室で操作管理員の説明を聞く。いよいよ出発！　懐かしい汽笛の音とともに、至極ゆっくりと動き出す。ゴットンゴットン、せいぜい自転車くらいの速さだが、運河に沿って林や民家を左側に眺めながら、時に道路を横切ったり、広大な牧草地に出たり、遠くに教会の尖塔が見えたり、約1時間の小さな汽車の旅を満喫した。車内には、椅子の柔らかな特等席もあり、自由に出入りも出来、連結器のデッキで写真を撮ったり、途中機関車点検でしばらく停車している間に、機関車の所まで行って写真を撮ったりの楽しいひと時が味わえた。車内で配られたパンケーキもうまかった。途中の駅で、ドイツからの若い観光客の一団が乗ってきて、急に騒がしくなった。彼らは周囲も構わず、大きな声で騒いだり喋ったりで、少々辟易させられたが、至極快活に楽しんでいる姿には嫌悪は感じられなかった。

左手に再び運河と裁判所の建物が見え、右手に教会の塔が近く見えてくると、程なく終点のメデムブリック。雲も切れて、午後の日差しが強くなる。この田舎の小さな街の教会、外見はなかなか立派である。すぐさまバスに乗り、アムステルダム市内に直行、市内に入った辺りのレストラン・アレクサンダーにて遅い昼食。ギャラリーのように、壁一面に絵が飾られていてサロン風の雰囲気に満ちていた。

これで最後の観光も済み、一旦ホテルに戻り、その後は自由行動。シンゲルの花市は今日が最後というわけで、池沢さんの案内で、ほか何人かと浩子とが見物に行く。チューリップの球根は、帰りがけスキポール空港でも買えるので、アムステルダムの最後のひと時はなるべく手ぶらで見て回ることにした。自分は、一人別行動。地図を頼りに自分流に通っていない所を物色して写真を撮りながら歩く。観光の盲点となるような所に、意外と見逃せないものがある。土曜日とあって人出も多い。ホテルから遠からず足を運べば、フォンデル公園、細長く奥行きは深い。ごく入口を概観し、運河の対岸に渡ると、白いモダンな建物が、国営のホランド・カジノ・アムステルダムだ。そこで得られた収入の一部を国の財源としているそうだ。ライツェ広場までの一角はレストランやカフェなどが所狭しと建ち並んでいる。ライツェ広場から人目を避けてシネセンターや警察署のあるお堅い所をじっくりと味わいながら散策する。5～6階のすっきりとした黒煉瓦と赤煉瓦の対照的な建物があって、下から見上げると圧倒的だ。ギザギザした三角屋根と最上階のベランダとの間に荷揚げ用のフックが見られる。この辺りは繁華街のひと側裏手になっているだけで、まるで閑散としている。ぐるりと遠回りして結局は、ムント塔のあるシンゲルの花市にも寄ってみたが、早くも店を片付けているところだった。花市に沿った運河は最初のクルーズでも通ったところで、記憶も新しい。近くに聞くも恐ろしい拷問博物館がある。ムント塔から往路を戻り、路面電車が迂回するコーニングス広場から運河沿いの道をシンゲルと反対方向に行くと、街の別の顔が見えてくる。緑豊かな街路樹が運河の両岸に茂り、緑樹の上に、二本の黒い尖塔が天を突いている。この塔はシンゲルの花市からでもよく眺められる。ガイドブックにはあまり取り上げられていないデ・クレイトベルヒ教会である。オーソドックスな格調の高さが自ずと感じられる。対岸の電車道に面して、褐色の壁に白い窓枠の旧ルター派教会があり、それから少し置いて、アムステルダム大学図書館がある。旧館と新館とが隣り合っていて、いかにも対照的だ。大学の本部からは離れている。本部はバスの中からチラッと見えたが、ヨーロッパの大学としては珍しく、全く街の中にある。図書館の中まで入れなかったのは些か心残りであったが、ごく一部分ながらアムステルダムの街の雰囲気を知ることが出来た。

アムステルダム市街の運河

街全般を概観すると、10本近くの運河が中心部を西南方向から取り巻くように巡っており、ほぼ運河に平行して道路が付けられている。それらは、最も北に位置した中央駅に向かって扇状に取り囲んでいる。ヨーロッパの主要な都市は、一つの広場を中心に幾筋かの道が放射線状に通じているが、アムステルダムはその変形と言える。中心になる所は広く、究極的には最も端になる中央駅が中心的な位置付けとなる。同じ運河の街でも、ブリュージュに比べると、街は大きくても分かり易い。反面、運河の美しさはブリュージュには及ばない。

街の構造もほぼ分かり、多少は慣れ親しんできた頃には、もうオサラバということになる。まだ見ていない所を知るには、あと4～5日は必要であろう。ホテルの前に戻り、運河に面した緑地に、大きな菩提樹がある。古木ながら見ていてその逞しさに力づけられる。

シンゲルの花市から戻ってきた池沢さんが、ツアー最後の晩餐に、「プリマス」というインドネシア料理店に案内してくれる。東南アジアは嘗て植民地関係で、オランダとの交流が盛んだった。料理もオランダに輸入された。従ってオランダに出店を出しているインドネシア人が結構多いそうだ。店は、ライツェ広場から入った賑やかな飲食街にある。店内に入ると、絶世の美女！　つい彼女のほうに目が奪われてしまう。黒目がチャーミングで、魅力的でもある。料理の方は、如何なものかと、初めて恐る恐る口にしたら、結構いける。辛味の利いているところは、カレー好きの自分には打って付けだ。しかし、誰にでも合うと言えるものではない。大蒜《にんにく》や辛味の苦手な浩子には向かないであろう。

ホテルには、遅からず着き、いよいよ最後の荷造りとなる。何よりも体調、天候ともに順調にゆき、予定ルートを滞りなく果たしたという喜びは、何物にも代えがたい。もう何も考えずに、ベッドで体を十分に癒やすのみ。


いよいよ帰国の日。ホテル出発は早い。昨日からのガイドの古川さんもスキポール空港まで同行してくれる。荷物の世話などいろいろと面倒も見てくれる。3年前、イタリア・ツアーの際、初めてヨーロッパの地に立ったのがスキポール空港であり、そして、おそらくこれが最後と思われる別れの地が同じ空港なのである。不思議な機縁だが、その所縁の街も、今度は十分見ることが出来た。

出発までの時間を、構内売店でチューリップの球根やチョコレートを、また博物館土産物出店で名画コピー数枚等買い込む。手荷物は増やさぬつもりでも増えてしまうのは仕方ない。

帰りも同じくスイス航空。ＫＬＭかＪＡＬならば、成田直行となろうが、またチューリッヒ空港での乗り継ぎとなる。アムステルダムでは晴れていたが、次第に雲が増え、チューリッヒでは雨の降った形跡。初日のようにアルプスは見えない。スイスの空港に来て、アルプスの壮観に触れず、このまま帰国するのかと思うと、ひどく去り難くなるが、自然は何よりも天候次第である。当たり外れが格段に大きい。幾日も滞在して天候に恵まれずということもある。自然が目的でなければ全天候型で旅の目的は果たし得る。今のような空模様が何日か続いたら、せっかくのアルプスも台無しであろう。と思うことは自慰的な発想であろうか。真新しいが人の少ないクローテン空港内喫茶店で、スイス航空の発着など眺めながら、出発の時間を待つ。２週間にわたったベネルクス紀行で頭に浮かんだ事柄、見聞したことなど、部分によっては前後したりしたところもあるが、ゆっくりと回想してみる。

もうお馴染みになった十字マークをかざしたスイス航空に乗り込み、長い12時間、座席前のナビゲーションで刻一刻、日本に近づきつつある映像を見ながら、時間を忘れようとしていうちに、成田空港に無事到着した。

今回のツアーを通して、始終明るい笑みを絶やさず旅を一層楽しくしてくれた池沢さんとは空港ロビーで別れる。成田の実感、やはり日本は暑いが、これで2週間振りに夜はじっくり我が家で寛ぐことが出来よう。

（2005・5・11〜23　記）

あとがき

今から20年ほど前に妻同伴でヨーロッパに4回ほど行った記録を、それぞれの国別に記録しているうちにいろいろなことがあたまに浮かび出てつい長いものになってしまいました。それとなく記していくうちに、ガイドさんから聞いたことや、旅先で得た案内書や、地域の歴史書などをも紐解いて多少の肉付けは試みたものの、行き当たりばったりに記した粗雑な原稿で我が家に眠らせたまま、早くも20年が経過してしまいました。昨年、たまたま文芸社からジャンルを問わず優秀な最高作品に限り出版費免除という募集があり、まとめた原稿をただ寝かせておくだけでは無意味と思い、歳甲斐もなく応募した結果、予想通り見事に落選、その後しばらくして、文芸社から選には外れたものの、内容的に、稀少なところの記述があり、ヨーロッパ志向の旅行者の心情と共感しうるところもあるので、ぜひ前向きに考えて出版してみてはどうか、と勧められ、思案の挙句これを最後にと踏み切った次第です。全く個人的な紀行文として、自家薬籠に終わらせるよりも、伝統ある地域の文化史、社会史的なバックボーンを背景にヨーロッパへの関心がそそられることの有意義性をも認めた上で出版に意を注いだわけです。このことについて、これまで自分一人では考えられず、文芸社の岩田勇人様からのご進言のおかげによるものと深く感謝申し上げるとともに、多大な校正、編輯の労をとられた文芸社の方々に心から御礼申し上げる次第です。

二〇二三年一月　吉日

著者

著者プロフィール
宮澤 泰（みやざわ やすし）
1929年11月27日　東京に生まれる
1953年３月　立教大学文学部英米文学科卒業
　同年４月　立教大学図書館勤務
図書館事務課長、整理課長、新座保存書庫運用課長　歴任
1995年３月　定年にて退職

ヨーロッパ所どころ　〜見たり聞いたり感じたり〜

2023年４月15日　初版第１刷発行

著　者　宮澤 泰
発行者　瓜谷 綱延
発行所　株式会社文芸社
〒160-0022 東京都新宿区新宿１－10－１
電話 03-5369-3060（代表）
03-5369-2299（販売）

印刷所　株式会社晃陽社

ISBN978-4-286-27095-1

郵 便 は が き

料金受取人払郵便

新宿局承認

7553

差出有効期間
2024年1月
31日まで
（切手不要）

1 6 0-8 7 9 1

141

東京都新宿区新宿1－10－1
(株)文芸社
愛読者カード係 行

ふりがな お名前		明治 大正 昭和 平成	年生 歳
ふりがな ご住所	□□□-□□□□		性別 男・女
お電話 番 号	（書籍ご注文の際に必要です）	ご職業	
E-mail			
ご購読雑誌（複数可）		ご購読新聞	新聞

最近読んでおもしろかった本や今後、とりあげてほしいテーマをお教えください。

ご自分の研究成果や経験、お考え等を出版してみたいというお気持ちはありますか。

ある　　ない　　内容・テーマ（　　　　　　　　　　）

現在完成した作品をお持ちですか。

ある　　ない　　ジャンル・原稿量（　　　　　　　　　　）

名	

買上 店	都道 府県	市区 郡	書店名	書店
			ご購入日	年　月　日

書をどこでお知りになりましたか?

1.書店店頭　2.知人にすすめられて　3.インターネット(サイト名　　)

4.DMハガキ　5.広告、記事を見て(新聞、雑誌名　　)

の質問に関連して、ご購入の決め手となったのは?

1.タイトル　2.著者　3.内容　4.カバーデザイン　5.帯

その他ご自由にお書きください。

(　　)

書についてのご意見、ご感想をお聞かせください。

内容について

)カバー、タイトル、帯について

弊社Webサイトからもご意見、ご感想をお寄せいただけます。

協力ありがとうございました。

お寄せいただいたご意見、ご感想は新聞広告等で匿名にて使わせていただくことがあります。

お客様の個人情報は、小社からの連絡のみに使用します。社外に提供することは一切ありません。

■書籍のご注文は、お近くの書店または、ブックサービス(0120-29-9625)、セブンネットショッピング(http://7net.omni7.jp/)にお申し込み下さい。